消費者行動研究の
ニュー・ディレクションズ

阿部 周造 編著

関西学院大学出版会

まえがき

　消費者行動研究がマーケティング研究の一分野として打ち立てられてから既に40年になる。消費者行動論はマーケティング論の各論として、マーケティング戦略への理論的基礎を提供するという位置付けだけでなく、それ自体、独立した学問分野として知識体系の構築が進められてきた。

　一つの学問分野の研究発展の流れを掴むには中心となる学術雑誌を見ることが最も手っ取り早い方法であるが、消費者行動論の場合は米国で1974年に発刊された *Journal of Consumer Research* を中心として研究成果が発表されてきた事は周知のとおりである。またJCRの発刊と並んでその前年に設立された *Association for Consumer Research* とその年報 *Advances in Consumer Research* （1974〜）も大きな役割を果たしてきている。その後、消費者行動研究の裾野は広がりを見せ、*Journal of Consumer Satisfaction, Dissatisfaction and Complaint Behavior* （1988〜）、*Journal of Consumer Psychology* （1992〜）等の消費者行動関連の学術雑誌及びマーケティング関連の学術雑誌にも夥しい数の研究成果が発表されてきている。

　わが国でも日本消費者行動研究学会が1993年設立され、機関誌『消費者行動研究』を中心として研究成果が関連の学術雑誌に発表されてきている。

　今日では消費者行動に関する研究数自体夥しいだけでなく、取り上げられる内容、視点、アプローチの多様さから、消費者行動研究の全体像、その流れや動向を的確に掴む事はますます難しいものとなってきている。そうした中で全体的展望を与える著書が近年数少ないながら出てきていることは嬉しい事である。一つは杉本徹雄編著『消費者理解のための心理学』福村出版（1997）で、もう一つは、清水聰著『新しい消費者行動』千倉書房（1999）である。前者は消費者行動論の体系的なテキストとして、後者は消費者行動研究の流れを示す研究書としてそれぞれ学界の貴重な共有財産となっている。

本書は複数の消費者行動研究者による研究書であるが、上記二書とは異なる目的でまとめられたものである。本書『消費者行動研究のニュー・ディレクションズ』はその表題のとおり現在の消費者行動研究における新しい展開方向を論じたものである。6人の著者はそれぞれに最も関心事としているテーマを取り上げて、その問題を整理し、それぞれに新しい研究方向を示す事が求められている。それは、必ずしも消費者行動研究の今日的課題を網羅的にカバーしたものではないが、今日の消費者行動研究の重要部分について、どのような研究がなされ、どのような問題があり、どのような方向に動いているのかを、現在進行形で示すことを意図したものである

それは消費者行動そのものを研究テーマとするすべての研究者及び学生にとってだけでなく、マーケティング関係者及び消費者行動にかかわりを持つ者にとって関心事であると思われる。本書がそうした読者にとって何らかの参考になれば執筆者一同の喜びとするところである。

第1章「消費者行動研究の方法論的基礎」は消費者行動研究が確立され、多くの経験的、実証的研究が積み重ねられていく一方で、批判的に登場してきた、いわゆるポスト・モダンと呼ばれる解釈的アプローチにどう対応するかという問題及び、経験主義的なアプローチの中での方法論的立場上の重要な問題を論じたものである。この方法論上の問題は科学的知識をどう評価するかを問うことであり、研究に携わる者にとって避けて通ることのできない問題である。

第2章「適応的意思決定過程と選択行動」と第3章「カテゴリー化概念と消費者の選択行動」は認知心理学の概念や方法を取り入れながらも、消費者行動論の分野で独自に構築・展開されつつある先端的モデルや技法を取り上げたものである。第2章は限られた情報処理能力の中で、できるだけ良い選択をと思っている消費者がさまざまな状況下で行う適応的な処理方略の用い方の研究とIDB（Information Display Board）法の活用方法を論じたものである。こうした分野になじみの少ない読者にとっては、いささか難解な印象を持たれるかもしれないが、消費者の情報処理に関しての、今日の概念構築上の問題や測定上の問題点などをそのまま感じていただく事ができるはずである。

第3章「カテゴリー化概念と消費者の選択行動」は合理的な意思決定者として消費者行動を理論化する場合に一般に理論前提とされる正規性の前提（選択肢

A、Bの市場への新たな選択肢Cの追加は既存の選択肢A、Bの選択確率を下げる。)や類似性の前提(新しい選択肢Cの追加は、A、BのうちCにより類似しているほうにより大きな影響を与える。)の成立しないケースを取り上げ、カテゴリー化概念を用いて一貫して説明する事を試みたものである。

　また第3章では、従来考えられていたある製品カテゴリー内での銘柄選択という枠を超えた異なる製品カテゴリー間での選択問題にまで研究対象を拡大する事例が示される。

　第4章「購買意思決定：購買態度と自己概念」は消費者行動研究に広く応用されてきた社会心理学の態度概念を用いて、態度構造論として購買態度と自己概念との関係を考察したものである。「受容・接近」概念と「拒否・回避」概念と選択対象がどのように結び付けられるのかというリンケージ・モデルは概念的ではあっても、消費者による選択対象の好き嫌いはこのような形で決まっているのかもしれないという直感的な強い説明力を有しており、今後の理論的、経験的研究への興味と足がかりを与えるものである。

　第5章と第6章は消費者行動そのものを扱ったものではないが、消費者行動の解明が、マーケティング現象の解明に深くかかわっている事を示す好例となっている。第5章「消費社会の進展と日本型マーケティング」では、今日行き詰まりを見せているといわれる日本型マーケティングの歴史的原因が戦後の米国風豊かさの目標であった家庭電化製品を中心とする消費財への未熟だが関心の高い消費者の存在に求められる。そして、その消費者の関心の低下と判断力の向上が日本型と言われるマーケティングの変化を引き起こしている原因であると論ずるものである。

　第6章「ブランド研究の系譜：過去、現在、未来」は80年代半ばより注目されてきているブランド研究がそれまでの消費者行動の研究として多くの研究努力の払われてきたブランド・ロイヤルティなどの研究に新たな意義を与えると同時にマーケティングとの関連付けを与える事が明らかにされる。

　本書を構成する六つの章は、それぞれ独立した完結的な論文である。したがって読者はどのような順序で本書を読み進められても、あるいは関心のある章だけを読んでいただいても結構である。各論文はそれぞれに本書の表題『消費者行動研究のニュー・ディレクションズ』の示す如く今日の消費者行動研究

における理論構築の可能性と方向を読者に示唆できる筈である。

　本書は中西正雄編著『消費者選択行動のニュー・ディレクションズ』関西学院大学出版会（１９９８）の姉妹書として企画されたものである。関西学院大学の中西正雄先生は消費者行動の計量モデル・ビルディングの領域だけでなく、いわゆる行動科学的アプローチの領域にも関心を持たれ、この分野の研究者に大きな学問的刺激と励ましを与えてくださっている。そうした中西先生への感謝の意をこめて、先生の還暦記念に関西学院大学にて開催されたミニ・コンファレンスに参加した6人の研究者が集まって本書をまとめさせていただいた次第である。編集の実際的な作業にあたっては関西学院大学の山本昭二先生に大変お世話になった。感謝申し上げたい。そして出版の予定が大幅に遅れてしまったにもかかわらず、辛抱強く待っていただき、こうした専門学術書の出版を実現して下さった関西学院大学出版会に心からお礼を申し上げたい。

平成12年6月吉日

編著者　　阿部周造

目　次

まえがき ………………………………………………………………… i
第1章　消費者行動研究の方法論的基礎
　　　　　［阿部周造］ ………………………………………………… 1
1.1　消費者行動研究の代表的アプローチ
1.2　経験主義対相対主義
1.3　批判的多元主義
1.4　経験主義における方法論議
1.5　まとめ
参考文献

第2章　適応的意思決定過程と選択行動　選択と選好：ＩＤＢとその周辺
　　　　　［山本昭二］ ………………………………………………… 37
2.1　はじめに
2.2　既存研究の推移
2.3　適応的意思決定モデルと手がかりモデル
2.4　ＩＤＢ法の特性と情報処理過程の追跡
2.5　ＩＤＢ法による実験：変数間の関係
2.6　より進んだモデル：ＩＤＢ法の拡張
2.7　まとめ
数学註
参考文献

第3章　カテゴリー化概念と消費者の選択行動：　選択における選択肢の在り方
　　　　　［新倉貴士］ ………………………………………………… 85
　3.1　はじめに

3.2 カテゴリー化概念
3.3 選択における文脈効果とカテゴリー化
3.4 選択における選択肢の異質性
3.5 異質な選択肢の持つインパクトを探る実験
3.6 今後の研究課題
参考文献

第4章 購買意思決定・購買態度と自己概念
　　　［土田昭司］ ……………………………………127
4.1 購買意思決定を規定する購買態度と自己概念の関係
4.2 消費者の認知構造をどのように捉えるか
4.3 長期記憶における意思決定の認知構造モデル
4.4 自己概念と態度・価値観との相互作用
参考文献

第5章 消費社会の進展と日本型マーケティング
　　　［池尾恭一］ ……………………………………149
5.1 はじめに
5.2 消費の成熟化
5.3 消費者の多様化と製品ライン戦略
5.4 消費社会の進展と流通チャネルのシフト
5.5 むすび
参考文献

第6章 ブランド研究の系譜：過去、現在、未来
　　　［青木幸弘］ ……………………………………179
6.1 はじめに：問題の所在
6.2 初期のブランド研究とその系譜
6.3 ブランド・エクイティ論の意味と意義
6.4 アイデンティティ論の登場と内的構造アプローチ

6.5　ブランド知識構造に関する理論的整理
6.6　結びに代えて：ブランド研究の新たな展開

索　引 …………………………………………………213

執筆者略歴　あいうえお順

青木幸弘（あおき　ゆきひろ）　　第6章担当
1956年　群馬県に生まれる
1978年　学習院大学経済学部卒業
1983年　一橋大学大学院商学研究科博士課程修了
現在　　学習院大学経済学部教授

阿部周造（あべ　しゅうぞう）　　第1章担当
1944年　香川県に生まれる。
1967年　明治大学商学部卒業
1972年　一橋大学大学院商学研究科博士課程単位取得
現在　　横浜国立大学経営学部教授

池尾恭一（いけお　きょういち）　　第5章担当
1950年　神奈川県に生まれる
1973年　慶応義塾大学商学部卒業
1978年　慶応義塾大学大学院商学研究科博士課程修了
現在　　慶応義塾大学大学院経営管理研究科教授　商学博士

土田昭司（つちだ　しょうじ）　　第4章担当
1957年　山形県に生まれる
1980年　東京大学文学部社会心理学専修課程卒業
1986年　東京大学大学院社会学研究科博士課程中退
現在　　関西大学社会学部教授

新倉貴士（にいくら　たかし）　　第3章担当
1966年　神奈川県に生まれる
1989年　明治大学商学部卒業

1995 年　慶應義塾大学大学院経営管理研究科博士課程修了
現在　　関西学院大学商学部助教授　　博士（経営学）

山本昭二（やまもと　しょうじ）　第 2 章担当
1959 年　兵庫県に生まれる
1983 年　関西学院大学商学部卒業
1989 年　神戸大学大学院経営学研究科博士課程後期課程中退
現在　　関西学院大学商学部教授　　博士（商学）

第1章
消費者行動研究の方法論的基礎

1.1　消費者行動研究の代表的アプローチ

　今日消費者行動の研究は研究数が膨大なものとなると共に研究内容も実に多様で豊富なものとなってきている。個々の研究者にとって消費者行動研究の全容を知ることはおろか、関心とするテーマに隣接する研究内容ですら正確に掴むことが困難になってきているほどである。このことは消費者行動研究のめざましい展開の状況を示すものではあるが、同時に拡散する研究を体系化する努力がなされなければならないことも意味している。そうした中で消費者行動研究の新しい展開方向を考えるためにも、科学哲学のレベルまでたちかえった方法論的基礎の検討は重要であると思われる。80年代以降の消費者行動研究において、いわゆるポスト・モダンと称する相対主義的科学観に立った研究が登場する状況にあって、個々の研究者も学界もどのような方法論的立場をとるべきかの選択を迫られているとも考えられるからである。本章ではまず消費者行動研究の代表的なアプローチをとりあげて、各アプローチによって研究目的、研究対象、そして研究を評価するための規準すなわち科学方法論的立場がどのように異なるかを見てゆくことにしよう。

　消費者行動の研究にはさまざまなアプローチがあるが、個人としての消費者に注目した場合、代表的なアプローチとして行動修正（behavior modification）アプローチ、情報処理（information processing）アプローチ、解釈（interpretive）アプローチの三つをあげることができる。もちろん、この三アプローチの外にも経済学的アプローチ、精神分析学的アプローチなどをあげることもできるがマーケティング論における消費者行動研究の中でそれらの影響力は比較的小さい。又、方法論にかかわる問題を必要以上に複雑で込み入ったものとすることなく、そして過単純化に陥いることもなく説明するためにもここでの三つのアプローチをとりあげることが適切であると思われる。なお、ここでアプローチ

とは論者によってはパラダイム（Kuhn 1962）あるいはリサーチ・プログラム（ラカトシュ1985）とも呼ばれるもので、特定分野の研究にあたって、研究目的、現象の認識の仕方、データ収集の方法、理論の立て方、テストの行ない方などについて複数の研究者によって共有される基本的考え方である。三つのアプローチについて、研究目的、基礎関連分野、研究の関心対象、方法論的基礎を一覧表として示せば表1のようになる。

表1　消費者行動研究の代表的アプローチ

アプローチ	基礎関連分野	対象	目的	方法論的立場
行動修正	行動主義心理学 新行動主義心理学	行動	予測	論理実証主義 論理経験主義
情報処理	認知心理学	認知過程	説明	論理経験主義 批判的合理主義 科学的実在論
解釈	記号論 解釈学	意味	理解	相対主義

1.1.1　行動修正アプローチ

　マーケティング論の中で消費者行動研究が本格的に始まるのは１９６０年代である。そして、この６０年代に最も代表的なアプローチと考えられていたのが行動修正アプローチであった。それは当時開発された確率論的銘柄選択行動モデル（Kuehn 1962, Massy, Morrison, & Montgomery 1970）や消費者行動の概念モデルの幾つか（Howard 1963, Howard, & Sheth 1969）が主として行動修正アプローチに依拠しているところからも明らかである。

　行動修正アプローチは消費者をとりまく環境要因に注目し、それら要因を統制、操作することで反応としての消費者行動がどう変わるかを明らかにすることを研究目的とするものである。そこでの主たる関心事は刺激としての環境要因と反応としての消費者行動の結びつけであって、刺激と反応とを媒介する過程は意図的に無視されるか、とりあげられるとしても副次的な意義しか与えられないのが普通である。刺激と反応だけがとりあげられるときには刺激－反応

モデルとも呼ばれ基礎関連分野として行動主義心理学があり、それは消費者の心理的過程を客観性に欠けるものとして研究対象から意図的に排除するものである。

それに対して、刺激と反応を媒介する過程としての生体（organism）を考えるものは刺激－生体－反応モデルとも呼ばれ、新行動主義心理学の流れに立つものである。同一の環境刺激（たとえば食品広告）に接した消費者であっても、生体としての要因である動機づけ（たとえば空腹の度合い）に応じて反応の仕方（購買行動）は異なることが考えられるから、媒介過程としての生体の導入は刺激と反応との結び付けをより良く説明することとなる。しかし、それでも媒介過程は直接観察できない曖昧性の含まれる分野であり、その解明は副次的なものでしかなく、主たる関心は刺激と反応との結びつけにあることに注意せねばならない(Nord, & Peter 1980、ラックマン、ラックマン、バターフィールド 1988)。その意味で行動修正アプローチは、なぜその消費者が特定の行動をするのかという説明を主目的とするものでなく、与えられた環境条件の下でどのような行動をするのかをできるだけ正確に予測することを主目的とするものである。そして行動修正アプローチは予測を主目的とするが故にマーケティングの視点からの実用性は高いと考えられる。行動修正アプローチは、刺激と反応との結びつけが古典的条件付けであれ、道具的条件付けであれ、マーケティングにおいて特に広告の分野で広く応用されている（Peter, & Olson 1996)。テレビ広告における「この製品はこのように使うと便利です。」といった代理学習の原理や、店舗の中で買物客が反応しやすくなるように物理的環境要因を拵えてゆくシェイピング（shaping）の原理などは行動修正アプローチが実用されている身近な例としてあげることができよう。

しかしながら、実用性の点では優れていても行動修正アプローチが、今日の消費者行動研究において中心的なアプローチでないことは、このアプローチをとる研究者によっても認められている(Foxall 1990)。今日、行動修正アプローチに立って新しく展開されている研究は限られているのである。60年代当初注目された行動修正アプローチも、60年代に心理学において新行動主義心理学から認知心理学あるいは情報処理心理学へと流れが大きく転換したことを反映して主流は情報処理アプローチへと切り替わることになったからである。行

動修正アプローチは、その意味で過去に確立されたアプローチであって現在展開中のアプローチではなくなっていると言えよう。

　行動修正アプローチは科学哲学における方法論的立場から言えば論理実証主義（logical positivism）に最も近いものと考えられる（Hunt 1991①、ラックマン、ラックマン、バターフィールド1988）。行動修正のモデルが刺激と反応との関数関係として定式化されやすいだけでなく、そこでの変数も客観的に観察可能なものとして操作的に定義しやすいからである。行動主義心理学及びそれに続く新行動主義心理学が主流となった時期が1910年代から1950年代（心理学事典 1957）であり、論理実証主義の樹立された時代（1920年代及び30年代）と時代的に対応していることにも注目できよう。

1.1.2　情報処理アプローチ

　行動修正アプローチに替って1970年代初頭から消費者行動研究の中心的アプローチとして定着してきたのが情報処理アプローチである。情報処理アプローチは、消費者を情報処理系として捉えるもので、情報処理心理学あるいはより広くは認知心理学をベースとするものである。行動修正アプローチにおいて客観的に観察される刺激としての環境要因や反応としての行動が重視されたのと対照的に情報処理アプローチでは消費者の心的な過程こそが研究の中心課題となる。そこでは行動主義心理学で曖昧であるとして排除された領域を研究の対象とするものであるから、ある意味で180度の転換がなされていることになる。又、同じく媒介過程をとりあげているといっても新行動主義のそれが動機づけとか習慣強度といった動物心理学をベースとした媒介過程であるのに対して、情報処理モデルでは文字通り情報がどのように処理されているのかという知的過程が問題とされている点に注意しなければならない。そして、こうした高度に知的な心的過程についても科学的に（客観的に）これを解明してゆくことが可能であるとの考えに立っているのが情報処理アプローチの特徴であるといえよう。たとえば、消費者の心的過程は、それをナイーヴな形で被験者にきく単純な内観法（introspection）ではなく、同じ口頭報告であっても意思決定の流れの中で考えていること感じていることをそのまま報告してもらうプロトコル法、情報処理に要する時間を測定する反応時間法、取得する情報がどの

ような順序になるかを調べる情報モニタリング法、消費者が提示される情報のどこを見ているかをさぐる視線分析法などの方法によって、できるだけ主観性をとり除いた形で測定することが試みられるのである。

　情報処理系は一般にどのように情報が取得され、解釈がなされるのかという情報取得過程、新たに取得された情報が、既に長期記憶の中に貯えられている内部情報と統合されて評価され、意思決定のなされる情報統合過程、そして、この二つの処理過程と相互作用をもつ長期記憶の三つのサブ・システムから構成されていると考えられている。したがって情報処理アプローチは、こうした考え方に立ちつつ、三つのサブ・システムのいずれか、あるいはそれらの間の相互作用に焦点を当てながら研究がなされていると言うことができる。そして、そうした基本的な枠組みを持ちながらも、情報処理アプローチは、1970年代当初の能動的な問題解決行動側面を重視した研究から、次第に受動的な側面を含めたものへ、認知的側面を注視したものから感情的側面を含めたものへ、そして、文字情報の処理を中心としたものからグラフィック情報も含めたものへと拡大がなされる形で展開してきているのが今日の現状であるといえよう。

　研究の目的という点からは情報処理アプローチは明らかに消費者行動の説明を主目的としている。活発に展開されている研究は消費者行動のより優れた説明のための理論構築の試みのあらわれなのである。その結果、少しずつではあるが消費者行動についての新しい知見が積み重ねられてきているのも事実である。

　しかしながら、現在までのところ情報処理アプローチによって消費者行動の説明に十分な成果があげられているかというと評価は控え目にならざるを得ないと思われる。統計的な表現をするなら、確かに理論によって説明される部分はあっても、説明し残される部分が相対的に大きいからである。そして説明に基づいて予測を行なうという考え方に立つとき、説明力の低さはそのまま予測力の低さに繋がっており、情報処理アプローチでは予測にも十分成功しているとはいえない。したがって実用性の点でもそれはまだ低い評価しか得られていないことになる。

　情報処理アプローチの背後にある科学哲学の立場としては論理経験主義

(logical empiricism)、あるいは反証主義 (falsificationism) とも称される批判的合理主義 (critical rationalism)、そして因果モデルの構築を考える科学的実在論 (scientific realism) などがあげられる (Hunt 1991 ①)。

　論理実証主義がとられなくなるのは、理論が経験的テストを通過することによって真であると確証(confirm)されるとする論理実証主義の検証(verification)の考え方が受け容れ難いものとされるようになったためである（上沼 1987、Hunt 1991 ①）。たとえばニュートンの引力の法則から仮説としての予測的言明を導出し、実験の結果、仮説が確証されたことをもって引力の法則が真であると確証された (検証された) とするなら、それが後にアインシュタインの相対性理論によって覆されてしまうことはあり得ないことになってしまう。論理経験主義は、こうした検証とよばれる強い確証の考え方を捨て、仮説が繰り返し確証されることによって理論の正しさが次第に確証されるとするものである。そして実際のところ多くの消費者行動研究者がこの論理経験主義の立場をとっているものと考えられる。それは、具体的研究の中で論理経験主義ということが明示的に言及されていなくても、とりあげた理論やモデルの経験的テストを行ない、それが仮説支持的な結果となった場合、理論が真に妥当なものと認められるためには、異なる条件下でのさらなる実験の繰り返しが必要と思われる等と述べている中に論理経験主義を暗黙裏に前提していることが読みとれるからである。

　情報処理アプローチをとる研究者の中では批判的合理主義の立場をとる者も少なくないし、一部には研究の中でその立場を明示している者もある (Sternthal, Tybout, & Calder 1987)。批判的合理主義が論理経験主義に向ける批判は次の点にある。すなわち、論理経験主義はテスト結果が繰り返し確証されることによって次第に理論の正しいことが確実なものになってゆくとする。しかし、この考え方の中には、「では一体何回以上のテストに通過すれば理論は真と認められるのか？」といういわゆる帰納の問題を含んでいるのである (Hunt 1991①)。たとえば、もしある理論が「すべてのAはBである。」といった普遍法則から成っている場合、これまで1万回のテストを通過していたとしても、AであってBでない例外を一つでも見い出すことによって、その理論は真であるとは言えなくなるからである。

それに対して批判的合理主義は、科学的知識とそれ以外の知識とを分かつ規準は、それが偽であると言えること、すなわち反証可能性にあるとする（ポパー 1961, 1971）。つまり科学的知識としての要件はそれが真であると言えることではなく、偽であると言えることになる。そして、この考え方に立つかぎり、これまで繰り返し経験的テストに通過しているとしても、その理論は暫定的に支持されている（験証されている：corroborated）のであって、将来より厳しいテストで反証されるかもしれないものとして考えられるべきことになる。

情報処理アプローチがとられるときのもう一つの科学哲学の立場は比較的新しいもので科学的実在論と呼ばれる。この立場は科学的研究の対象となる現象は実在するものとして捉える。もちろん研究者が把握するところの現象は、あるがままの実在ではなく、研究者の知覚をとおしてゆがめられることをふまえたものである。この立場は理論やモデルを構成する構成概念、たとえば知識や態度が実在するだけでなく、それらの間の因果関係を考えるという点でも特徴を有している。これは論理経験主義が測定する指標と別にさらに構成概念が存在しているとは考えないこと、そして因果関係を実在しているものとは考えないことからすると科学的実在論のユニークな点である。科学的実在論は消費者の心的過程は直接観察することはできなくとも、指標をとおして測定されうること、そしてその場合、複数の指標を用いることによって測定誤差としてのノイズをとり除くことができ、構成概念の内容、構成概念間の関係をより明確にしうるなどの具体的方法をとるのが普通である。

1.1.3 解釈アプローチ

解釈（interpretive）アプローチは自然主義的（naturalistic）アプローチ（Belk, Sherry Jr., & Wallendorf 1988, Belk, Wallendorf, & Sherry Jr., 1989）、体験的アプローチ（experiential）アプローチ（Holbrook, & Hirschman 1982）、あるいは人文主義的（humanistic）アプローチ（Hirshman 1986）等と呼ばれているものの総称であって、説明や予測といった法則定立的な研究目的ではなく、消費者行動に込められている意味を理解したり、解釈したりすることを主目的としたものである。それは現象の重要と思われる要因を抽出し、それらの間の法則的関

係を見い出すというよりも、現象をそのままに与えられた文脈においてその全体像を掴むことをめざすものと言うこともできる。そして対象とする消費者行動も、情報処理アプローチの対象とする購買行動や選択行動以外の局面、たとえば使用行動や廃棄行動まで拡大する傾向が見られる（Sheth, Gardner, & Garett 1988）。購買行動や選択行動に関しても従来とり上げられてこなかった鑑賞行動や収集行動といった側面にまで関心が向けられている（Holbrook 1987, Holbrook, & Hirshman 1993, 1995）。基礎関連分野としては、文化人類学、社会学、記号論、現象学、解釈学（hermenuetics）などがあげられ（武井1997）、そのどこに基礎が置かれるかによって、意味の解釈の仕方も、できるだけ研究者の先入観を含めずに行動に込められている意味を汲みとろうとするものから、解釈学のように研究者の事前に有していた考え方がどのように変わるかを問題にする（Arnold, & Fisher 1994）ものまで多様なものが含まれる。データ収集の方法も研究者の参与観察や内観法のような質的データのさまざまな収集方法（Wallendorf, & Brucks 1993, 南1996）が用いられている。

　解釈アプローチは科学哲学の立場としては、科学的知識といっても厳密な客観的テストによってうち立てられるものではなく、研究者の主観や視点の紛れ込んだものでしかないとする相対主義（relativism）に立つものである。消費者行動研究において解釈アプローチは80年代半ばより登場し（Hudson, & Ozanne 1988, 星野1984, 1993）、徐々にその勢いを増しているが、それは80年代に入って消費者行動研究者、マーケティング研究者の一部によって採択されはじめた相対主義的科学観（Anderson 1983, 86, 88①, 88②, Peter 1992, Peter, & Olson 1983, 上沼1987, 石井1993）と軌を一にしたものである。研究者が研究対象とする社会的現象の中に参与したり、自らの体験をとおして現象に込められている意味を掴みとったりすることは、研究者の視点や観察のなされた文脈に応じて異なった解釈を生み出すことになるが、それは知識は（科学的知識も）見る者の視点や枠組みによって捉えられた相対的なもの、あるいはこの世界自体が見る者の解釈によって構成されるものとする（Peter 1992）相対主義の立場に立ちやすいのである。

　言うまでもなく、相対主義の考え方は先にとりあげられた論理実証主義、論理経験主義、批判的合理主義などと大きく異なるものである。その意味で、相

対主義と対比する点でそれらをここでは総称的に広い意味で経験主義と呼ぶことにする。もちろん経験主義の指すものが狭い論理経験主義に限られるものではないことには注意すべきである。

　現在のところ消費者行動論は主として経験主義に基づく科学としてうちたてられており、その中心的アプローチは情報処理アプローチである。そして、それは消費者の購買行動、選択行動に限ってみるとき、より顕著であると言えよう。それは選択行動の問題が法則定立的な方法によって比較的カバーしやすいためであると思われる。たとえば、どの車が選択されるのかということは、刺激と反応との結び付きを考える行動修正アプローチによって、あるいは問題解決行動として捉える情報処理アプローチによってある程度説明したり予測したりすることは可能である。しかし、車を購入した消費者が、それをピカピカに磨き上げたり、あるいは飾りつけたりするような使用行動の多くの側面は法則定立的なアプローチだけでは捉えきれないことも明らかである。又、選択行動や購買行動についても、芸術の鑑賞行動や古美術品の収集行動などは、文脈や特殊状況的な要因を捨象してしまう経験主義的研究では、これを描き切れないことも認めなければならない。こうした点で解釈アプローチが消費者行動研究において一つの存在理由を持っている（Calder, & Tybout 1987, Holbrook, & O'shaughnessy 1988）と認められるのである。

1.2　経験主義対相対主義

　消費者行動研究の三つの代表的アプローチの検討から、背後にある科学的方法論として、大きくは広い意味での経験主義の流れと相対主義の流れがあることが明らかとなった。ここでは経験主義と相対主義の対立における論点をいま

1　相対主義に対して、論理実証主義、論理経験主義、批判的合理主義等を合わせて広い意味で実証主義と呼ぶやり方があるが、この用法は理論やモデルの正当化をめざす論理実証主義及び論理経験主義と科学の要件を反証可能性にあるとする批判的合理主義との差異を曖昧にするものであるため経験主義という用語を使うことにした。

2　もちろん相対主義の流れも多様な立場に分かれており、それは具体的にどのような解釈アプローチをとってゆくかということに関連している。しかし、その詳細に入ることは本稿の目的を超えるものであり、ここではとりあげない。

少し掘り下げ、相対主義の抬頭してきた根拠を見ておくことにしよう。

科学哲学における経験主義と相対主義との論争は1960年代から70年代にかけて盛んに行なわれ、今日に引き継がれていると言われる（Hunt 1991①）。では、その論争の要点、とりわけ経験主義に向けての相対主義陣営からの批判点はどこにあるのであろうか。もちろん、筆者のような科学哲学の門外漢が科学哲学の論点を詳細に描き切ることはよくなし得ることではない。しかしながら、科学哲学における論争が、具体的専門分野の研究者にとって寄り付き難いような密教的内容のものであるとすれば、それは具体的な科学的研究に実質的なかかわりを持たない知的遊戯にしかすぎないことになってしまう。それが現実の研究に大きなかかわりを持っているということは、誰しもが理解できるような明快な論理を持っているということである。科学哲学における専門用語や概念の誤解を慎重に避けることによって論点を明確にすることは可能なはずである。その意味で、ここでは科学哲学と消費者行動論、あるいはマーケティング論を橋渡しするような形で書かれている文献（Brown, & Fisk 1984, Bush, & Hunt 1982, Hunt 1976, 1991①, O'shaunessy 1992, Sheth, & Garrett 1986, Zaltman, LcMaster, & Heffring 1982, Zaltman, Pinson, & Angelmar 1973, 荒川 1986, 堀越 1986, 1990, 1997①, 1997②, 堀田 1983, 1991, 上沼 1987, 樫原 1986, 塚田 1987）を参考にしながら論点を明らかにすることにしよう。

科学哲学の議論は科学にかかわる問題のすべてを扱うものであることは言うまでもないが、特に二つの基本的問題に対する答えの探求を中心にしていると考えられる。その一つは、「科学とは何か？」ということ、言い換えれば「科学的な知識とそれ以外の知識、たとえば常識、芸術的知識、宗教的信念とを分ける境界線はどこに見い出せるのか？」ということである。科学的知識は一般に客観的な知識と言われるように、それが現実世界の一部をあらわすデータとの突き合わせとしての経験的テスト（empirical test）を経ることを要件としている。そして、この経験的テストの意味するところに関しては既に見たように経験主義の流れの中でも異なった考え方が存在している。

科学的知識としての理論は一般に抽象的なレベルで概念規定された複数の構成概念の間における法則的関係として構築されているものであるから、これをそのまま現実世界に対峙させることはできない。理論のテストは一定の条件の

下で理論から導出される特殊的・予測的言明としての仮説をテストすることによってなされる。すなわち、「理論Aによれば、ある条件の下ではかくなるであろう。」という予測的言明（仮説）aの確証又は反証によって理論Aはテストされるのである。そして、その場合に仮説aの確証によって理論Aの正しいことも確証されるという、いわゆる検証（verification）の考え方をとるなら、論理実証主義の考えに立っていることになる。

それに対して、仮説aの確証の繰り返しによって、しだいに理論Aが確証されてゆくとの考え方をとるなら、論理経験主義に立っていることになる。そして、仮説aの度重なる確証も理論Aの暫定的支持（験証、corroboration）にすぎず、将来のより厳密なテストによって反証されるかもしれないとする批判的合理主義の立場に立てば、科学的知識にとっての要件は反証可能性であることになる。

しかし、いずれのテストの意味をとるにせよ、経験主義の立場をとるかぎり、仮説のテストは厳密に行なわれることが前提となる。すなわち、そこでは理論に対して、理論とは独立に現実世界の一部として切り取られたデータとの突き合わせによって仮説の確証（反証）が行なわれ、それが理論を支持する（支持しない）証拠として用いられることになる。こうして、理論とテストが独立であるかぎり、測定やデータ収集が厳密になされる度合いに応じて理論のテストも厳密になされることになる。

これに対して、相対主義の考え方は経験主義の考え方の中にある理論とテストとの間の独立性を常に想定することはできないということである。一般に理論が複雑で込み入ったものになってくるにしたがって、その理論から導出される仮説も理論を色濃く反映したものとなってくる。何が、どのようにして、なぜ測定されなければならないのかということが理論によって大きく左右されることになる。測定自体が非常に複雑で理論的性質を帯びてくると共に、そこで確かめられるはずの現実世界も理論のフィルターや理論の色眼鏡をとおしてみた現実世界でしかなくなってくる。丁度、違った色眼鏡で見れば違った世界が見えるように理論に応じた現実世界が見えるということになる。そうした状況では本来、理論とは独立であるはずの現実世界の一部としてのデータが理論に大きく依存してしまうといういわゆる理論負荷性（theory ladedness）の問題が

生じていることになる（ハンソン1966）。すると、厳密になされているはずのテストが実のところは考えられている程は厳密さを持っていないことになってしまう。相対主義の考え方は、この点から科学的知識のそれ以外の知識に対する優位性を認めることはできないと主張するのである。

科学哲学のもう一つの大きな問いは、「科学的知識はどのようにして進歩するのか？」ということである。この点に関して相対主義的科学観の特徴は、科学的知識の進歩に関して懐疑的であるという点である。科学的知識が進歩するためには異なる理論やアプローチ間での比較がなされ、いずれが優れているかの客観的判定に基づいて理論やアプローチの選択がなされなければならない。この点は先述の経験的テストの厳密性と密接に絡む問題であるが、相対主義的科学観に従うと理論やアプローチの選択は、理論やアプローチの優劣の厳密な比較に基づいてなされるものではなく、社会的な要因（たとえば学界においてどの理論が主流となっているか）に基づいてなされることもあると言う。それはKuhnの科学革命（Kuhn 1962）において、いわゆるパラダイム（本章でのアプローチに相等）の転換が経験的テストの結果に基づくものではないとされているとおりである。かかる相対主義の主張は、異なった理論やアプローチ間の比較そのものが容易ではないとする認識に立つものである。この比較の困難さは異なる理論間における共約不可能性(incommensurability)という言葉で論議されることもある。[3]

同じく消費者行動ということが扱われていても、用いるアプローチによって比較が容易でないことは、消費者行動論における方法論争の中心的人物の一人であるAnderson (1986)によって認知、行動主義、経済学、構造主義の四つのリサーチ・プログラム（本章でのアプローチ）から消費者行動研究の比較が論じられている。そこでは理論間で重要な役割をする概念が異なるだけでなく、たとえば「報酬」という同じ概念が用いられる場合でもその意味するところは大きく異なり、そのまま比較するわけにはいかないことが明らかにされている。異なるアプローチを統合したとしても、どちらかの色合いが強く出てしまうこと、そして人間行動に関する最も基本的なところは形而上学的な前提に

---

3 共約不可能性の厳密な意味は必ずしも定まっていない。(Hunt 1991① p.327 - 331)

依って立つところとなり、どちらが経験的に妥当かというテストは容易でないことなどが指摘される。

　Andersonのとる立場は自ら批判的相対主義（critical relativism）と称するもので、相対主義の流れの中にあっても何とか異なるアプローチ間の比較検討を試みることを主張するものであるが、よりラディカルな相対主義の立場に立てば、そもそもこうした比較を試みること自体が無意味なことになる（石井 1993）。テストの理論負荷性及び理論・アプローチ間の共約不可能性という相対主義の主張は、つまるところ経験主義的科学観で考えられてきた科学的知識の客観的テストとその積み重ねによる知識の進歩という考え方を否定することになるものである。そこでは科学的知識といえども、それ以外の知識に対して特権的な優位性を持つものとは言えず、知識体系の移り変わりも、それが厳密な比較を経ていない以上、必ずしも厳密な意味での進歩というよりは研究者集団における勢力関係のような社会的現象として生じていることになる。

1.3　批判的多元主義

　ではこうした科学哲学上の論争について消費者行動という研究課題に関心を持つわれわれはどのように受けとめれば良いのであろうか。この問いに対して、結論的には二つの点をはっきりすることが大切と思われる。
　第一の点は、われわれはやはり相対主義の立場に立つものではないということである。それは相対主義が経験主義に対して鋭い批判を向けるものであっても、相対主義自体はそれに替わるより厳密なテストの手続きを提供するものではないからである。相対主義の立場はより明確に打ち出される程、いかなる知識も対等の地位に立つものであって、結局は何であってもかまわないという科学の世界にアーナキズムを持ち込んでしまう（フアイヤーベント　1981）からである。相対主義者がそうした結果を望んでいるのではないにしても、結果的には実験や測定上の厳密性を追求する姿勢が捨てられて、単なる思いつきや、乱暴な議論、そして肩書きで読者を信用させるやり方がまかり通るようになる恐れは大きいといわねばならない。特に消費者の購買行動というテーマを関心テーマとする場合、経験主義の放棄はこれまで築いてきた成果のほとんど

を棄て去ることに繋がってしまう。われわれは相対主義がテストの厳密性という点で経験主義に対して鋭い批判は提供するものの、相対主義の立場が結局は厳密性の放棄という逆の結果をもたらすものでしかないことに注意せねばならない。

さらに相対主義を背景とする解釈アプローチが、実験、測定の手続、データ分析のための統計的手法等を学ばなくてもよい容易な道という虚像が与えられることのデメリットにも十分注意せねばならない。アプローチの難易に関しては事実はむしろ逆であると思われる。実験的手法や統計的分析技法は、それを用いることによって、いわゆる定石としての手続きをふまえることである程度の研究目的を達成することは比較的容易である。そして厳密な議論やテストもやりやすいのである。それに対して、相対主義の流れに立つ解釈アプローチは、分析結果に本来的に曖昧性や主観性を残すものでありながら、それを成功裡に行なうための手法すなわち、参与観察、意味の解読、解釈学の応用などの習熟に相当の努力と時間を要するものと考えられる。それは秘伝的であるが故に天才的なヒラメキという要素が大きく働くとも考えられる。すなわち解釈アプローチは、研究者個人にとっても決して生産的なそして楽な道ということにはならないのである。

しかしながら、われわれは経験主義の立場を放棄しないにせよ、相対主義から突き付けられたテストの理論負荷性という問題を無視して構わないということではない。経験主義的研究が厳密な経験的テストという手続きを有しているが故に科学的知識の最たるものであることを主張するのであれば、そのテストの厳密性に関して向けられる批判には謙虚に耳を傾けなければならないからである。こうした批判に対して謙虚であることが経験主義的研究者がともすれば陥りがちな学問的傲慢さに対する反省となり、それがより優れた理論構築に繋がるものと考えられるからである。今日の消費者行動研究学界においても、多くの研究者が経験主義の立場にたちつつも相対主義や、それをベースとした解釈アプローチを排除することなく容認する批判的多元主義 (critical pluralism) と呼ばれる立場をとっている (Calder, & Tybout 1989, Hunt 1991②, 1992, Lutz 1989, O'shaughnessy 1992) ことの理由はここにあると思われる。それは異なる立場の存在を無原則・無批判に容認するというものではなく、相互間での批

判的関係の中に異なるアプローチが競合的に存在することを認めるものである。そしてそれによってそれぞれの立場に固執するよりは、双方にとって、すなわち当該学科全体としてより生産的な結果に繋がるであろうと期待するものである。その意味で批判的多元主義の採用は経験主義者にとって単にその立場を一歩後退して解釈アプローチの存在を容認するというよりは、解釈アプローチの貢献に対して期待を寄せるものであると言う方がより正確である。

　批判的多元主義が機能するためには学会がオープンであると共に批判的雰囲気があること、研究者が自分の採用するアプローチだけでなく異なるアプローチにも通じるだけの知識を持つことなどが必要である。又、研究にあたってどのアプローチがとられるかが明示されるだけでなく、他のアプローチとの接点や比較上の論点などをできるだけ明確にする努力も望まれることになる。

　尚、ここでの広い意味での経験主義アプローチと解釈アプローチとの併存関係は、後者が新しいものの見方や理論構築のための着想を得るのに優れ、前者が出来上がった理論をテストするのに優れているという意味で補完関係にあるという議論（Deshpande 1983）を超えたものである点には注意が必要である。理論がどのようにして生み出されたのか（ひらめきか、現象の丹念な観察か）は発見の文脈と呼ばれ、理論がいかにしてテストされるのかは妥当化の文脈[4]と呼ばれるが、ここでの議論は理論の経験的なテストに関するものであって妥当化の文脈に含まれるものである。科学的知識とそれ以外の知識との境界線をめぐる議論は発見の文脈とは独立に妥当化の文脈において論ぜられることは論理経験主義以来の伝統である（上沼 1987）から、批判的多元主義の考え方も発見の文脈と妥当化の文脈の組み合せで併存的関係を唱えているものではないことが明らかである。

1.4　経験主義における方法論議

　経験主義的アプローチが主流を占める中で相対主義を背景に持つ解釈アプローチの抬頭という今日の消費者行動研究学界においてとられている立場は、

　4　一般には正当化の文脈（context of justification）という言葉がもちいられるが樫原（1986）によると反証主義の考え方と整合しないところから妥当化という言葉を使うことにする。

アプローチ相互間での批判的緊張関係を維持しつつも異なったアプローチの存在を認めるというものであった。それは同一の研究者が両方のアプローチを用いて研究を行なうという場合を除くと、研究者はいずれかのアプローチに依拠して研究を進めながらも、そのアプローチ内でそして他のアプローチとの間で相互に批判を行なってゆくということになる。ここではそうした消費者行動研究の中で最もオーソドックスな立場、すなわち情報処理アプローチの視点から方法論議の現状をみることにしよう。ここに紹介する議論は経験主義の立場に立つ今日の消費者行動研究を大きく方向付けるものと考えられるから、経験主義の立場をとる研究者にとっても、それに対して批判的立場をとる研究者にとってもその内容を把握しておくことは大切であると思われる。消費者情報処理の流れの中でとりあげられている問題の一つは外的妥当性(external validity)と内的妥当性(internal validity)の問題であり、もう一つは先にとりあげた問題をやや縮小した形での複数の理論の比較テストの問題である。

1.4.1 外的妥当性と内的妥当性

最も厳密な形の経験的テストは実験によって行なわれるのが普通である。実験は研究者によって調べたい要因について何らかの実験的処理を行ない、結果に影響を及ぼすかもしれないその他の要因はコントロールされるか、実験群と比較のための統制群との間で均等な効果となるように計画される。そこで調べたい要因の効果だけが抽出され、その他の要因の効果が除去されている度合いに応じて内的妥当性が高いことになる。それに対して、実験の場で見い出されたことが実験の場以外にもあてはまるかということが外的妥当性である。外的妥当性は標本の代表性や、実験の行なわれる状況が調べたい現象の生じている状況に一致している程度に応じて高いことになる。そして実験の内的妥当性と外的妥当性は一般に両立し難いものと言われる。調べたい要因の効果だけを掴もうとすれば、いきおい実験室的な実験となってしまい、真空状態や試験管の中での実験がそのまま現場へのあてはめがきかないような事になってしまうからである。逆に外的妥当性の高いフィールド実験では、調べたい事柄以外の諸要因の混入を避けることが難しく、内的妥当性が失なわれがちになる。そうしたところから研究にあたって、どちらの妥当性をどれだけ重視するかは微妙な

バランスの問題となる。一般に理論的研究においては内的妥当性が重視され、応用的研究においては外的妥当性に重点が置かれることが考えられる (Cook, & Campbell 1979) が、消費者行動研究に則してこの点をいま少し整理してみることにしよう。

Calder ら (Calder, Philips, & Tybout 1981, 1982, 1983) によると消費者行動理論やモデルの適用は効果適用 (effect application) と理論適用 (theory application) とに分かれ、両者は研究目的、標本、変数の操作化、手続き、研究デザイン、そして背後にある科学的方法論に関して大きく異なっているという。効果適用の研究は研究で見い出されたとおりのものを実際の場において用いるための研究であり、現実の状況と研究状況とが細部まで対応すること、つまり外的妥当性を高めることが徹底して追求される。標本も市場における母集団に合致した代表性のある無作為抽出法によるものでなければならないし、変数の測定や研究のなされる状況も現実の状況に対応していなければならない。実験室的なやり方よりもフィールドでの研究であることが望ましいのである。

他方、理論適用の研究はさらに理論研究と介在研究 (intervention research) の二タイプに細分され、理論研究は理論そのものが抽象的レベルにおいて反証に耐えるか否かが問われるのに対し、介在研究は理論をより現実世界に近い状況において反証されるか否かをテストするものであるという。理論と介在との差は、たとえば無意味綴りやタキストコープを用いて呈示される刺激レベルでの研究が理論研究であり、刺激を製品、広告、販売員によるコミュニケーションのレベルで捉えたものが介在研究と解することができる。後者の場合には介在条件に応じて元の理論には無かった要因が含められたりする。

しかしながら純粋基礎理論と介在との差異はあっても、理論適用の研究は理論が現実世界のデータとの突き合わせによって反証されるか否かのテストを行なうものである。したがって現実世界への細かな一致を求める効果研究と異なって、できるだけ厳密な形で理論がテストされることが望ましい事になる。用いられる標本は理論がカバーする範囲内の標本であれば必ずしも母集団を代表するランダム標本でなくとも良いことになる。否むしろ標本は代表的な標本のように異質的な集団 (たとえばすべての年代層) を含むものでなく、できるだけ同質な集団 (たとえばA私立大学における消費者行動論の受講生) の方が

望ましいことになる。それは異質的な集団を混ぜて分析を行なう場合、集計の効果が分析結果に紛れ込んで理論で予測される効果の把握を曖昧にしてしまう可能性があるからである。この点は消費者行動研究において学生を対象にした便宜標本を用いて多くの理論適用研究がなされていることを、いわゆる理論武装させるものとなっている。すべての研究に無作為抽出標本を要件とすることは、コストとデータ入手可能性の点で研究を大きく抑制するだけでなく、テストの厳密性も下げてしまうという点でこの論点の持つ意味合いは大きいことになる。もちろん、理論適用の研究においても一つの同質的集団についてのテストだけでなく、異なる同質的集団についてもテストの繰り返しがなされることが望ましいことは言うまでもないことである。

　理論適用研究においては変数の操作化にあたっても測定せんとした構成概念が偏りなく測定されているかという構成概念妥当性の検討が大切となる。研究のデザインも現実世界への外的妥当性よりは、できるだけ内的妥当性を高めるように実験室的な方法が重視される。

　Calderらによると効果適用研究と理論適用研究では背後にある科学的方法論も異なっているとされる。効果適用研究は、その研究で見い出されることがそのまま現実世界であてはまることを目的とするものであるから、いわゆる帰納の原理に立っていることになる。それは度重なる観察の積み重ねをもって将来の同様な状況において同じ現象が見られるであろうことの根拠とするものである。[5] 帰納の原理は「A社はこれまで続々とヒット製品を出しているから、これからもヒット製品を出し続けるであろう。」というように、これまでの経験から現実世界の予測を行なうもので、その有用性を否定することはできないが、論理的には支持し難いものと言われている（Hunt 1991 ①）。なぜならそれはなぜその現象が生ずるのかを演繹的に説明するかわりに、これまで多数回観察されたからその現象が又生ずるであろうと言うにすぎないからである。では、

5　Calderら（1981）によると効果の適用を目的とする研究においては研究状況と現実世界との対応を高める（外的妥当性を高める）ためには内容豊富な、すなわち細部まで対応可能な、定性的研究をすべきであるということになる。この点は質的な内容豊富さを求めることによって、それらの質的な内容をすべて説明できるような対抗理論を排除していることになるから内的妥当性を高めていることになるとする考え方（沼上、幹「個別事例研究の妥当性について」、『ビジネスレビュー』Vol. 42, No. 3(1995)）と対照的である。

一体どのくらい多数回観察すれば良いのであろうか。過去の多数回の観察も、将来観察可能な無限の回数を分母とすれば、ゼロに近いものとなってしまうのである。

　Calderらは理論適用研究の方法論的立場は批判的合理主義であるべきだとしている（Calder, Philips, & Tybout 1981）。したがって、そこでは理論適用研究の目的は理論があたうかぎりの厳密な反証テストに耐えうるかということであり、テストを通過した理論が学界の共有する科学的知識として受け入れられる（暫定的に支持される）ことになる。Calderらが反証主義の立場をとって確証主義の立場（論理経験主義）をとらないことは、度重なるテストを通過することによって理論が次第に確証されるとする後者の考え方がやはり帰納の原理に立っている点にあることは言うまでもないであろう。

　これに対して理論的研究においても外的妥当性が高いことが望ましいとする主張は、理論の適用が何らかの背景要因によって限定されるかもしれず、そうした効果を見い出さない限り理論の反証テストも限定されたものとなる（Lynch 1982）との考えに立っている。そして理論の限界を見い出し理論を修正してゆく手がかりとするためにも背景変数についてできるだけ変化をもたせたテストがなされるべき（Lynch 1983）ということになる。しかし、これもあり得べきすべての背景要因をすべて検討してゆくことは場当たり的なやり方でしかなく、結局帰納的な考え方に立っていることになる。ある範囲で常に働くような背景要因は、むしろ最初から理論の一部として組み込まれるべきであると考えられる。すなわち理論の介在レベルでのテストとして背景要因を考えるものであり、つまるところそれは理論の内的妥当性を確かめていることになるとするのがCalderらの立場（Calder, Philips, & Tybout 1982, 1983）である。

　こうしてCalderらの呼ぶ理論適用の研究すなわちいわゆる理論的研究において外的妥当性を問わないという彼らの主張は今日の理論的な消費者行動研究に大きな影響を与えていると思われる。それは既述のように学生を対象とした便宜標本を用いた多数の研究が肯定的に評価されることになるからである。

1.4.2　確証的テストと比較テスト

　消費者行動の経験主義的研究にあたって科学哲学の方法論と現場の研究の進

め方が密接に絡んでくる点は、それが一つの理論の正当性を確証するためになされる確証的 (confirmatory) なテストであるのか、それとも対抗する複数の理論のうちいずれが最も優れているのかを明らかにするための比較テストであるのかという点である。Sternthal ら (Sternthal, Tybout, & Calder 1987) によると確証的テストは広く行なわれており、関心とする理論の正当性を確かめるためには一般に三つの手続きがとられているという。

　一つは実験的処理を行なった変数についてそれが意図したようなものとして被験者に受けとめられているかを確かめるマニピュレーション・チェックである。二つは操作された独立変数 (実験的処理) と結果としての基準変数との関係だけでなく、その関係が理論で考えられているような媒介過程をとおして生じているか否かの確認である。そして三つ目は同じ実験を多少の条件を変化させながら繰り返した場合にやはりその理論が支持される結果となるのかという実験の繰り返しである。そしてこの三つはいずれもそれなりの有用性を持つものではあっても一般に考えられている程には厳密なテストを保証するものではないとされる。たとえば、いま必要とされる情報量と提供される情報量とが量的にマッチするときに製品評価が最も高くなり、情報が少なすぎるときは説得不足により、そして情報が冗長になるときは否定的な認知的反応が生ずるために低い評価になるという理論を考えることにしよう。その経験的テストとしてメッセージを読み上げる条件の下では、メッセージの反復によって評価は上昇するものの、さらに繰り返しがなされると冗長性のために評価が低下するという逆U字型の関係が生じ、メッセージを歌う条件の下では情報処理が困難であるため同じ反復回数でも認知的反応が生じることなく評価は単調な右上がりの関係になるという仮説がたてられたとしよう[6]。そして実際にデータを分析した結果も図1のように読み上げ条件の下では逆U字型のパターンが、そして歌う条件の下では単調な右上がりのパターンが観察されたとする。するとこの結果は必要情報と入手情報の「マッチング理論」を支持するものと考えられることになる。

　「マッチング理論」の確証的テストをさらに厳密なものとするためのマニ

---

[6] ここでの仮説は Sternthal ら (1987) のものから若干修正されている。

ピュレーション・チェックは、読み上げ条件と歌の条件の下でそれぞれメッセージを理解することの難易度を被験者にきくということになろう。そこでは歌の条件の方が読み上げ条件よりも情報処理に困難を感じるという結果が得られればよいわけである。

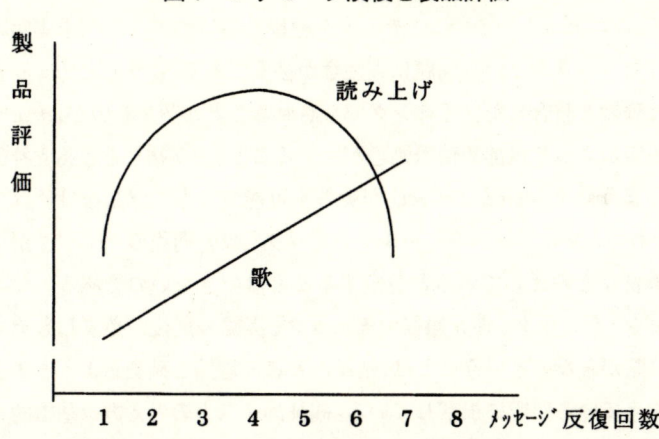

図1　メッセージ反復と製品評価

　媒介過程を確かめる方法としては、被験者に考えていることを自由回答形式で報告してもらい、それがメッセージについての思考か、被験者独自の思考かを判断することによって、読み上げ条件の下では次第に被験者独自の考えが多くなるのに対して、歌の条件の下ではそうならないことを確認することになる。そして、標本や状況を多少変化させて実験を繰り返しても同じ理論支持的な結果が繰り返し得られるなら、その理論の正しさについて確信が強くなると考えるのである。
　しかしながらSternthalらによると、こうした確認がなされたとしても、その理論が確証されるための厳密なテストがなされたことになるかというと答えは必ずしもイエスではないと言う（Sternthal , Tybout, & Calder 1987）。それはマニピュレーション・チェックによっても、媒介過程のチェックによっても、テストされている理論に対抗する理論による説明の可能性が必ずしも排除されるわけではないからである。メッセージの読み上げ条件と歌の条件とでは必要と

される情報処理能力の差だけでなく、被験者に与える気分や不自然感、曲からの連想、曲の好き嫌い、ひき起こされる動機づけ、関与の差、実験のねらいに対する被験者の推測などさまざまな点での差異が生じていることに注意せねばならない。たとえマニピュレーション・チェックと媒介過程のチェックが「マッチング理論」の予想するとおりであったとしても、図1に見られる結果が別の理由で生じている可能性が排除されてしまうわけではないのである。

そして、マニピュレーション・チェックや媒介過程のチェックを実験のどの段階で行なうべきかという問題にも注意が必要である。こうしたチェックはできるだけ理論と整合したタイミングでなされることが望ましいが、チェックのための測定によって追加的情報処理が生ずること、及び結果を理論支持的にゆがめてしまう効果（demand effect）が働らく可能性にも注意しなければならない。すなわち、マニピュレーション・チェック、媒介過程のチェックがテストを常に厳密なものとしていると想定することはできないのである。マニピュレーション・チェック、媒介過程のチェック、実験の反復が必ずしもテストの厳密化に繋がらないということは、結局のところ理論を確証しようとする試み自体が抱えている問題に根ざしている。確証的テストの考え方は基本的には論理経験主義の立場に立つものであって、繰り返しの理論支持的結果をもって理論が真であると確証されるとする帰納の原理の問題を含んでいるのである。

比較テストの考え方は、テストを通過した理論のうち最も説明力の高いものを今日受け入れられている理論（暫定的に支持されている理論）として考えるものである。それはマニピュレーション・チェックや媒介過程のチェックという手続きを必ずしも排除するものではないが、そうした手続きを必要条件のように考えるのではなく、対抗する理論のいずれが与えられたデータをより整合的にそして効率よく（より少ない変数で）説明できるかを確かめるやり方をとるものである。たとえば、いまメッセージの情報処理によって説得の効果があらわれるという考えに加えて、実験が被験者の好奇心を満たしたり、実験に参加していることが価値あるものと考えられているかという被験者の実験に対する態度が対象としている製品の評価に反映されるということを考え、これを仮に実験態度の「波及効果」と呼び先述の「マッチング理論」に対抗する理論と考えてみよう。すると図1の結果は次のように説明されることになる。メッ

セージ読み上げ条件の下において製品の評価が逆U字型となったことは、単調な実験の繰り返しによって次第に大きくなってきた実験に対する興味の喪失が評価対象である製品に次第に強く反映されるようになってきた結果として、そして歌の条件の下での単調な評価の上昇はメッセージ伝達の効果と歌に関心が向けられることがプラスに製品評価に反映される効果が合わさった結果として説明されることになる。そしてこの対抗理論による説明は「マッチング理論」のためのマニピュレーション・チェック及び媒介過程のチェックの結果と何ら矛盾するものではない点に注意が必要である。つまり、「マッチング理論」をいくら確証しようとしても対抗理論である「波及効果」による説明の可能性は排除されずに残っているのである。

　比較テストの考えによれば、ここで「波及効果」についてのマニピュレーション・チェック（読み上げ条件と歌の条件との間で実験に対する態度に差があるかのチェック）を行ないつつ比較を進めても良いわけであるが、それはマニピュレーション・チェック自体が実験に対する態度に影響を及ぼす可能性を考慮して慎重になされるべき事柄と考えられる。比較テストの重視する点は、果していずれの理論が得られたデータをより良く説明するかという点である。そして、もしこうした実験を繰り返してもいずれの理論も同等に説明が可能である場合には、最も簡潔な説明ができるのはいずれであるのかという規準で判定がなされることになる。たとえば、もしここでの事例で二つの対抗する理論の説明が同程度に支持されたとするなら、「マッチング理論」が情報処理の難易さという次元で一貫した説明が可能であるのに対して、「波及効果理論」は実験に対する態度という別種の変数を必要とするために簡潔性の点で劣ると考えられる。

　「マッチング理論」と「波及効果理論」との比較テストは、たとえば以下のような形で行なうことが可能である。いま図1の実験をさらに継続する形で、しかし読み上げ条件と歌の条件を入れ替えてみるとしよう。すると「マッチング理論」では、読み上げ→歌と変わった場合でもメッセージの理解は終っている筈であり、否定的な認知的反応により製品評価はさらに下降することが予想される。それに対して「波及効果理論」では、読み上げ→歌と変化することで実験に対する興味が回復した分だけ製品評価は上昇することが考えられ

る。したがって、こうした予測のうち、いずれがデータによって支持されるかによって二つの理論を比較することが可能となる。

　したがって比較テストの考え方は、ある現象に関して対抗する理論のいずれが最も説明力が高いかを経験的に比較して、最も優れた理論を現在の学界において支持できる理論として暫定的に受け入れるという反証主義の考え方に立っていることになる。そして、その場合における経験的テストの厳密性は対抗する理論のうち、いずれが与えられたデータをより良く説明するかを明らかにすることによって達成されるのである。確証的テストにおけるようにマニピュレーション・チェックや媒介過程のチェック、異なる条件下での実験の反復をテストの厳密化のための必要条件とするものではないのである。

　テストの積み重ねによって理論の正しさが次第に確証されるとする確証的テストの考え方が別種の方法論的問題を抱えていることも指摘されねばならない。それはある理論についてのテストの積み重ねは、なされたすべてのテストの結果が公表されていてこそ初めて可能になるということである。もし、なされた研究の一部だけしか公表されていないとしたら、意図的であるとないとにかかわらず、その理論の限界や問題の多くが隠されてしまうことになる。しかるに確証的テストのやり方がとられるときには、研究者はとりあげる理論の正しさを証明することに研究の根本的動機があるわけであるから、いきおい発表される結果も理論支持的になったものだけに限られてしまうことになる。研究者が公表する研究結果については研究上の倫理にもとる行動はいささかも行なわないとしても、理論支持的とならなかった研究結果の公表を断念してしまうことは十分考えられるから、結果として比較的旨く行ったものだけ発表されるため、学界全体として研究結果にゆがみをもたらしてしまうことになる。さらに、定説の反証というケースを除いて、理論支持的とはならなかった研究は、いわゆるおもしろ味のない研究として学術雑誌の編集者の側で不採用としてしまう可能性が大であることを考えるならば、理論支持的な研究結果だけが公表される傾向は一層強くなってしまう。そして、このようにして公表された結果をレビューしたり、メタ分析を行なって傾向を把握しようとしても、それが偏ったものとなってしまうことは十分予想できることである（Farley, & Lehman 1986）。

比較テストのやり方はこの点でも優れた性質を持っている。そこでは複数の理論が比較検討されるわけであるから、いずれの理論が優れている結果となっても研究が無意味とみなされることはないのである。もちろん比較テストでも、いずれの理論も支持的とならなかったために公表が控えられるというケースは考えられるが、そうしたケースが確証的テストにくらべて少なくなる分だけ偏りが少なくなることは明らかである。

　確証的テストが方法論的立場としてテストの繰り返しによって理論が真であることを次第に確証してゆこうとする論理経験主義の流れに立つものであり、比較テストの考え方が反証可能性を基礎とした批判的合理主義の流れにあることを考えるならば、ここでの二つのテストの行ない方はそのまま経験主義の中の二つの科学哲学的立場の間の選択を反映していると言えよう。そうした意味からすると、今日の消費者行動研究学界では論理経験主義の流れに立っている研究者が圧倒的に多いものの厳密なテストを追求する視点からはやはり批判的合理主義の流れに立つことが望ましいことが指摘できよう。

　比較テストの唯一最大の問題点は、実際に比較テストを行なうことが手間と面倒がかかるという点である[7]。一つの理論をテストするよりも複数の理論をセットでテストする方がはるかに難しいことは言うまでもない。テストが結果としていずれの理論が優れているかを判別する形にデザインされなければならないからである。それは単に複数の理論のフィットの高さをくらべるということでは不十分であって、いずれが得られたデータをより整合的に説明するかということでなければならないのである。こうした比較のための実験は、あらかじめ念入りにデザインされることが必要なだけでなく、場合によっては試行錯誤的に何回かの追加的実験を必要とすることになると思われる。本章で示した仮説例においても追加的実験を必要としたとおりである。しかしながら、こうした困難性にもかかわらず比較テストのやり方が消費者行動研究において、よ

---

7 比較テストの考え方に立った研究としては行動修正アプローチと情報処理アプローチとを比較したGornの研究（Gorn, Gerald J. (1982), "The Effects of Music in Advertising on Choice Behavior : A Classical Conditioning Approach" *Journal of marketing*, Vol. 46, 94 - 101）及び消費者の製品評価に対する知識と関与の効果を比較したSujanの研究（Sujan, Mita (1985), "Consumer Knowledge : Effects on Evaluation Strategies Mediating Consumer Judgment" *Journal of Consumer Research*, Vol. 12, No. 1, 31 - 46）を代表的なものとしてあげることができる。

り多く採用されていくことが望ましいことは再言されてしかるべきである。それはたとえ個々の研究をその困難さの故に幾分スローダウンさせるものではあっても、研究全体を着実に押し進めるものになると考えられるからである。消費者行動論の理論体系が成熟した内容豊富なものとなるためには比較テストのやり方が広く採られることが必要と思われる。

1.4.3　共分散構造分析による比較テスト

　比較テストにあたって比較される理論が似かよっていることは一般に比較をしやすくすることは共約不可能性の考え方のところで述べたとおりである。それは理論に含まれる構成概念の抽象度の水準、次元の差、測定方法や集計水準などに関して、いわば同じ土俵の上での比較が可能となるからである。しかしながら、理論の類似度と比較の容易さとの関係は類似度が高くなると常に比較は容易になるといった単純な線型の関係にあるわけではない。非常に類似度が高い場合には、理論間の差異も相対的に小さくなるため僅かな差異でも敏感に見分けることができるような研究方法が必要となる。その意味では類似度に応じて比較が再び難しくなることも考えられる。

　類似した理論・モデルの比較に80年代以降広く用いられるようになったのが共分散構造分析と呼ばれる分析技法である。共分散構造分析は消費者行動について直接観察測定できないような構成概念間の因果関係を分析するのに適している。たとえば製品を購買することに対する態度 Aactが行動意図Ⅰを規定し、それがさらに購買行動Bを規定するという構造のモデルを考えることにしよう。ここで行動B以外は直接観察することのできない心理的変数であり、構成概念としての性格を有している。そこで態度も意図もそれぞれ複数の指標をとおして測定されるものとする。そうすることによって、態度と意図の測定に含まれる誤差すなわち測定上のノイズをとり除いた形で態度と意図の関係、そして意図と行動との関係をより明確に把握できることが可能となる。又、測定せんとする構成概念（たとえば態度）がどこまで測定できていると考えられるのかという測定の妥当性（構成概念妥当性と呼ばれる）を、①同じく態度を測定している指標間にはそれなりの相関のあるべきこと（収束妥当性：convergent validity）、②態度が意図に影響するという法則的関係が考えられる以上、

態度から意図へのパスは有意なものとなるべきであること（法則的妥当性：nomological validity）、そして③それでも態度と意図とはそれぞれ別個の概念であるためにあまりに強い相関とはならないこと（弁別的妥当性：discriminant validity）等の検討をとおしてチェックできるという優れた点がある。したがって共分散構造分析の特徴の一つは、こうした構成概念の測定妥当性を確かめながら、その因果関係を探ることができるという点である。そして共分散構造分析が比較テストに有用であるのは、それが図2－aのように態度は意図をとおしてのみ行動に影響するという関係にあるのか、それとも図2－bのように意図をとおしての影響と同時に意図を経由しない形で直接に行動に影響する場合があるのか、いずれがより経験的データに合致するのかを幾つかの適合度指標を用いて比較できる（Steenkamp & Baumgartner 1998）点である。

図2－bは消費者の行動がどちらかといえば計画に基づいてなされるだけでなく無計画的に買物場所で態度に影響されてなされるような場合もあることを示していることになるから、図2－aと図2－bのいずれが妥当であるかを比較テストできることは大いに有用であることになる。

ただ、こうしたテストが可能なのは比較される二つのモデルについて全く同一の指標が用いられていることと、いずれかが他方のモデルの全てを含む場合に限られるから、先述のように、非常に似かよった理論・モデル間の比較、換

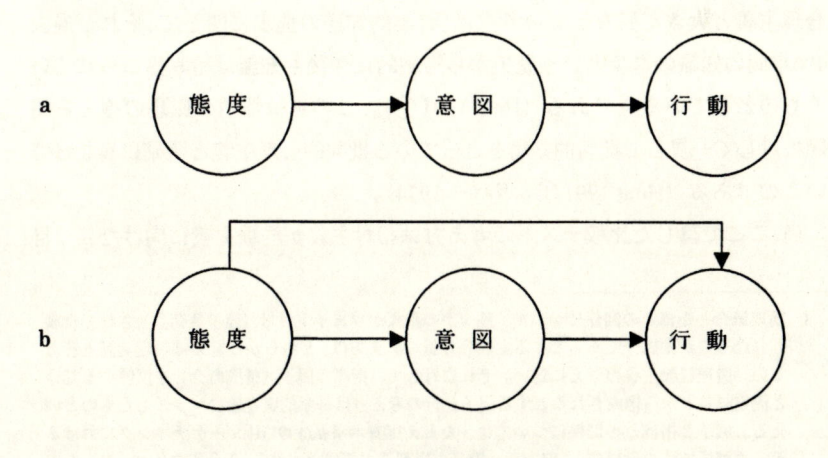

図2　二つの構造の比較

言すれば理論の部分的修正の良否の比較に限られてくることはおさえておく必要がある。かなり構造の異なる理論間の比較は、やはりいずれがより優れた説明を与えるかということを明らかにする実験を創意工夫しなければならないのである。しかし、限定された条件の下であれ共分散構造分析が比較テストに活用できること、それが直接観察できないような構成概念間の因果関係の推論に有用である点で消費者行動研究に優れた適用可能性を持っていることは、はっきりと認識されるべきである。

共分散構造分析についてもう一つ認識されるべきことは、それが背後の科学哲学として科学的実在論(scientific realism)の考え方に立っているという点である（Bagozzi 1984）。科学的実在論の特徴は、消費者の態度や意図のような構成概念を実在するものとして捉え、それらの間の因果的関係を掴むことを主関心事としている点である（Hunt 1991 ①, Zinkhan, & Hirschheim 1992, O'shaughnessy 1992）。共分散構造分析では構成概念は直接観察できないものであっても複数の指標をとおして測定される[8]。それは実在する構成概念がそのまま認識把握されるのではなく、ノイズやゆがみをとり除く工夫をとおして把握されることを意味している（Hunt 1990）。科学的実在論の立場は確証的テストのやり方を排除するものではないが、反証を基盤とする比較テストとも整合するものであることは以上に見たとおりである。ただし、科学的実在論が批判的合理主義と大きく異なっている点は、科学的知識の進歩に関して、それが過去400年間の知識の進歩という歴史から帰納的に今後も知識は積み重ねられていくものとしている点である（Hunt 1991 ①）。この点は帰納の原理の抱える問題に対して一貫して批判的立場をとっている批判的合理主義と明確に異なっているのである（Hunt 1991 ①, ポパー 1974）。

尚、ここで論じた比較テストの考え方は相対主義が経験主義に向けた二つ目

---

8 構成概念と指標との関係について、幾つかの指標がウェイト付け（因子負荷量）されて合成されたものが主成分であるとする主成分分析の考え方は、どちらかと言えば論理実証主義あるいは論理経験主義の考えに近い。それに対して、指標は因子（構成概念）を反映する部分と測定誤差とから構成されるとする因子分析の考え方は科学的実在論にマッチしたものといえる。因子と指標との関係については、たとえば青木幸弘(1991)(「マーケティングにおけるデータ解析技法の新展開」、田内幸一編『市場創造の課題と方法』、千倉書房、47-71）を参照されたい。

の批判点であるアプローチ間の共約不可能性ということに真向から対立する考え方であると言わねばならない。比較テストの考え方がその基盤として反証可能性を科学的知識の要件とする批判的合理主義の考え方に立つものであるかぎり、それが相対主義とは相容れないものであることは当然なことかもしれない。では、異なる理論間の比較は相対主義の唱えるように土台無理なものであろうか。言うまでもなく、われわれの立場は比較を唱えるものであり、比較可能の考え方に立っている。特に比較される複数の理論が同一のアプローチに属している場合には比較は容易でないにせよ十分になし得るものである。もし比較が異なるアプローチにまたがるときには確かに比較の困難性が増すものの比較が不可能になる訳ではない。極端な例としては「AとBとは研究目的、概念、研究手法などが全く異なっているために比較することはできない。」と言っていること自体、既に何らかの比較を行なっている（Hunt, 1993）と考えられる。それは研究目的、概念、研究手法などの比較なくしては言えないからである。そして比較テストの考え方の重要な点は、それが単に理論Aと理論Bとの特徴を論理的に比較するという意味だけでなく、理論Aとデータ、理論Bとデータという、それぞれの理論とデータとの突き合わせにおいてどちらがより整合的な説明を提供するかという経験的テストの比較であるという点である。もし複数の理論が対抗的な関係にあるならば、それが同一の現象を関心事としているかぎりにおいて、いずれがより整合的な説明を提供できるかという形において比較を行なうことは可能なはずである。もし、そこで扱っている現象が全く異なるという意味で比較ができないというのであれば、もはやそこでの複数の理論は競合する関係にはなく、もともと併存すべき理論ということになる。その意味で、われわれは一つの現象について対抗する説明を求め、最も説明力の高いものを現在の段階での学界の共有財産として受けとめる比較テストの考え方を採るものである。そして、この比較テストの考え方は経験的テストを重視する経験主義の流れの中ではアプローチを超えて実行可能な考え方であると思われる。もちろん解釈アプローチのように経験的テストに置く重さや意味合いが大きく異なるものを含めての比較テストの実現可能性は非常に低いことになる。そうした場合でも批判的な精神をもって何とか比較を試みようとすることは決して無駄なことではなく、その精神は結局のところ批判的多元主

義に繋がるものと思われる。

1.5 まとめ

　消費者行動研究の分野においても他の学問分野と同じく、具体的な研究は暗黙のうちにいずれかの方法論的立場に依拠しつつも、それを意識することのほとんどないままなされているのが普通であると言えよう。それでも新しいアプローチの登場をきっかけとして方法論的問題が意識されるようになる。80年代半ばからの解釈アプローチの登場は、消費者行動論においても方法論上の問題に関心を向ける契機となってきたが、本章はそうした中で広い意味での経験主義の立場から解釈アプローチの登場をどう捉えればよいのかを論じたものである。本章のこの問題の捉え方は、今日の消費者行動研究学界においてとられている見解をおよそそのままに反映したものであるが、それは相互に批判的視点をとりつつも異なるアプローチを容認するという批判的多元主義の立場であった。科学哲学での論争に関しても、われわれはテストの厳密性を重んずるという立場から、相対主義が経験主義に向けるテストの理論負荷性という批判及び異なる理論間の共約不可能性という批判に対して謙虚に耳を傾けるものであるが、結論的には相対主義を採用するものではない。それは相対主義が経験主義に替わる厳密性を提供するものではなく、本質的にはむしろ逆の結果をもたらすものでしかないからである。われわれは解釈アプローチが消費者行動研究に貢献することを期待するものではあるが、そのテストにおける厳密性の欠如という点は厳しく見つめなければならないのである。

　次に本稿は経験主義的研究の流れの中で二つの論点をとりあげている。一つは研究における内的妥当性と外的妥当性の問題である。本稿の立場はCalderらの主張に添ったものであり、研究目的が彼らのいう理論適用を目的とするものであるときは、内的妥当性に絞って研究がなされるべきであるというものであった。それは、より具体的には、理論そのもののテストが目的であるときには、標本は便宜標本であっても良く、むしろ同質的な標本が望まれること、そして実験室的な状況設定の方が望ましいというものであり、今日の多くの消費者行動研究の進め方を支持するものであった。

経験主義の流れの中で明らかにされた第二の点は、関心事とする理論が真であることを確証しようとする形でテストの厳密性を追求するのではなく、対抗する複数の理論のうちいずれがより優れているかという比較を行なう形でテストがなされるべきであるという点である。前者の確証的テストは、その厳密性を高める方法として、①実験的処理が意図されたとおりに被験者によって受けとめられているかというマニピュレーション・チェック、②最終の反応に至るまでの媒介過程においてもしかるべき変化がみられるかというチェック、③多少異なる状況下での実験の反復などが用いられるが、こうした方法は必ずしも対抗的な説明を排除するものではなく、したがってその理論を真とすることには無理があることが明らかにされた。
　比較テストは対抗する理論のうち最も説明力の高いものを暫定的に支持されたものとして受け容れるというもので科学哲学としては反証主義をベースにしたものであることも明らかにされた。ただ、この対抗理論の比較テストというやり方は、長期的にはそれが学界にとって最も望ましいものではあっても、個々の研究の手間を倍加させるものであるためほとんど行なわれていないのが残念ながら実情であると言わねばならない。現在のところ、この比較テストの考え方がかなりの程度に行なわれているのは、似かよった理論あるいは理論の修正についてどちらが優れているかをテストできる共分散構造分析を用いる方法である。それは科学哲学としては、科学的実在論を背景に持つものであるが、経験主義の流れの中で近年一つの潮流をなしているものである（Hunt 1991①）。

参考文献

Anderson, Paul F. (1983), "Marketing Scientific Progress, and Scientific Method," *Journal of Marketing*, Vol.47, 18 - 31.

Anderson, Paul F. (1986), "On Method in Consumer Research: A Critical Relativist Perspective," *Journal of Consumer Research*, Vol. 13, 155 - 173.

Anderson, Paul F. (1988①), "Relative to What - That is the Question: A Reply to Siegel," *Journal of Consumer Research*, Vol.15, 133 - 137.

Anderson, Paul F. (1988②), "Relativism Revidivus: In Defense of Critical Relativism," *Journal of Consumer Research*, Vol.15, 403 - 406.

Arnold, Stephen J., and Eileen Fischer (1994), "Hermeneutics and Consumer Research," *Journal of Consumer Research*, Vol. 21, 55 - 70.

Bagozzi, Richard P. (1984), "A Prospectus for Theory Construction in Marketing," *Journal of Marketing*, Vol. 48, 11 - 29.

Belk, Russell W., Melanie Wallendorf, and John F. Sherry Jr. (1989), "A Naturalistic Inquiry into Buyer and Seller Behavior at a Swap Meet," *Journal of Consumer Research* Vol.14, 449 - 470.

Belk, Russell W., Melanie Wallendorf, and John F. Sherry Jr. (1989), "The Sacred and The Profane in Consumer Behavior: Theodicy on the Odyssey," *Journal of Consumer Research*, Vol. 16, 1 - 38.

Brown, Stephen W., and Raymond P. Fisk (eds.) (1984), *Marketing Theory: Distinguished Contributions*, John Wiley & Sons.

Bush, Ronald F., and Shelby D. Hunt (eds.) (1982), *Marketing Theory: Philosophy of Science Perspectives*, American Marketing Association.

Calder, Bobby J., Lynn W. Phillips, and Alice M. Tybout (1981), "Designing Research for Application," *Journal of Consumer Research*, Vol. 8, 197 - 207.

Calder, Bobby J., Lynn W. Phillips, and Alice M. Tybout (1982), "The Concept of External Validity," *Journal of Consumer Research*, Vol.9, 240 - 244.

Calder, Bobby J., Lynn W. Phillips, and Alice M. Tybout (1983), "Beyond External Validity," *Journal of Consumer Research*, Vol.10, 112 - 114.

Calder, Bobby J., Lynn W. Phillips, and Alice M. Tybout (1987), "What Consumer Research is...," *Journal of Consumer Research*, Vol. 14, 136 - 140.

Cook, Thomas D., and Donald T. Campbell (1979), *Quasi-Experimentation : Design and Analysis Issues for Field Settings*, Houghton Mifflin Company.

Deshpande, Rohit (1983), ""Paradigms Lost" On Theory and Method in Research in Marketing," *Journal of Marketing*, Vol.47, 101 - 110.

Farley, John U., and Donald R. Lehmann (1986), *Meta-Analysis in Marketing: Generalization of Response Models*, Lexington Books

Foxall, Gordon (1990), *Consumer Psychology in Behavioral Perspective*, Routledge.

Gardner, Meryl Paula (1985), "Mood States and Consumer Behavior: A Critical Review," *Journal of Consumer Research*, Vol.12, 281 - 300.

Gorn, Gerald J. (1982), "The Effects of Music in Advertising on Choice Behavior: A Classical Conditioning Approach," *Journal of Marketing*, Vol. 46, 94 - 101.

Hirschman, Elizabeth C. (1986), "Humanistic Inquiry in Marketing Research: Philosophy, Method, and Criteria," *Journal of Marketing Research* Vol.23, 237 - 249.

Holbrook, Morris B. (1987), "What is Consumer Research?" *Journal of Consumer Research*, Vol.14, 128 - 132.

Holbrook, Morris B. (1995), Consumer Research: *Introspective Essays on the Study of Consumption*, Sage Publications.

Holbrook, Morris B., and Elizabeth C. Hirschman (1982), "The Experiential Aspects of Consumption: Consumer Fantasies, Feelings, and Fun," *Journal of Consumer Research*, Vol.9, 132 - 140.

Holbrook, Morris B., and Elizabeth C. Hirschman (1993), *The Semiotics of Consumption: Interpreting Symbolic Consumer Behavior in Popular Culture and Works of Art*, Mouton de Gruyter.

Holbrook, Morris B., and John O'Shaughnessy (1988), "On the Scientific Status of Consumer Research and the Need for an Interpretive Approach Studying Consumption Behavior," *Journal of Consumer Research*, Vol.15, 398 - 402.

Howard, John A. (1963), Marketing Management: Analysis and Planning, Irwin.

Howard, John A., and Jagdish N. Sheth (1969), *The Theory of Buyer Behavior*, Irwin.

Hudson, Laurel Anderson, and Julie L.Ozanne (1988), "Alternative Ways of Seeking Knowledge in Consumer Behavior," *Journal of Consumer Research* Vol.14, 508 - 521.

Hunt, Shelby D. (1976), *Marketing Theory: Conceptual Foundations of Research in Marketing*, Grid (阿部周造訳 (1979)『マーケティング理論』, 千倉書房)

Hunt, Shelby D. (1983), "General Theories and the Fundamental Explananda of Marketing," *Journal of Marketing*, Vol. 47, 9 - 17.

Hunt, Shelby D. (1990), "Truth in Marketing Theory and Research," *Journal of Marketing*, Vol. 54, 1 - 15

Hunt, Shelby D. (1991①), *Modern Marketing Theory: Critical Issues in the Philosophy of Marketing Science*, South-Western Publishing Co.

Hunt, Shelby D. (1991②), "Positivism and Paradigm Dominance in Consumer Research: Toward Critical Pluralism and Rapprochement," *Journal of Consumer Research*, Vol. 18, 32 - 44.

Hunt, Shelby D. (1992), "For Reason and Realism in Marketing," *Journal of Marketing*, Vol. 56, 89 - 102.

Hunt, Shelby D. (1993), "Objectivity in Marketing Theory and Research," *Journal of Marketing*, Vol. 57, 76 - 91

Kernan, Jerome B. (1987), "Chasing the Holy Grail: Reflections on "What is Consumer Research?" *Journal of Consumer Research*, Vol. 14, 133-135.

Kuehn, A. A. (1962), "Consumer Brand Choice: A Learning Process?" in R. E. Frank, A. A. Kuehn, and W. F. Massy (eds.), *Quantitative Techniques in Marketing Analysis*, Irwin, 390 - 403.

Kuhn, T. S. (1962), *The Structure of Scientific Revolutions*, Univ. of Chicago. (中山 茂 訳 (1971)『科学革命の構造』みすず書房)

Lehmann, Donald R., and J. Edward Russo (1996), "Another Cup of Coffee: The View from Different Frames," in Kim P. Corfman and John G. Lynch, Jr. (eds.), *Advances in Consumer Research*, Vol.23, 309 - 310.

Lutz, Richard J. (1989), "Positivism, Naturalism and Pluralism in Consumer Research: Paradigms in Paradise," in Thomas K. Srull (ed.), *Advances in Consumer Research*, Vol. 16, 1 - 8.

Lynch, Jr., John G. (1982), "On the External Validity of Experiments in Consumer Research," *Journal of Consumer Research*, Vol. 9, 225 - 239.

Lynch Jr., John G. (1983), "The Role of External Validity in Theoretical Research," *Journal of Consumer Research*, Vol. 10. 109 - 111.

Massy, W. F., D. B. Montgomery, and D. G. Morrison (1970), *Stochastic Models of Buying Behavior*, Prentice-Hall.

Nord, Walter R., and J. Paul Peter (1980), "A Behavior Modification Perspective on Marketing," *Journal of Marketing*, Vol. 44, 36 - 47.

O'Shaughnessy, John (1992), *Explaining Buyer Behavior: Central Concepts and Philosophy of Science Issues*, Oxford University Press.

Peter, J. Paul (1992), "Realism or Relativism for Marketing Theory and Research: A Comment on Hunt's Scientific Realism," *Journal of Marketing*, Vol. 56, 72 - 79.

Peter, J. Paul, and Jerry. C. Olson (1983), "Is Science Marketing?" *Journal of Marketing*, Vol. 47, 111 - 125.

Peter, J. Paul, and Jerry. C. Olson (1996), *Consumer Behavior and Marketing Strategy 4-th.ed.*, Irwin.

Sheth, Jagdish N., David M. Gardner and Dennis E. Garrett (1988), *Marketing Theory: Evolution and Evaluation*, John Wiley and Sons.
邦訳:流通科学研究会訳 (1991)『マーケティング理論への挑戦』, 東洋経済新報社.

Sheth, Jagdish N., and Dennis E. Garrett (eds.) (1986), *Marketing Theory : Classic and Contemporary Readings*, South-Western Publishing.

Steenkamp, Jan-Benedict E. M., and Hans Baumgartner (1998), "Assessing Measurement Invariance in Cross-National Research," *Journal of Consumer Research*, Vol.25, 78 - 90.

Sterthal, Brian, Alice M. Tybout, and Bobby J. Calder (1987), "Confirmatory Versus Comparative Approaches to Judging Theory Tests," *Journal of Consumer Research*, Vol. 14, 114 - 125.

Sujan, Mita (1985), "Consumer Knowledge: Effects on Evaluation Strategies Mediating Consumer Judgments," *Journal of Consumer Research*, Vol. 12, 31 - 46.

Wallendolf, Melanie, and Brucks (1993), "Introspection in Consumer Research: Implemen-

tation and Implications," *Journal of Consumer Research*, Vol.20, 339 - 359.
Zaltman, Gerald, Karen LcMasters, and Michael Heffring (1982), *Theory Construction in Marketing*, John Wiley & Sons.
Zaltman, Gerald, Christian R. A. Pinson, and Reinhard Angelmar (1973), *Metatheory and Consumer Research*, Holt, Rinehart & Winston.
Zinkhan, George M., and Rudy Hirschheim (1992), "Truth in Marketing Theory and Research: an Alternative Perspective," *Journal of Maketing*, Vol. 56, 80 - 88.

青木幸弘 (1991),「マーケティングにおけるデータ解析技法の新展開」, 田内幸一編『市場創造の課題と方法』千倉書房, 47 - 71.
荒川祐吉 (1986),「マーケティング論における方法論争の批判的考察」, 国民経済雑誌, 第153巻, 第6号, 1 - 21.
ハンソン, N. R. 著, 村上陽一郎訳 (1996)『科学理論はいかにして生まれるか』, 講談社.
ファイヤァーベント, P.K.著, 村上陽一郎, 渡辺博共訳 (1981)『方法への挑戦: 科学的創造と知のアナーキズム』, 新曜社)
堀越比呂志 (1986),「マーケティング管理論における認識進歩分析の可能性」, 青山経営論集, 第21巻, 第2号, 25 - 42.
堀越比呂志 (1990),「マーケティング論における方法論研究の意義と行方ー経済学者 B. J. Caldwellの主張を手懸かりとしてー」青山経営論集、第24巻, 第4号, 69 - 108.
堀越比呂志 (1997①),「マーケティング方法論論争の展開とその知的背景―その一―」, 青山経営論集, 第32巻, 第2号, 91 - 108.
堀越比呂志 (1997②),「マーケティング方法論論争の展開とその知的背景―その二―」, 青山経営論集, 第32巻, 第3号, 75 - 95.
星野克美 (1984),『消費人類学ー欲望を解く記号ー』, 東洋経済新報社.
星野克美 (1988),「消費者行動の記号論的分析」日本商業学会年報『ネットワーキングと流通・マーケティング』, 97 - 102.
堀田一善 (1983),「科学としてのマーケティング理論ー情報内容の豊かさを求めてー」, 日本商業学会年報『流通と情報』, 175 - 186.
堀田一善編著 (1991),『マーケティング研究の方法論』, 中央経済社.
石井淳蔵 (1993),『マーケティングの神話』, 日本経済新聞社.
上沼克徳 (1987),「メタマーケティング科学論争ー相対主義科学観の台頭と問題状況ー」, 商経論叢, 第22巻, 第2号, 7 - 70.
樫原正勝 (1986),「科学における相対主義及び反証問題の克服」, 三田商学研究, 第28巻, 特別号, 159 - 195.
ラックマンR., J.L.ラックマン, E.C.バターフィールド著, 箱田祐司, 鈴木光太郎監訳 (1988),『認知心理学と人間の情報処理Iー情報処理パラダイムー』, サイエンス社.
ラカトッシュ, I.「反証主義と科学的研究プログラムの方法論」, I. ラカトッシュ／A. マスグレーブ編, 森 博監訳 (1985),『批判と知識の成長』, 木鐸社.

南知恵子 (1996),「消費者行動研究における定性的アプローチの可能性と問題点」, 消費者行動研究, Vol. 4, No. 1, 1 - 13.

沼上 幹 (1995),「個別事例研究の妥当性について」, ビジネス・レビュー, Vol.42, No. 3, 55 - 70.

ポパー, K. R. 著, 久野 収・市井三郎訳 (1961)『歴史主義の貧困－社会科学の方法と実践』, 中央公論社.

ポパー, K. R. 著、大内義一・森 博訳 (1971)『科学的発見の論理、上下. 恒星社厚生閣.

ポパー, K. R. 著、森 博訳 (1974)『客観的知識－進化論的アプローチ』, 木鐸社

武井 寿 (1997),『解釈的マーケティング研究－マーケティングにおける「意味」の基礎理論的研究』, 白桃書房.

塚田朋子 (1987),「S. D. ハントの「メタマーケティング論」批判－論理経験主義に基づくメタマーケティング研究の限界－」, 日本商業学会年報,『マーケティング戦略論の基礎概念』, 207 - 213.

梅津八三, 宮城音弥, 相良守次, 依田 新編 (1957)『心理学事典』, 平凡社, 200 - 203.

第2章
適応的意思決定過程と選択行動[1]
―選択と選好・IDBとその周辺―

2.1 はじめに

　私たちが、モノやサービスを購入する際には問題の認識、候補となる製品の品質や価格の調査、購買行動、購買後の評価、使用時の評価といった順序で、これらの活動をある時には長い時間をかけて、ある時にはほんの一瞬で終わらせることが求められる。ある種の活動は自発的なものであり、ある種の活動は強い物理的、社会的制約の下で実行される。

　少なくとも、私たちはこの課業を成功させようと意図してその努力を傾けようとするが、そこには様々な障害や限界が存在している。ここでの中心課題となる消費者の選択という行動も常に成功裏に終わるわけではない。実際に多くの選択は失敗に終わり、消費者は「認知的不協和（Festinger（1957））」の解消に時間を割かれることもしばしばである。それでは、何故消費者はその選択を失敗と見なすのだろう。失敗した選択は、何が悪かったのだろうか。

　私たちが消費者行動論の視点から消費者の銘柄選択の問題を取り扱うときには、幾つかの仮定を設けるのが普通である。おそらく多くの研究者も実務家も、消費者の銘柄選択（choice）や銘柄評価（judge）の結果は、消費者の持つある種の選好の結果であると仮定することに疑問を差し挟まないだろう。ただし、この仮定が常に成り立つのなら消費者は事後的な状況の変化による場合を除いて、大方の選択結果に満足することになる。

　残念ながら消費者の情報処理能力の限界から、常に最善の選択が行えるとは限らない。また、消費者自身も常に満足のいく選択結果が得られるとは期待し

---

[1] 本論文は拙稿（1998）、「適応的意思決定の理論」、商学論究、45-3を元にして大幅に加筆したものです。また、論文執筆に当たって助言を頂いたDuke大学Fuqua School of Business, John Payne教授に感謝します。

ていないし、自らの情報処理能力や課題の複雑性に見合った許容範囲を持って選択行動に当たっている。そのため、消費者は常に自分の選好が選択に正確に反映されることを目的とはしない場合もある（Wright（1975）、Johnson and Payne（1985））。だから、特定の意思決定ルールで形成された選好の忠実な反映という意味合いで選択結果を単純に解釈することには、誤謬と危険がつきまとう。

例えば、Olshavsky and Actio（1980）では、コンジョイント分析の実験環境で、プロトコル法によって消費者の連続的な選択課題による銘柄の順位付けの情報処理過程を分析したところ、コンジョイント分析が仮定する加法型の情報処理を行った被験者は一人もいなかったことが報告されている[2]。従来から消費者行動論では、意思決定過程の追跡を行うことで消費者の選好が形成される過程に焦点をあててきた。その理解は、様々なマーケティング努力を消費者がどの様に受け止め対応するのかを知るための出発点ともなりうるものである。本稿では、消費者の選択結果をその意思決定過程から検討し、新たな研究課題を探ることを目的とする。

2.2　既存研究の推移

意思決定過程を人間の認知活動として把握し、過程の経時的な図式の提示やその駆動要因と障害要因の分析に関して膨大な研究が積み重ねられてきている（Einhorn and Hogarth（1981）、Bettman, Johnson, and Payne（1991）、Payne, Bettman, and Johnson（1992））。これらの業績に依拠しながら、意思決定過程の研究における大きな流れを検討することから始めてみよう。

2.2.1　規範的モデルと構成的モデル

意思決定過程の研究は、意思決定者（Decision Maker）に対する基本的な仮定の違い、意思決定過程で重きを置かれる点、研究技法などによって幾つかの

2　多くの被験者は、連結型か辞書編纂型のルールを採用した。しかし、Cross Validationによって行われた、コンジョイント分析の銘柄の順位予測能力は高かった。

分類に振り分けることができる。消費者行動研究では消費者の合理性を前提とする規範的モデル（von Neumann and Morgenstern（1944）、Savage（1954））と消費者の「限定された合理性」を前提とする構成的モデル（Constructive Model）（Beach and Mitchell（1978）、Payne（1982））が、消費行動の各場面における諸行動の記述、モデル化を進めてきた（Shafer（1986): p464）。前者のモデルは、Einhorn and Hogarth（1986）の指摘を待つまでもなく、消費者の主観的期待効用を仮定する諸モデルと融合して消費者の選択モデルを提示し成果を上げている。特にマーケティング・サイエンスの分野では、選択データから消費者の効用とそれに影響するマーケティング・ミックスの特定化を目指したモデルが数多く提示されてきた。

　一方の構成的モデルは、一言で言えば人間の選好（preference）や信念（belief）が構成される過程の解明に力点を置いたモデルである。Tversky, Sattath, and Slovic（1988）に従えば、構成された選好の概念では、選好とは期待価値を計算するための一貫した普遍のアルゴリズムに依ったものとは考えないとされる。だから、意思決定者がどの様な過程を経てその選択（choice）や判断（judge）に至ったかが明らかにされる必要がある。意思決定過程に関する研究では、人間の選好が構成される過程の解明とその追跡に関する研究が積み重ねられてきている（Payne, Bettman, and Johnson（1992): p90）。その中には、消費者の選択や判断を扱った研究も多数含まれている。それらの研究に共通している仮定は消費者の意思決定が様々な理由から限られた正確性しか持ち得ないと言うものである。

　構成的モデルでは、次に挙げる三つの理由から消費者の意思決定が正確さを欠き、自らの選好を反映させることが難しいとしている[3]。最初に挙げられるのは、意思決定が相互に矛盾する目的を持っている場合である。購買対象としている製品クラスに属する銘柄において、ある種の属性を高めればある種の属性が低下するような、負の相関を持つ場合に消費者は様々な解決策を用いようとする。

---

[3] Payne et al. (1992), p91. もちろん、常に構成的意思決定過程が利用されるわけではないことも、明確に意識されている（p177）。

一般的にこうしたトレードオフの問題を解決するためには、各属性に重みを付ける「補償型（compensatory）」のルールを使って解決が図られると主張されてきた。しかし、消費者はしばしば「非補償型（noncompensatory）」のルールを用いて選択や判断を行うことが知られている（Johnson, Meyer, and Ghose (1989)）。どの様な場面で非補償型のルールが優位となるのかは後ほど検討することにしよう。

2番目の要因は、課題の複雑性である（Payne (1976)、Olshavsky (1979)、Biggs, Bernard, Gaber, and Linsmeier (1985)）。課題の複雑性の構成要素としては、選択肢の数、属性数、時間の圧力が挙げられてきている（Payne (1982)）。選択肢の数の増加（Wright (1975)、Lussier and Olshavsky (1979)、Paquette and Kida (1988)）や属性数の増加（Jacoby, Speller and Kohn (1974)、Scammon (1977)、Malhotora (1982)、Keller and Staelin (1987)）、時間の圧力の増加（Wright (1974)、Payne, Bettman, and Luce (1996)）などは消費者の情報処理負荷を高めるために、それぞれ非補償型のルールの採用を促し、課題の複雑性が増すことがより正確な意思決定を妨げる要因であると理解されてきた。

3番目の要因は不確実性（uncertainty）もしくは曖昧さ（ambiguity）である（Beach and Mitchell (1978): p444、Einhorn and Hogarth (1986)）。この二つの概念は、Ellsberg (1961)で峻別されているように、主観的な将来の状態を示す別の概念である。不確実性は将来発生する事象の確率に関する指標であり、曖昧さは将来発生する事象の確率を把握できている程度である。だから、発生確率が確定している事象では不確実性は存在するが曖昧さは無い。Ellsbergはたとえ発生確率が同じでも人間は曖昧さが大きな対象を回避すると主張している[4]。

消費者は限られた情報処理能力の中で、不確実な情報を確かなものとするために情報収集を行う。ただし、その能力の限界から不正確な意思決定が行われてしまうと考えらている。消費者行動論の別の研究では、取得する、もしくは利用しようとする情報の不確実性は、正確な意思決定を妨げるだけではなく、

---

[4] この点に関しては、不確実性の経済学でもリスク回避の観点から同様に主張されている。Hirshleifer and Riley (1992)などを参照。

情報取得の動機ともなると捉えられている（Meyer（1981）、Hagerty and Aaker（1984）、Urbany, Dickson, and Wilkie（1989）、Smith and Bristor（1994）など）。こうした、不確実性の削減を消費者の認知努力の源泉とする考え方は、知覚リスクの削減モデルとして多数知られている（Dowling and Staeline（1994）、Gemunden（1985）など）。

2.2.2 意思決定過程と認知費用

　消費者に利用可能な諸資源が有限であることは、時間、支出、知的能力のどれをとっても明らかであろう。消費者の日々の購買活動においても、限られた資源の有効な配分が考慮されていると考えられる。そのために、消費者が自分が得られる便益を予測してそれに見合った情報処理に関する努力を行うであろうことは、容易に予測される。もちろん規範的モデルにおいてもこうした考え方は、広く受け入れられてきている（Stigler（1961）、Shugan（1980）、Ratchford（1982）、Hauser and Wernerfelt（1990））。

　構成的モデルではより強く消費者の認知費用を意識したモデルが提唱され、特に経時的な情報取得モデル（Einhorn（1970）、Einhorn, Kleimantz, and Kleimantz（1979））や選択肢の削減モデル（Tversky（1972）、Tversky and Sattath（1979））と言った認知努力を節約するための選択ルールが数多く提案されてきている。他方、選択ルールを選択する基準としては、努力－正確性モデル（Johnson and Payne（1985）、Payne, Bettman, and Johnson（1988））などがあるが、明確な産出水準を定義したモデルは数少ないのが現状である。さらに、Meyer and Kahn（1991）で指摘されているように、これらのモデルは説明力の高さとは裏腹に実証的な推定が困難である（p87）。しかしながら、規範的モデルにおいても、構成的モデルにおいても何らかの形で効用最大化を目指す人間像は踏襲されており、規範的モデルと全くかけ離れたモデルを提唱しているわけではなく、相互参照性は維持されている。

　異なる点としては、構成的モデルでは考慮される要因が多岐に渡り、また消費者の情報処理過程の大部分をその視野に納めている点でより複雑な理論的命題が提出されていると言えるだろう。それでは、どの部分が構成的であると仮定されているのかを見てみよう。

図1は消費者の情報探索から選択に至るまでの過程を模式的に表したものである[5]。各段階で情報処理のための費用・努力が発生することが示されている。それぞれの費用には認知費用と行為費用（外部への働きかけを伴うもの：例（カタログの収集、価格のメモなど））が含まれている。例えば、製品の品質評価のために雑誌を購入したり、その製品クラスや銘柄を良く知っている友人を探すために必要なのが探索費用であり、雑誌を読んだり話しを聞くために費やされるのが取得費用となる。また、得られた情報から製品の部分効用を導き出す、客観的な製品の仕様から主観的な製品属性への変換や単位当たりの属性への変換などに必要なのが評価費用であり、部分効用を統合する、例えば部分効用を加算するなどに費やされるのが統合費用である。

図1中の「情報探索モデル」は、消費者の特性や対象が情報源の選択に与える影響を中心に行われている一連の研究を示している。それらの研究では、特に情報処理過程の一部として外部情報探索を取り扱ってきた（Duncun and Olshavsky（1982）、Punj and Staelin（1983）、Furse, Punj, and Stewart（1984）、

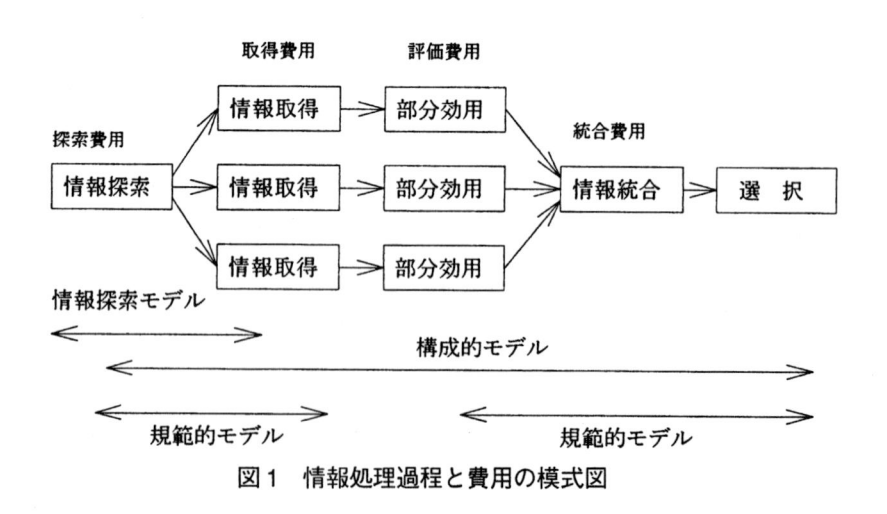

図1　情報処理過程と費用の模式図

5　中西(1984),p18、Anderson (1982), p6 を拡張した Lynch (1985), p3 の各図も参照。

Beaty and Smith (1987)、Smith and Bristor (1994) など)。このカテゴリーの研究は、評価や統合などの情報処理過程を主な対象とする研究ではないので構成的モデルに含まれないが、選択文脈によって情報処理が変化するという仮説は共用している。

　それでは、各モデルは図1の情報処理過程をどの様に説明しようとしているのだろうか。まず、情報統合ルールに関しては規範的モデルと構成的モデルで異なった捉え方がされている。大方の規範的モデルでは、情報統合ルールは一般的に補償型のルールが採用されており、提示された全ての情報が取得され、選好の形成に反映することが前提となっている。この種の研究では、消費者の選択データを元にして部分効用を推定するか、選択文脈と情報取得に関するモデルが提案されている[6]（ Hagerty and Aaker (1984)、Hauser and Wernerfelt (1990))。逆に、構成的モデルでは、情報統合ルールとして非補償型のものが様々に提案されており（Bettman et al. (1991): p58-62)、利用可能な全ての情報が消費者に利用されるわけではないことが前提となっている。

　構成的モデルの仮定では、消費者は全ての情報を利用しないために、情報取得費用や評価費用、統合費用が節約される。ただし、どの費用が節約されるのかはそれぞれの限界費用とその情報を得ることによって期待効用がどの程度増大するのかによって決定されるだろう。もちろんその基準については様々な操作化が可能である。

　構成的モデルの数多くの研究は、この統合ルールの変化が選択文脈において対象側、消費者側の各要因（Sujan (1985))や反応モードが選択か判断か（Billings and Sherer (1988))といった課業による違いにどの様に影響されるかに焦点を当ててきた。それらの研究の主な成果は次節で検討しよう。

　また、非補償型ルールの一般性に関しても、前述の Olshavsky and Actio (1980) の実験結果や、Meyer and Johnson (1992) が、消費者選択のモデル化・一般化に当たって、結合ルール（conjunctive rule）を有力視していることからも理解されるように、消費者が情報処理費用の節約のために選択文脈に応じて

---

[6]　一般に確率選択モデルと呼ばれる一群のモデルは、このタイプのものである。Meyer and Kahn (1991)参照。

非補償型ルールを利用する可能性が広く受け入れられている。

さて結合ルールと情報取得の関係では、連結型ルール、辞書編纂型ルール、ＥＢＡモデル（Tversky（1972））、ＭＣＤモデル（Russo and Dosher（1983））に代表されるような非補償型ルールが消費者に採用されると、情報統合ルールを決定するだけではなく情報取得のやり方もある程度決定することになる。連結型ルールのようにある選択対象の全ての属性値を要求するルールもあれば、ＥＢＡモデルのように必ずしも全ての属性値が要求されない場合もある。また、辞書編纂型ルールのように属性に重要度をあらかじめつけ全選択対象を比較するルールもある。ＥＢＡモデルでも属性の重要度は要求されるが、連結型と同じようにカットオフ基準に従って選択対象を絞り込んでゆく。

どのケースであっても、補償型のモデル（加法型）に比べると、非補償型ルールを用いることで情報取得費用と評価費用、統合費用のいずれもが同時に節約可能となる。けれども、実際の意思決定過程では、これらの意思決定過程は順を追って進行し、将来取りうる選択ルールが事前に決められていると考えることは現実的ではないだろう。この点に関しては、構成的モデルの実証研究を検討した後に改めて検討することとする。

次節では、消費者が非補償型ルールを使う場合に、どの様な成果をどれだけの投入で得られると考えているのかという点から、構成的モデルを前提とした実証研究が何を明らかにしてきたのかを見てみよう。

2.3 適応的意思決定と手がかりモデル

2.3.1 適応的意思決定（adaptive decision making）モデル

ある種の構成的モデルでは種々の意思決定ルールを検討するが、対象とするのは補償型のルール（重み付き線形加法型）と非補償型のルールである。これらの意思決定ルールの選択が起こる要因を意思決定者の認知努力と意思決定の正確性のトレードオフの関係に求めたモデルが、ここで検討する「適応的意思決定者のモデル」である。適応的モデルは、条件対応モデル（contingency model）を拡張したものであり、ある種の条件下で特定の意思決定戦略を利用する意思決定者という受動的な視点ではなく、意思決定に伴う情報処理過程の

途中で目的の精緻化、意思決定戦略の変更などを連続的に行う能動的意思決定者を仮定している (Payne, Bettman, and Johnson (1992)、Saad and Russo (1996): p259)。

このモデルでの意思決定者の認知努力は、ＥＩＰ (Elementary Information Processes) と呼ばれる概念で分類、測定することを基礎においている (Bettman, Johnson, and Payne (1990))。ＥＩＰは、Chase (1978) で一般化されて紹介されているように、人間の認知活動を幾つかの刺激－反応に分解して理解しようとする考え方である。先駆的な研究として、Huber (1980) ではプロトコル法を使って採用候補者を選択する課題の情報処理過程の分解にＥＩＰが利用されている。彼のＥＩＰの分類は、最大値を選択、最小値を選択、要素の差を取る、要素を加えるという4つの認知活動である。これを拡張した、BettmanらのＥＩＰが、読む（情報取得）、比較する（属性値比較）、引き算（属性値の差を取る）、加算（属性値の加算）、かけ算（ウェイトをつける）、削除（選択肢の削除）、移動（他の情報へと注意が移動）、選択（処理の終了）という分類によって、意思決定者の情報処理過程の記述を試みていることに、Chaseの指摘を待つまでもなく、コンピュータのＣＰＵ（中央演算装置）における情報処理との類似性を見いだすことは容易だろう。

彼らのモデルでは、意思決定者の短期記憶の中だけでの処理を扱うことが仮定されており、あくまでも被験者は与えられた課題で6種類の意思決定方法（重み付き加法（ＷＡＤＤ）、重み無し加法（ＥＱＷ）、辞書編纂型（ＬＥＸ）、ＭＣＤ、連結型（ＳＡＴ）、ＥＢＡ）を使って選択を行い、その選択結果の正確性を調べるという方法で実験が行われている。詳細はBettman, Johnson, and Payne (1990) に譲るが、ＥＩＰによる測定結果は、従来からの自己報告や総情報取得量による認知努力の測定よりも、総反応時間をよりよく説明することが出来るものであった。

加えて、選択の正確性と認知努力の間にはトレードオフの関係にあることが示され、構成的なモデルにおいて、情報処理過程を目的的な意思決定者の活動として測定、記述する方法が提示されていると言えるだろう。ただし、彼らのＥＩＰ分類が、Donders (1969: 1868) を拡張したSternberg (1969) の認知活動の測定法などから影響を受けているとはいっても、このモデルの実証分析を

行っている、ＩＤＢ（Information Display Board）の特性からの影響を無視することはできない。

ＩＤＢ法の詳細に関しては後述するが、ＩＤＢとは属性と銘柄を行列形式に提示した情報ボードであり、様々な課題を与えられた被験者がそこから情報を取得する様子を記録するために使われる。情報処理過程の追跡技法としてよく利用され、情報取得の順序や取得情報量がデータとして得られる。

さて、BettmanらのMouselabシステムは、コンピュータ画面上でデータを収集するもので、取得された情報の順序や処理時間などの記録に加えて、各属性水準の重要性とカットオフ基準を与えることが出来る。

実験は、被験者に意思決定方法を訓練した後に行われ、できるだけ正確な意思決定（選択）が要求される。[7] このために、プロトコル法などとは違って自由な発話や店内での製品選択といった日常の消費者の行動の記述が行われるわけではなく、あくまでも与えられた情報で短期記憶のみによる意思決定が記述されていると言えるだろう。

すなわち、製品に関する事前知識だけではなく意思決定方法も固定された状態での様々な条件変化、例えば属性数の増加や選択肢の増加、時間の制限などによって意思決定方法の正確性とＥＩＰによって計測された認知努力とのトレードオフ関係が、どの様に変化するのかの探索が試みられているわけである。

彼らの実験から明らかにされたことは、従来から主張されてきたように課業の複雑性が増加したり、意思決定時間が限られているときには、認知努力を低減させようとする動機が高まり、非補償型の意思決定ルールが優位になってくるということである。

どの非補償型のルールが優位になるかは、消費者の正確性と認知努力に対する選好と選択文脈よって決定されている。図２ではその関係を模式的に表している。図中のＲＣはRandom Choiceであり認知努力を行わない場合である。ＳＡＴは連結（conjunctive）ルールを示している。[8] 意思決定の相対的正確性は重み付き加法ルール（WADD）を100とした時の正確性の比率である。この指

7　ここでは、重み付き加法モデルによる選択結果を正確なものとして、リファレンスとしている。後述。

標に関しては後述する。図2から分かるように、意思決定者の選好によって各決定ルールが選ばれることが想定されていて、フロンティアの形が選択文脈の変化によって変化すると考えられている。彼らの示した結果では、あらゆる選択文脈において支配的な意思決定ルールは存在せず、意思決定者は自らの認知努力と正確性への選好によって適応的に選択ルールを選択する可能性がある。

　彼らの一連の研究が、消費者の日常の購買行動のシミュレートを目指したものではないことは容易に理解されるだろう。消費者が、実際の購買場面でこうした意思決定ルールを使い分けながら製品を購入しているかどうかは別の問題である。彼らの目的は、従来の研究で主張されてきた様々な非補償型の選択ルールが、選択文脈の変化と意思決定者の選好によって選択されうるルールであることを示すことであった。だから、これらのルールが生得的に意思決定者に備わっているといった仮定を措いているわけではない。

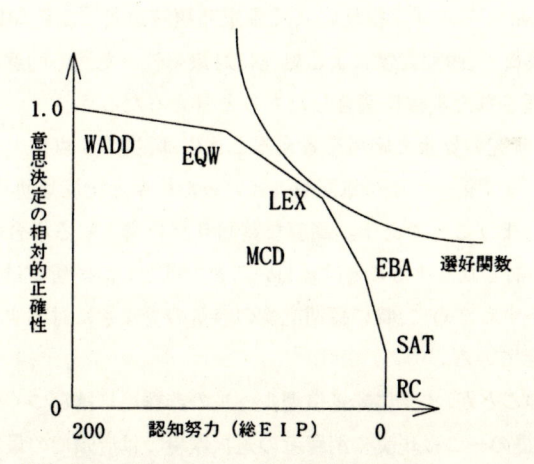

出所：Payne, Bettman, and Johnson (1992), p98

図2　意思決定ルールと選択の正確性：模式図

---

　8 この模式図のシミュレーションによる実証結果は、Payne, Bettman, and Johnson (1988)を参照。

彼らのモデルと考え方を消費者行動論の立場から評価するとどうなるだろうか。消費者行動論がどちらかといえばマーケティングの影響を受けていることから、個人間や消費者の特性による情報処理の違いを強調しているのとは異なるアプローチと考えられるかもしれない。しかし、現実の消費者行動を考えてみると個人間の差異にも増して、製品評価・選択環境の多様性も無視できないのも事実であろう。

　スーパーマーケットでの限られた時間内の意思決定が、常に重み付き加法型のルールを採用して行われているとは到底考えられない。また、複雑な電子機器の選択に全ての属性を考慮する消費者も稀だろう。こうした実際的な購買場面を考えても、非補償型ルールが選択される可能性を考えることは有意義である。多数の選択肢や属性から対象を絞り込む場合にはＥＢＡが、計算が大規模になればＭＣＤなどの方法と組み合わせたルールも優位となるだろう（Payne et al.（1988））。こうした、選択文脈の変化だけではなく選択ルールの違いにも対応できる実証方法を提案したことが貢献と考えられる。

　加えて、Howardらの「反復反応」、「限定問題解決」、「広範問題解決」という分類とは異なり、短期記憶による処理に対象を絞った適応的意思決定者のモデルは、管理された実験に適合したものと言えるだろう。[9]

　一方、彼らの研究の拡張と応用を考えるときには、次の３点が大きな問題点となるだろう。まず第一に紙や筆記用具といった簡単な記憶補助具で、彼らの仮定が崩れてしまうことである。高額な買回り品を購入する場合に、パンフレットを比較検討したりすることは珍しいことではない。消費者は自らの情報処理能力を補完するために、特に短期記憶の容量の少なさに対応するための方法を持ち合わせている。

　もちろんこのことが、すぐに非補償型ルールの非採用に結びつくわけではないが、彼らの前提の一つは現実の消費者の選択環境では店頭での最寄品購買の場合などに限られてくるだろう。ところが、店頭での最寄品購買は常軌的反応が予想され、消費者の意思決定は単純な価格変化やＰＯＰ広告などに左右されることが十分に予想される。だから、ルールの選択を行うまでもなく意思決定

9　Howard and Sheth (1969)

が完了してしまう。この点は彼らのアプローチの限界と言えるだろう。

　2番目の問題点は、ＩＤＢ法の特性から来るものだが、提示された以外の外部情報から完全に遮断された環境での意思決定を強いられるために、情報探索費用などは一切考慮されないことである。現実の選択場面では決定的な品質情報がなかなか手に入らなかったり、公開されていないなどの場面にしばしば直面する。ＩＤＢ法では情報取得は各情報とも全く同等の費用なので、この点に対処することは実際には大変困難である。

　最後の問題は、意思決定（選択）ルールが課題が与えられる前に決定されている点である。これは実験の性格上致し方ないが、条件を変化させた場合に被験者がどの様なルールを選択するのかというモデルにはなっていない。彼らの実験では、選択文脈での各ルールの選択の正確性が問題とされている。この点は、この概念の現実への適応の妨げとなるかもしれない。そのために、プロトコル法を利用した補完的な研究が行われている。

2.3.2　ＥＬＭと手がかりモデル

　ＥＬＭ（Elaboration Likelihood Model：精緻化見込みモデル）は、Petty and Cacioppo (1983) で包括的に説明されているように、消費者の関与水準が取得する情報の種類と情報処理経路を決定し、対象となる製品に対する態度決定の時期の変化を生み出すことを主要な命題としたモデルである。

　すでにモデルに関するいくつかの紹介がなされているので、ここでは適応的意思決定の視点から再度検討してみよう。ＥＬＭは、情報処理をしようとする動機（関与（issue involvement））とその能力によって取得される手がかり（cue）が異なり、その後の情報処理過程にも影響することを仮定し、これらの命題を実証的に明らかにしてきた。

　Pettyらは、高い関与水準の消費者は、品質と直接関連する手がかりに影響

10　このこと自体は、非補償型ルールが採用されないことを意味していない。逆に、選択集合の変化などによってルール選択を迫られるような場合には、最寄品では非補償型ルールが採用される可能性があるだろう。

11　Payne et al. (1993), ch. 7, ch. 8.

12　土田 (1994)

され対象製品に対する態度を決定した後に選択を行うと主張した。彼らはこれを強い説得に対してより大きく反応する「中心経路」を通した情報処理が行われるからだと説明している。反対に低関与の消費者は、品質との関連が薄い周辺的手がかりにより反応する。彼らはこれを弱い説得に対して反応する「周辺経路」を通した情報処理が行われているからだと説明している(Petty, Cacioppo, and Schumann (1983))。

　ＥＬＭは、従来からの説得する側の戦略に関する記述が中心であった説得と態度変化の関係に説得される側の要因を認知欲求（need for cognition）という概念で持ち込んだことが最も大きな貢献であろう(Cacioppo and Petty (1982))。すなわち、説得される側も自らの能動的な認知活動によって説得される方法を選択しているという仮定は、説得者と被説得者の関係に新たな視点を与えた。その結果、ＥＬＭは広告、店舗内行動、対人説得、カウンセリングなど相互行為を含む多様な場面での応用が行われている。

　彼らの主要な論点は説得と態度変化にあるために、情報処理過程それ自体に踏み込んだ実証研究はなされていない。ただし、Petty and Cacioppo (1979)でも言及しているように、二つの処理経路はSchneider and Shiffrin (1977)、Shiffrin and Schneider (1977)で提示されている、「自動処理と制御された処理」に対応するものと考えられている。低関与状態の被験者は、情報処理に努力を払わないのに対して高関与の被験者ではそうではない。彼らは、より積極的な情報処理によってメッセージの内容を理解しようとする。

　Petty, Cacioppo, and Schumann (1983)で実施された実験では、メッセージの伝え手が有名であるかどうかの違いが操作されている。高関与の被験者は、メッセージの伝え手によって対象となった製品に対する態度を変化させていない。

　この二つの点は、適応的意思決定のメカニズムからは次のように説明できるだろう。まず、メッセージの伝え手という品質と直接結びつかないが取得や処理が容易な手がかりは、関与が低い、すなわち情報処理の動機の低い消費者に利用されるだろう。関与の低い消費者は、高い情報探索・取得努力や認知努力を払って情報処理を行うだけの動機や処理能力を持ち合わせていないからである。

一方、関与水準が高くなおかつ情報処理能力のある消費者は、品質と直接結びつく手がかりを利用して、態度の変化を伴う処理を行うと考えられる。彼らはそれだけの情報探索・取得努力や認知努力に見合った情報処理の結果(例えばより正確な品質評価)が得られるからである。ＥＬＭの議論では、これらの因果関係を構成する情報処理能力や認知努力に関して何らかの計測が直接行われているわけではない。また、手がかりの探索や取得に関する努力はこのモデルでは取り上げられていない。そうした意味では、ＥＬＭは適応的意思決定過程の一類型を提示したモデルと結論づけることもできる。

　さて、彼らの研究で積み残されている手がかりの選択的利用を実験的手法によって実証するという研究も行われている。例えば、Chang and Wildt (1996)では、重要な内在的手がかりと重要でない内在的手がかりを与えた場合の価格(外在的手がかり)の品質評価への効果を実験で調べている。結果は、重要な内在的手がかりを与えたグループでは価格の効果は急速に低下するのに対して、重要でない内在的手がかりを与えたグループでは価格の効果は緩やかに低減した。

　外在的手がかりの効果が内在的手がかりが利用できるか否かで変化することは、取りも直さず手がかり間に代替的な関係があることを示している。その他の条件が同じなら、消費者にとって有用な情報が品質評価に効果を持つことを示しているわけである。それ以上に、この実験では選択課題ではなく評価課題を被験者に課している。情報処理の節約が起こりやすいと考えられる選択課題ではなく、評価課題においても手がかり間の代替が発生したことは注目される。ただし、この実験は図１で言えば情報処理過程の後半部分である評価と統合に関する過程を扱っており、前半の探索と取得は対象ではない。また、消費者の関与水準は実験に含まれていない。

　そのために、与えられた手がかりに対する評価過程以降の情報処理過程における、手がかり間の代替的関係は明らかであるが、取得過程に遡っての代替関係までは明らかではない。以後の分析では情報の取得段階までを視野に入れながら、取得される手がかりの違いと消費者の特性の関係の分析を行う。

2.3.3 手がかりの種類と費用・努力

　手がかりが取得されそれが情報処理過程で処理されるためには、その手がかりが当該銘柄の品質や価格を知るために有効でありかつ処理が可能であることが求められる。もし、簡単に手に入る手がかり、すなわち探索・取得費用の低い手がかりであっても評価や統合に多大な費用が掛かる、例えば追加的な知識が無ければ処理が難しかったりもしくは品質や価格を知るために有効でないものなら、結果として選好を形成する情報として利用されないだろう。反対にその情報が評価や統合が容易で品質評価に有効なものであっても、探索・取得に多大の費用が掛かる場合には消費者の当該情報の利用が妨げられるだろう。

　この様に、消費者が現実の市場で手に入れなおかつ選好の形成に利用できる情報には一定の条件がある。既存研究でも、企業・組織のマーケティング活動を前提において消費者に与える多すぎる情報が情報負荷を生み、それが情報の選択的利用を促すことが主張されてきた。消費者の情報処理過程の全体を考慮すると、探索・取得費用と評価・結合費用の総計を考慮したモデル化が好ましいことになる。

　ところが、Olson（1977）で述べている、外在的手がかりと内在的手がかりの分類に沿って、消費者の関与や知識などが一定であると仮定すると、手がかりの探索・取得費用と評価・結合費用との関係は次のようになるだろう。

　表1で示されるように、外在的手がかり、例えば価格や銘柄名などは簡単に手に入れることができ、なおかつ単純な類推、例えば高価格なら高品質といった評価、結合によって選好の形成が行われる。そのため、正確性という意味では有効性の乏しい手がかりと言えるだろう。ＥＬＭでは、こうした低費用の情報処理経路を周辺的経路と定義してきた。

表1　手がかりの種類と情報処理費用

		探索・取得費用	
		高い	低い
評価・結合費用	高い	内在的手がかり	A
	低い		外在的手がかり

内在的手がかりは、品質評価に直接結びつく手がかりであり、それを手に入れることは価格や銘柄名に比べると困難である。また、その手がかりが品質とどの様に関係するのかはその結合ルールも含めて一定の学習が必要となる。ＥＬＭでは、高費用の情報処理経路を中心経路としてきた。
　しかし、外在的手がかりの取得理由はこれほど単純ではない。Chang and Wildt（1996）で挙げられている理由としては、
　　１．利用可能な内在的属性情報を処理する動機や能力の欠如
　　２．外在的手がかりと内在的手がかりの知覚連合
　　３．内在的手がかりを生み出すことが出来ない無形の機能品質の存在
　　４．外在的手がかりに由来する非機能的品質（象徴的価値、威信的価値）の存在
の４つの理由が考慮されるとしている。[13]
　１．はここで検討してきたＥＬＭによる手がかりの選択理由である。３．はサービス製品のように内在的手がかりが乏しいものであり、４．は外在的手がかり自体が持つ品質(価値)を表している。２．のケースはあらゆる製品において起こりうるケースである。外在的手がかりの値から内在的手がかりの値が類推できるケースでは、その外在的手がかりの有効性は高まるだろう。このタイプの外在的手がかりは表１のＡの位置に入るものと考えられる。もちろん、このケースでは十分確かな連合が形成されるような学習が必要とされる。
　また、山本（1989）で「複合的手がかり」と呼ばれている手がかりは、外在的手がかりと内在的手がかりの二つの役割を果たすものである。これは、複数の要素から構成されている製品のある要素の内在的手がかりが他の要素の外在的手がかりとして働く手がかりと定義されている。複合的手がかりは、一度の取得で二重の手がかりを得ることが出来るものと言い換えることができよう。そのために、手がかり当たりの探索・取得費用が節約できるという利点がある。ただし、評価・結合費用はある要素の内在的手がかりを他の要素の外在的手がかりに利用することから、高まると考えるのが妥当だろう。
　消費者の意思決定過程では、部分効用を推定するために複数の手がかりが探

13　Chang and Wildt(1996), p56.

索・取得される。上記のような外在的手がかりの多彩な利用形態は十分に考えられるところであり、Olson（1977）での定義にとらわれない外在的手がかりの価値を検討する必要がある。

　次節では構成的モデルの実証研究に利用されてきた、消費者の意思決定過程を追跡・記録する方法を概観してみよう。特に、「適応的意思決定者」モデルで利用されているＩＤＢ法を中心として情報処理過程の記述・分析のための技法を検討する。

2.4　ＩＤＢ法の特性と情報処理過程の追跡

　選択的手がかり取得が、消費者の特性と対象となる選択肢の数や属性数などの選択文脈によって発生することはここまでの論述で明らかであろう。それでは、具体的にそうした事象を把握し分析するためにどの様な研究技法が使われてきたのだろうか。本節では、消費者の情報処理過程の追跡技術の進展を概観し、その中でもＩＤＢ法の利用形態とその研究成果、利用上の問題点を考えてみることにする。

　消費者の情報処理過程を追跡するためには、時系列的に消費者が製品の選択や評価に至る過程を記述し記録する何らかの手段が必要である。それらの技法の要件としては、消費者の情報処理の単位を確定してその変化を時間を追って記述し、消費者の情報処理の順序や特徴的な処理の方法の分析に利用しうるものである必要がある。こうした要求に沿うものとして消費者行動研究では、プロトコル（Verbal Protocol）法[14]、視線追跡法、ＩＤＢ（Information Display Board）法などの方法が取り入れられてきた。ここでは、Payne, Braustein, and Carroll (1978) やTodd and Benbast (1987)、Ford, Schmitt, Shechtman, Hults and Doherty (1989)、Lohse and Johnson (1996) の技法比較に関する研究を元に各技法の特徴を述べ、ＩＤＢ法やコンピュータを使った情報提示についてさらに論述してみたい。

14　被験者に考えたことを口に出してもらうことから、think-aloud protocolとも呼ばれる。日本での適応例については、阿部（1984）参照。

2.4.1　プロトコル法

　プロトコル法[15]は、被験者に製品評価や製品購買などの課題を与え、その課題を遂行する過程を同時的におこなわれる被験者の口述を記録する方法である Payne and Braustein（1978）、阿部（1984）。また現実の応用例も数多く、青木（1985）、Biehal and Chakravarti（1982, 1986, 1989）、Park, Iyer, and Smith（1989）、Boush and Loken（1991）、Darh and Simonson（1992）、Helgeson and Ursic（1993）など製品評価や選択に際しての様々な状況下における消費者の意思決定過程の追跡に利用されてきている。得られたデータのコーディングの方法（Bettman and Park（1980a, 1980b）、Ericsson and Simon（1993））や実際の分析方法なども比較的整備されており、意思決定の追跡技法としては最も広く利用されている技法の一つであろう。

　プロトコル法の利点として、Payne et al.（1978）では情報処理過程において意思決定者の情報取得活動を含めた外部情報と記憶などの内部情報を同時に扱える点が挙げられている。ＩＤＢ法などの実験室内の固定された状況とは違って、店舗内での消費者の情報処理過程を分析できるなど、利用環境の柔軟性も優れている点である。加えて、意思決定の順序やフィードバック過程など、意思決定に関わる意思決定の順序が時間を追って記述できることも利点の一つだろう。

　難点としては、口述された内容のコーディングの一貫性の問題、それぞれの情報処理に掛かった時間の測定の難しさなどが挙げられる。加えて、消費者の接する情報のコントロールを行わない場合には、複数製品や状況の違いによる情報処理の比較検討に利用することは難しい。被験者間での同一対象に対する情報処理過程の違いを検討することは可能であるが、異なる対象に対する被験者内の比較は情報処理環境の違いが大きい場合には比較自体が困難である。

　また、阿部（1984）ではプロトコル法の欠点としてコーディング作業の負担などから大規模なデータ収集に向かないことが挙げられている。ただし、この点に関しては録音・録画機器の改善、コンピュータの利用などによって徐々に解消されつつある。確かに被験者数は相対的に少数であるが、実験室での実験

15　プロトコル法には Concurrent と Retrospective の2種類があるが、一般的には前者を指す。

においてはRosen and Olshavsky（1987）では34名、Boush and Loken（1991）では144名、Darh and Simonson（1992）の研究5では、37名、Helgeson and Ursic（1993）では112名の被験者が参加しており利用方法を工夫することで統計分析に耐えうる被験者数を確保することができるようになっている。

2.4.2 視線追跡法（eye fixation）

視線追跡法は、眼球の動きを記録することで被験者の見た位置と時間を元に意思決定過程を分析する方法である。Russo and Rosen（1975）、Russo（1978）、Russo and Leclerc（1994）では実験によって、どの順番にどれくらいの時間、提示された情報に視線が留まるかを計測して、情報処理過程を明らかにしている。

Russo（1978）では、複数の意思決定過程の追跡技法を比較しその利点、欠点を指摘しているが、その中でも述べられているように機器の費用が高いことがこの方法の欠点であろう。逆に、被験者の頭に装着する機器は現在ではかなり改良されており、店舗内行動分析など様々な環境で利用することが可能となっている。残念ながら、記録されたデータの解釈や機器の費用からマーケティング研究ではあまり利用が進んでいない。

2.4.3 ＩＤＢ法

ＩＤＢ法は、ある形式でボードやコンピュータのディスプレイ上に情報を提示しそれを被験者に取得させ、併せて製品の評価や関連する質問に回答させるものである。従来は、製品の属性と種類による行列形式の提示が一般的であり、コンピュータが利用される以前にはカードを使って情報取得をさせる方法がおこなわれていた（Jacoby, Szybillo, and Busato-Schach（1977）、Jacoby, Chestnut, and Fisher（1978）など）。現在では、コンピュータ画面上でインターラクディブに情報取得ができる実験環境が一般的となっている。そうした意味からは、ＩＤＢの名称で総括できる実験方法の要件としては、製品の属性情報が銘柄毎に取得できるもので、その順序や時間などが記録できるものとなるだろう。また、属性情報としては絵や図像など数字や文字以外のものも含めることができる。

また、ＩＤＢ法は情報の取得数、順序やある情報への滞留時間などを計測でき、情報内容や属性数、銘柄数などを自由に変更できることから製品間の比較や評価・選択の状況設定などが簡単におこなえることが利点である。実験に掛かる費用も低く、特にコンピュータを使ったものでは、結果の記録が自動的におこなえるために従来の実験に比べると情報収集と分析も容易になっている。

　こうした利点がある一方で、ＩＤＢ法での問題点はBrucks（1984,1985）やOzanne（1988）などでも指摘されているように、（1）現実の情報取得場面では消費者は代替案の数が幾つあるのかを知らないのに対してＩＤＢでは最初から代替案の数が示されていること、（2）情報取得に対する費用が非常に限られており、現実の情報取得行動と比べてかけ離れていること、（3）現実の評価場面では銘柄単位で情報が得られる場合が多いのに対してＩＤＢの構造が属性レベルでの情報処理になりがちであること[16]が挙げられている。また、（4）消費者の長期記憶内にある内部情報が考慮されないこともＩＤＢ法の欠点としては挙げられるだろう。

　これらの指摘に対してLehmann and Moore（1980）は、ＩＤＢでの結果が時間をおいておこなわれた実験でも再現性が高いことを主張し[17]、安定的な結果が得られる利点を挙げている。また、前述の指摘には次のような対応が考えられる。（1）の指摘に対しては、十分な銘柄数を用意して消費者に銘柄の削減を積極的におこなわせるなどして現実に消費者が考慮する銘柄数を下回らないようにすることで回避できるだろう。（2）の問題点は時間的な制約を設けるか属性数を増やすなどして事後的に多くの情報を取得すると情報処理に負担が掛かるような状況を作り、情報取得の費用を作り出すことが考えられる。（3）に対しては属性単位の処理がおこなわれたとしても、結局被験者に課せられているのは銘柄単位での選択か評価であり、銘柄間比較の情報処理が失われるわけではないと考えられる。（4）に対しては、質問紙法などで補完的に消費者の知識や情報処理意欲を訊ねることで、他の追跡法よりも詳細な被験者の特性を知ることも可能である。

16　この点は、Russo（1978）、p568でも指摘されている。
17　彼らの実験では6週間にわたって1週毎に同じ実験を繰り返し、情報取得量が安定している

他方、Arch, Bettman, and Kakker（1978）では、ＩＤＢ法が現実の消費者の意思決定過程の追跡技法として利用される場合の四つの問題点として、被験者の事前知識の計測、提示フォーマットの問題、実際の情報探索では同時に情報が得られる点、時間の圧力によって情報取得戦略が異なる点を挙げている。行列方式のような提示フォーマットが特定の情報処理を誘発することは確かであろう。ただし、現実の購買場面でも情報の提示フォーマットは様々であり、消費者は実際にはその提示フォーマットを組み替えているものと思われる。Coupey（1994）では、被験者がランダムに割り付けられたマトリクスからの取得では、それを変換して比較しやすくする課業を行うことを示している。

また、時間の圧力は非補償型のようなより簡単な意思決定ルールを誘発する。被験者は取得する属性数を減らしたり、考慮する銘柄を減らしても正しい選択が可能であるような方法を取るようになるだろう。このこと自体は、ＩＤＢ法から得られたデータの分析の障害とはならない。

以上のようにＩＤＢ法の欠点は、実験の実施方法によって幾分か緩和することは可能である。けれども、ＩＤＢ法の欠点が完全に解消されるわけではなく、逆に銘柄数や属性数などどの点が結果に大きく影響するのかを詳細に検討する必要がある。

こうした欠点に比して、ＩＤＢ法では実施費用の低さやデータの記録が容易になっているなどの他にも幾つかの利点もある。まず、製品間の情報処理過程の違いを比較分析することが可能である点が挙げられる。共通の実験枠組みで多様な製品を扱うことが可能なので、製品間での被験者の情報取得の違いを含めた情報処理過程の違いを検討することができる。

現在では従来からの単純な銘柄×属性データの提示ではなく、多彩なデータの提示がコンピュータのディスプレイ画面を通して可能となっており、前述したJohnson and Payne（1985）、Payne et al.（1993）で利用されているMouselabシステムのように情報処理過程を詳細に記録し、規範的な選択ルールをシミュレートできるものも開発されている。

一方では、より実際の情報処理過程に近く、自然に被験者に情報取得と製品選択・評価をおこなわせるようなものとして、Brucks（1984, 1985）で利用されたコンピュータと対話しながら選択をおこなうシステムなどがある。こうす

ることで一方的に選択肢が構造化されて提示されるわけではなく、より自然な情報処理が可能であると主張されている。

この様に、IDB法の欠点を補うために様々な方法が考案されてきているが、その利用に当たっては、対象とすべき問題によって意思決定過程の追跡方法を修正することが必要とされるだろう。もし、規範的な意思決定ルールや製品間の比較などが目的ならある程度構造化された属性と選択肢が用意される必要があるし、特定製品における意思決定過程の詳細な分析が必要ならば、より自然に近い情報処理過程を用意する必要があるだろう。

ただし、Brucks（1985）でも示されているように、対象製品となったミシンを選択する際に利用された属性は被験者全員で49種であったが、36人の被験者のうち5人以上の被験者が利用したのは11属性に過ぎなかった。だから、むやみに属性数を増やしたり、自然な情報取得環境を設定しても被験者にしいては消費者に利用される属性や情報はその一部に過ぎず、IDB法の限界といわれている問題もそれほど致命的なものとはならない可能性もある。

2.4.4 操作変数、被説明変数

それでは、IDB法を使った実験ではどの様なことが分かってきたのだろうか。IDB法を使った実験で明らかにされてきたのは、選択課業の困難さ（選択肢数、属性数）、時間制限、反応モードによる情報取得パターンの違いである。情報取得パターンを決定するものは努力－正確性パラダイムでは選択される結合ルールであり、彼らのモデルでは、被験者の努力に見合った品質評価の改善を可能にする手がかりの取得に焦点が当てられる。

また、取得順序、取得情報数、情報当たりの取得時間、取得方向（属性方向か銘柄方向か）、選択の正確性などが被説明変数として具体的に操作化された変数である。手がかりモデルでは、これらに加えて手がかりの種類、種類による順序などが被説明変数となっている。被説明変数の操作化と実験結果を概観してみよう。

まず、選択の正確性はJohnson and Payne（1985）では次の指標で操作化されている。[18]彼らの相対的パフォーマンス（Relative Performance）指標は、

$$\text{Relative Performance} = \frac{EV_{\text{Heuristic Choice}} - EV_{\text{Random Choioce}}}{EV_{\text{Optimal Choice}} - EV_{\text{Random Choioce}}}$$

で表されるものである[19]。この指標自体は、Thorngate（1980）で提案された期待値基準を援用して、相対化したものである。Thorngateは10種類の意思決定ルールでシミュレーションを行い、与えられた選択肢と属性の条件でそれぞれの選択ルールを利用した場合に得られる期待値（EV）をもとめた。Johnsonらは、EVの下限を与える意思決定ルールをランダム・チョイスによって得られる期待値とし選択肢の総利得の平均値を当てた。その値との乖離の相対値を計算することでこれを正確性の指標とした。上式でのEVOptimal Choiceは重み付き加法ルールを採用した場合であり、最大利得を与える選択肢の値である。

例えば、次のような賭を考えてみよう。

表2　仮想的な選択肢からの選択例

くじ	利得	Random	Heuristic1	Heuristic2	Optimal
A	800	0.25	0.45	0.85	1.0
B	500	0.25	0.25	0.10	0.0
C	200	0.25	0.20	0.05	0.0
D	100	0.25	0.10	0.0	0.0
EV		400	535	740	800

この数値例では、Heuristic1のRPが135/400で0.3375であり、Heuristic2のRPは0.85となる。この場合には、明らかにHeuristic2の方が正確性の高い選択ルールといえよう。彼らは、繰り返し選択肢集合を発生させてシミュレーションを行いこの値を計算している。また、利得は重み付き加法ルールによって計算されたものである。表2は集計水準での計算を示しており、個別の選択肢集

18　Payne et al.(1988), Payne et al.(1993)では、変数名が修正されているが内容は同じである。
19　Johnson and Payne(1985), p397.

合からの選択は表3の例で示される方法が取られている。

ここで言うＳＡＴルールとは、出現確率を無視して最小の利得を最大化する選択肢を選ぶルールである。ＥＢＡルールのカットオフ基準は、全体の平均を採用している。ここでは、100がカットオフ基準となる。この数値例ではＥＢＡルールではＣが選択される。また、最後まで2つ以上の選択肢が残った場合には残った選択肢がランダムに選択される規則となっている（Johnson and Payne (1985): p400）。この結果を集計して、表2にあるようにＲＰ値が計算される。

表3　仮想的な選択肢からの選択例

くじ／確率	産出1	産出2	産出3	産出4	RDM	WADD	EQW	LEX	SAT	EBA
	0.45	0.25	0.20	0.10						
A	160	40	120	50		111	92.5	○		
B	80	80	120	90		89	92.5		○	
C	150	150	50	120		127	117.5			○
D	130	50	90	80		97	87.5			
EV					106	127	127	111	89	127

この選択ルールを製品の選択に利用する場合には、出現確率を属性の重み付けと読み替える。そして、各属性毎にカットオフ基準を設ける場合もある。その場合には属性の重要度とカットオフ基準もランダム化されることになる。シミュレーションではなく被験者を使う実験でも、個人毎に属性毎の重み付けとカットオフ基準を設定することも可能である。

このＲＰ値を属性の重みやカットオフをランダム化せずに使う場合には、注意しなければならない点がある。この相対的パフォーマンス（ＲＰ）指標は、ランダム・チョイスを下限値に用いていることから、特定の条件が揃ったときに選択肢の数に影響を受ける。もちろん属性値の数には影響を受けないので、課業の複雑性を構成する二つの要素に対して非対称な性格を持っている。[20] 具体

20　数学註　参照。

的には、ＰＲ値が固定されてなおかつ最大利得を与える選択肢の利得の総利得に占める割合が一定の時に、選択肢数が増大すると$EV_{\text{Huristic Choice}}$が減少するという性質を持っている。この傾向はＰＲ値が小さいときに顕著であり、選択肢の増大による課業の複雑性が過小評価される傾向にある。

ただし、彼らの実証研究はシミュレーションによってランダムに選択肢集合が発生させているためにこの様な現象が発生しない。また、Payne, Johnson, Bettman, and Coupey (1990)を除いて選択肢と属性値を変化させた比較を行っておらず、これらを固定した中での選択ルール間の比較がもっぱら行われている。

こうした環境要因に加えて選択ルールの正確性に影響するのは、与えられた選択肢の値の分散と支配的な選択肢が存在するかどうかである。分散が小さく支配的な選択肢が無い状況、言い換えれば似たり寄ったりの選択肢が並んでいる状況では、認知努力を節約するような都合の良い選択ルールはなく非補償型の選択ルールの正確性は補償型に比べて大きく見劣りするというシミュレーション結果が示されている（Payne et al. (1990): p303）。

もう一つの被説明変数である、情報の選択方向は属性方向と選択肢方向の比率で操作化が行われてきた。Payne (1976)で使われた、

$$SI = \frac{r_a - r_d}{r_a + r_d}$$

は代表的なものである。ここで、r_aは選択肢方向の移動頻度、r_dは属性方向の移動頻度である。この指標は－1から1までの値を取り1に近ければ選択肢方向の移動頻度が高いことを示している。この指標は、Payne et al. (1993)でも利用されている。

この指標に対しては、Bokenholt and Hynan (1994a)で問題点が指摘されている。彼らは重複を許して情報を取得する場合の選択確率のモデルから、属性方向と選択肢方向の確率を掛け合わせて

$$SM = \frac{\sqrt{N}((AD/N)(r_a - r_d) - (D - A))}{\sqrt{A^2(D-1) + D^2(A-1)}}$$

という指標を提案しシミュレーションの結果を報告している。ここで、Aは選択肢数、Dは属性数、Nは移動数である。結果としてこの指標は選択肢や属性数による偏りを受けにくいことが明らかにされている。

彼らはさらにこれを拡張して重複を許さない場合の指標として、

$$SM = \frac{\sqrt{N((AD-2)/(AD-N-1))}(((AD-1)/N)(r_a - r_d) - (D-A)}{\sqrt{(A-1)(D-1)}(A+D+2)}$$

を提案している。

指標SMに対しては、Payne and Bettman（1994）でコメントがBokenholt and Hynan(1994b)では標準化されていない新たな指標の検討がなされている。これらのコメントで、従来から使われてきた指標よりも好ましい性質を持っていることが確認されている。

それでは、IDB法を使った情報処理過程の追跡を試みた実験で明らかにされてきたのはどの様なことなのだろうか。節を改めて簡単にまとめてみたい。

2.5 IDB法による実験：変数間の関係

情報処理過程の追跡実験に利用されてきた多数のIDB法による結果は、メタ分析の対象となってきた。Ford et al.（1989）の分析ではプロトコル法による実験に加えて32件のIDB法よる実験が取り上げられている。彼らのメタ分析を元にしながら、これ以後の研究を加えて各説明変数が被説明変数に与える効果を概観してみよう。

2.5.1 課業の複雑性

課業の複雑性は、選択肢数と属性数からなっている。選択肢数の増大は、ランダム・チョイスの可能性を低めるとともに選択肢の数を削減することが可能な非補償型のルールの優位性を高めるだろう。そのために、総情報量に占める取得する情報量の比率が低下する。また、属性数の増大も相対的に重要でない属性を増やすために同じように総情報量に占める取得する情報量の比率の低下

が発生する（Jocoby, Speller, and Berning（1974）、Payne and Braustein（1978）、Creyer, Bettman, and Payne（1990）など）。一方、総処理時間が増大するために、情報当たりの処理時間には大きく影響しない。

　属性数の増大については、選択肢数の変化とは異なりランダム・チョイスの有効性には影響を与えない。ただし、属性数が増大した場合には情報処理コストの削減のために重要でない属性の削除が行われる可能性がある。この場合には、ＥＢＡルールを採用したり補償型ルールを採用しようとしている消費者が、より重要な属性だけを対象に補償型ルールを適応しようとするだろう。その場合には選択肢方向の処理に比べて、属性方向の処理が優位となる（Johnson and Meyer（1984）：仮説3）[21]。

2.5.2　時間制限

　意思決定に時間制限を設けることは、消費者の認知努力を制限することによってより単純な意思決定ルールの採用を促す。事実、ＩＤＢ実験での被験者は時間制限を加えられた場合に、情報当たりの処理速度を高めるのではなく少ない情報で意思決定を行おうとする傾向にある（Billings and Marcus（1983）、Payne et al.（1993）、Payne et al.（1996）など）。結果として、時間制限が行われた場合には取得情報量や取得比率が低下し、非補償型ルールが採用される。そのため、属性方向の処理が優位となるとされている。

2.5.3　選択肢の近接性

　選択肢が近接している場合には、選択肢間の違いを理解するためにより多くの認知努力が必要である。Biggs et al.（1985）では銀行ローンの事務員の判断を対象にして、選択肢の近接性が高まると取得される情報量が高まることが実証的に示された。より洗練された方法で行われたPayne et al.（1993）での実験でも同様の結果が示されている。

21　ただし、この研究はプロトコル法を用いて実証研究が行われている。

2.5.4 反応モード（response mode）

　反応モードを明確に扱ったＩＤＢ法による実証研究は限られている。ここで言う反応モードとは、被験者に与えられる課業目標が選択か評価（judge）かという最終的な意思決定の目標のことである。評価方法には順序づけ（ranking）を要求する場合とスコアを与える（rating）ことを要求する場合がある。[22]

　選択と評価の最も大きな違いは、取得情報量である。選択課題では最終的に一つの選択肢を選べばよいので非補償型ルールが採用される可能性が高まるために、少ない情報量で意思決定がなされる。それに対して評価課題では、全ての選択肢に順序を付けたりスコアを与えるために非補償型ルールが採用されず、選択した属性に関しては全ての選択肢の情報が必要となる。ただし、属性が多かったり重要性が少ない場合には属性の削除が行われるだろう。

　Billing and Scherer（1988）では、選択課題の場合、選択肢間での取得された情報の分散が高まること、判断課題では選択肢方向の処理が高まることが示された。彼らは選択課題では非補償型ルールと属性方向の処理が高まると仮定していたが、結果的に処理の方向性に差が出なかった。しかしながら、こうした仮説自体が選択課題では非補償型ルールが採用され易いことを前提としており、他の要因例えば時間制限などとの交互作用によってはじめてその効果が出てくると考える方が妥当だろう。

　加えて、特定の非補償型ルールが採用されても属性方向での処理が最初に行われる辞書編纂型やＥＢＡルールと最初から選択肢方向の処理が行われる連結型では、取得パターンに大きな違いがあり、一概にどの様な取得パターンになるかを予想することは難しい。

　Johnson and Russo（1984）では、選択課題では製品への親近性が高まると情報取得量が逆Ｕ字型に減少することを示し、逆に判断課題では単調に増加することを示した。この様に、選択課題では選択文脈によって何らかの情報取得に関する節約が起こることは十分に予想される。

22　この他にも matching 課題を与える場合もあるがここでは割愛する。

2.5.5 被験者側の特性

IDB法を使った実験では被験者側の事前知識や関与などを扱った研究が非常に少ない。これは、IDB法による実験がフォーマルな選択ルールの実証的研究に用いられてきたために被験者の特性が積極的に取り上げられてこなかったからである。数少ない例としては、前述の Johnson and Russo（1981、1984）での親近性、Brucks（1985）での事前知識などが挙げられる。

Brucks（1985）では、6つのミシンから選択する実験を行い、実際に4店舗に出かけて属性情報を取得するという現実に近いシナリオがコンピュータとインタラクティブに行えるようになっている。被験者は事前に利用可能な選択肢の数を知らない。この実験では高い事前知識を持つ被験者がより複雑な利用状況を設定されたときに、多くの属性情報を取得し（用意された属性は49）、探索パターンが多様で、適切な探索を行うことが示された。こうした結果は改めて、消費者の能力と動機づけが情報探索に影響することをはっきりと示しており、ELMなど他のモデルとも共通する結果となっている。

表4 被説明変数と説明変数の関係

	取得情報数	総処理時間	情報当たり処理時間	取得比	選択パターン＋：選択肢方向
課業の複雑性					
選択肢数	＋	＋	－	－	＋
属性数	＋	＋	－	－	－
時間制限	－	NA	NA	－	＋
選択肢の近接性	＋	＋	NA	＋	－
反応モード					
選択	－	－	NA		＋
判断	＋	＋	NA	＋	－
関与・親近性	＋	＋	NA	＋	－

それでは以上の考察を踏まえて概念間の関係を簡単にまとめてみよう。
今までのところIDB法を用いた実験結果にプロトコル法の結果を加味して

明らかになっている結果をまとめると表4の結果になる。実際の選択課題では、これらの要因が交互作用をもっているので、実証研究を行う場合には各要因を慎重にコントロールする必要がある。

2.6 より進んだ手がかりモデル：ＩＤＢ法の拡張

2.6.1 不確実性と手がかりの価値

ＩＤＢ法を使った努力－正確性パラダイムに準拠した選択過程の分析は、選択決定ルールの選択によってもっぱらその量的な情報処理コストの節約を行う意思決定者を想定してきた。このモデルでは、各情報は等価であり情報が処理される過程で情報間の結合が生まれる場合のルールもあらかじめ仮定されたものに限られている。

情報の質は唯一各属性に重要度を付けることで、情報取得の必要性の程度に差が付けられている。ただし、その情報はくじ (gamble) の例では全て同種類のものであり手がかりの種類は一つである。

また、Jacoby et al. (1974) の洗濯用洗剤の実験では価格以外の手がかりは内在的手がかりであり、Johnson and Russo (1981) のサブコンパクトカーの事例でも、価格以外はエンジンの気筒数や燃費など内在的手がかりだけである。これは、ＥＬＭが想定するような低関与の被験者を想定していないことに加えて、そうした操作化がＩＤＢ法による実験目的とはされてこなかったからである。ＩＤＢ法では情報取得費用が一定であることから、探索過程を含めた実証研究には不向きであることは既に述べたが、被験者が選択的に情報を取得するのは属性の重要性によると仮定する研究が大多数であったことも影響をしている（Holbrook and Maier (1978)）。

他方、ＩＤＢ法を用いた研究でも、規範的モデルを検証しまた各情報の価値をモデルに組み込んだ研究がある。例えば、Meyer (1982)、Hagerty and Aaker (1984) に代表されるような、情報を取得することによって製品品質の不確実性が削減され、その削減による効用の増大に情報取得コストが見合った時点で情報取得が打ちきられるという仮定のモデルである。これらのモデルでは、補償型ルールが採用されていることと属性情報間の共分散が存在しないことを前

提としている。情報が取得される順序はより製品品質の分散を削減できる程度によって決定され、それが情報の価値となる。すなわち、不確実性の高い属性情報ほど取得順位が高くなると仮定されている。

Simonson, Huber and Payne（1988）では、（1）式の効用関数を元に（2）式のロジットモデルによって、取得確率を計算している。その結果をＩＤＢ法によって得られた取得順位と比べて各パラメターを算出している。

$$U_{ik} = a_0 + a_1 A_i + a_2 W_k + a_3 C_{ik} + a_4 B_{ik}. \quad (1)$$
$$P(x_{ik}|S) = \exp U_{ik} \Big/ \sum_{i'k' \in S} \exp U_{i'k'}. \quad (2)$$

ここで　A_iは銘柄 i の事前の魅力度、W_k は属性 k の重要度、C_{ik} は銘柄 i、属性 k の事前確実性、B_{ik} はその事前の評価値である。

対象となった製品はＰＣ用のプリンターで、6銘柄6属性のマトリクスが利用された。58名の被験者が29名ずつのグループに分けられ選択と順位付けの課題をそれぞれ与えられた。結果は、選択課題でも順位付け課題でも同様の結果が得られた。事前確実性（Ｃ ik）が低くなり、事前の評価値（Ｂ ik）が低いほどその属性情報の取得確率は高まっている。ただし、銘柄への事前魅力度が高い場合には事前の評価値（Ｂ ik）は取得確率に影響していない。これは個々の属性水準での評価値の低さだけではなく、銘柄レベルでも魅力度が低い場合にのみ積極的な情報取得が行われることを示している。

これらの規範的モデルは、情報取得に関する「停止ルール」を提供することが可能である点が優れている。Payneらの努力－正確性パラダイムでは、どこまで情報を取得するのかの停止ルールはシミュレーションの場合には選択ルールに依存し、実験の場合には総取得情報量の分析に終始しその取得順序による効果には注意が払われてこなかった。構成的モデルでは、Saad and Russo（1996）の研究2で、被験者が選択肢の違いを峻別することができる一定の閾値と意思決定に利用しようとしていた属性（core attribute）を使った意思決定を使い分けることが報告されており、情報処理過程での適応的な「停止ルール」の利用が行われることを窺わせている。

ただ残念ながら、Simonson et al. の実験でも取り上げられている手がかりは全て内在的手がかりであり、銘柄名は被験者に事前に提示されていて、取得対

象とはなっていない。Saad and Russoの実験も手がかりの質にまでは言及していない。

　属性情報の事前不確実性や事前評価を考える場合に、内在的手がかりだけではなく銘柄名や製造企業、価格、外観といった外在的手がかりの取得にまでこうした議論が当てはまるのかは、規範的モデルによる手がかりモデル（情報価値モデル）とＥＬＭに代表される構成的モデルで想定されている手がかり選択の理論とを繋ぐことが出来るかどうかの要の点でもある。そうした試みの幾つかを次に見てみよう。

2.6.2　手がかりの拡張

　ＩＤＢ法では従来から文字や数字の情報だけを扱ってきたが、それを拡張する試みもなされている。Painton and Gentry（1985）は、手がかりの種類の拡大という観点から製品の図像を含めたＩＤＢ実験を試みている。彼らはポケトカメラを対象とした実験を行い、ＩＤＢ法（9銘柄11属性）と属性と属性数を事前に教えず必要な情報を番号で取得する方法（記憶法）の2種類の手順と製品の絵を見せるか見せないかを組み合わせて実験している。現実の購買場面では、製品が視覚的に提示されそれによって銘柄削減が起こるので（Paivio（1978））、絵を見せる場合に情報処理量が節約されるとする彼らの仮定がこの実験で実証されている。

　実験はカードを使う方法とＰＣ画面でインターラクティブに行われる二つの方法で実行され、カードを使った実験では記憶法で絵（line drawing）を見せた場合に情報取得量が低下し、ＰＣ画面の実験ではＩＤＢ法で絵を見せない場合に情報取得量が増大した。この研究では、その他の条件では絵の効果ははっきりしなかったが、こうした試みはＩＤＢ法を利用しながら情報の質の消費者の意思決定過程への影響を明らかにしようとするものであると理解される。

　消費者に示される製品の図や絵、写真は製品のデザインという価値を提示するという機能とは別に、消費者にとって記憶を助けたり、カテゴリー化を促進するなど同時に多くの情報を提供することの出来る手がかりである。消費者は対象製品が有体財であれば、銘柄名や製造企業名よりも、まずはじめにそのデザインや色などを視覚的に捉えて情報処理を始める。従来の内在的手がかり、

外在的手がかりという分類では、こうした手がかりの機能を盛り込むことは出来ない。視覚的に情報を与える手がかりを新たなカテゴリーとして分析することが必要とされる。

一方で、従来から外在的手がかりとして分類されながらも、価格は知覚品質との強い結びつきが指摘されてきた（Huber and McCann（1982）、Dodds and Monroe（1985）、Zeithaml（1988））。価格の品質指示能力、すなわち製品選択の前提となる評価値との高い正の相関は、価格の持つ消費者に犠牲を強いる負の属性としての意味と混合して理解されてきている。

また、前述のChang and Wildt（1996）の結果も示しているように、いわゆる価格－品質関係の強さは他に利用可能な手がかりによっても影響を受ける。すなわち、選択文脈に応じて消費者や選択的に手がかりを利用しまた適応しようとしていると言えるだろう。実際の価格の取得が消費者の特性や選択文脈にどれほど影響を受けるかに関しては、ＩＤＢ法を使った実証研究がほとんど行われていない。山本（1991,1992）では、ＩＤＢ法を利用して（6銘柄×10属性）、手がかりの取得費用が高く、手がかりの利用にも費用が掛かるサービス製品の買回り品では価格の優先的取得確率が高まることを示しているが、消費者特性や課題の複雑性の操作化などは行われていない。

価格の選択的利用に関しては、以上のように品質－価格関係に影響を与える選択文脈と消費者特性に関して明確な研究結果が提供されているわけではない。しかし、価格の手がかりとしての特性から次のようなことは言えるだろう。まず、価格の持つ手がかりとしての取得の容易さである。市場で取り引きされる製品は全て価格という手がかり表示を行い、また買い手側も比較的安い費用でそれを取得することが出来る。その上、価格は数字で示され、その大小関係は明白である。だから、客観的価格から知覚品質への変換による大小関係の齟齬も生じにくい。

こうした価格の持つ性質が、他の手がかりの利用が制限された選択文脈に直面したり意思決定時間を限られた場合、消費者に情報処理意欲や能力が欠如している場合に情報処理過程過程における重要性は高まるであろう。その意味でも情報処理過程における価格の役割を多面的に捉える試みが望まれる。

2.7 まとめ

　消費者が探索し取得した情報を元にして部分効用を計算し、重み付き加法型の結合ルールで統合して効用を計算し、選択肢の中から最も好ましい銘柄を選択するという素朴な選択過程を想定する限り、本稿で検討してきた多くの課題は消費者行動を理解する上での大きな障害にはならない。限定された合理性や学習する消費者を想定しても、消費者の情報処理過程への影響は、あくまでそのモデルのパラメターの値に変換されるからだ。

　一方で、「構成的モデル」と呼ばれる一連のモデルでは、消費者の情報処理過程自体が構成される様子を知ることによって、より柔軟な意思決定者としての消費者を描こうとしてきた。本稿で取り扱ってきた適応的意思決定過程は、意思決定者が様々な幾つかの選択肢からの選択や選択肢の評価という課業をこなしながら、より良い選択結果を目指して自らの能力と努力（費用）を投入するという視点から意思決定過程を分析しようとする考え方である。この概念と関連した研究は、この過程の何に適応するのかとどの様に適応するのかによって幾つかの流れに分けられる。

　努力－正確性パラダイムに依拠しながら選択ルールによる「構成的」意思決定過程を想定している「適応的意思決定者」モデル（Payne et al.（1993））は、最も統合的で多くの選択文脈をモデルに取り込んでいる。一連の実証研究では、意思決定者側の要因を考慮するよりも、より綿密な意思決定過程の追跡と選択文脈との関係を探索することに重点が置かれている。このモデルの意思決定者は、選択ルールを選択することによって正確性と認知努力のトレードオフを解消しようとするとされている。けれども、様々な理由で意思決定に失敗することも想定されており、学習を通してより良い情報処理を身につけていくとされている。

　その実証研究では、ＩＤＢ法による意思決定過程の追跡が行われ、シミュレーションと実験によって選択ルールの選択がどの様に行われるのかを明らかにしようとしている。ただし、この実証方法では消費者の短期記憶のみが意思決定に影響するとされ、現実の購買行動を含む情報処理過程をシミュレートすることに重きが置かれているわけではない。

これに対して同じように意思決定過程を追跡する方法として発展してきたプロトコル法を利用した研究は、意思決定者の外部情報探索を知ることができるなど優れた点を有している。研究ツールや発話の分類法なども提案され（Ericsson and Simon (1993))、利用環境が徐々に整ってきたこともあり消費者行動研究でも利用されてきた。けれども、多くの被験者を対象にしたフィールド調査は困難で、実験環境での補完的な情報収集手段という意味合いが強くなってきている。それは、プロトコル法だけでは厳密な選択文脈のコントロールが難しいなど、意思決定者の適応行動と環境の関係を明らかにする用途では利用しにくい点があるからである。

外部情報探索を含めた情報処理過程を取り扱おうとしたのが、Brucks (1985)に代表されるようなコンピュータ上での買い物行動のシミュレーションである。こうした試みでは、より自然な買い物行動や購買行動がシミュレートできる。固定型のＩＤＢ法に比べた最も重要な利点は、外部情報探索を含むことができることで、その上選択肢数を固定する必要もない。被験者は、自分の情報探索・処理能力に応じた選択肢数を「構成」することが可能であり、より現実的な選択文脈の実験が可能である。

けれども、シナリオや文脈の設定が自由なだけ比較もしくは共通要因の抽出には慎重さが必要であり、規範的モデルとの接合も難しくなる。どの選択文脈に自由度を持たせるかについては、固定型のＩＤＢ法での実験との併用によって変数間の関係が特定されてからでないと特定文脈の記述に終わってしまう可能性もある。

一方の手がかりモデルでは、ＥＬＭが消費者特性をモデルに持ち込むことで、マーケティング・コミュニケーション戦略に示唆を与え、かつ手がかりの種類と情報処理過程を結びつけたモデルを提示している。このモデルでは、製品の重要性や消費者の関与の程度が情報処理の動機として考えられており、適応的意思決定者モデルに比べると情報処理過程の実証研究のレベルで消費者に関する外部要因を取り込んでいると言えるだろう。他方、手がかりの情報価値による取得順序を対象としたモデルでは、手がかり取得による知覚品質の分散の低下が動機となっていて、純粋に課題と情報処理の関係だけがモデルの対象となっている。

また、内在的手がかりと外在的手がかりという二つの手がかりに加えて価格や図像などより多くの手がかりを含めた総合的なモデルも提示されてきているが、消費者行動論では実証的に検討されている部分は僅かであると言えよう。

本稿で取り上げてきたモデルをこれらの観点から分類すると次のようになるだろう。

表5　モデルの特徴と分類

		手がかりの種類・価値	
外部要因		考慮する	考慮しない
	取り込む	ELM	適応的意思決定定着モデル
	取り込まない	手がかり価値モデル	

さて、将来の課題と現在行われている研究について最後に言及してみたい。広い意味での構成的意思決定過程論では、適応的意思決定モデルを拡張して様々な手がかりの種類と意思決定過程の類型を分析する試みが行われている。消費者行動の分析への応用も行われているが、消費者の適応的意思決定を購買過程の分析に生かすためには幾つかの点で拡張が望まれている。

第1の点は、選択肢数と中身を消費者自らが構成する適応性をモデルに盛り込むことである（Beach（1993）、Levin and Jasper（1995））。情報処理コストの削減のためには、市場で利用可能な選択肢もしくは想起集合の中から情報探索の対象にする選択肢を削減することが有効な方法である。固定型のＩＤＢ法では、利用可能な選択肢数は事前に固定されているので、消費者が自ら持つ製品に対するイメージなどによって選択肢を削除する事前スクリーニング段階（prechoice screening）を盛り込んだモデルや実験が望まれる。

次に、選択製品の複数化に対応できるモデルを提示することである。ある種の製品は消費者の一つの目的を達成するための集合として購買される。主婦が日々購入する食品の多くは特定の献立のために集められたものであり、その製品間には明らかな相関がある。そうであれば、単品の意思決定に比べて製品数が増大しても情報処理努力が線形に増大するわけではない。消費者はトータル

な情報処理努力の分配を考えているので、適応的意思決定の対象を複数化することは購買行動の理解の上でも欠かせない拡張と言えるだろう。

　最後に、図像を中心とする視覚的な情報の取り扱いを考えてみよう。製品が有体財であればそれを見ることが情報収集の第一歩であり、たとえそれがカタログやディスプレイ上の写真であってもそこから得られる情報量は、従来のＩＤＢ法で与えられる情報に比べて劣るとは言えない。もちろん、外在的手がかりとしての限界は存在するが、事前スクリーニング段階で重要な役割を果たすと考えられる。実際の購買行動のシミュレーションという意味からもモデルや実証研究の視覚的情報への拡張が望まれる。

　本稿では、これらの問題に対処するために現在行われている様々なアプローチをこれ以上紹介することは紙数の関係上あきらめなければならない。実証研究の結果を踏まえた上で再論したい。

数学註

ある EV_{Huristic Choice} の値 h の下で実現される PR 値 A (h) を A とすると、PR を産出する式は以下のように書き直すことができる（(1) 式）。ここで、HR は選択肢の中で最大利得を与える選択肢である。H は最大利得の値が総利得に占める割合である。

ここで H を一定として、(1) 式を変形した (2) 式を n に関して微分すると、A は

$$A(h) = \frac{h\sum r_i - \frac{1}{n}\sum r_i}{HR - \frac{1}{n}\sum r_i} = \frac{h\sum r_i - \frac{1}{n}\sum r_i}{H\sum r_i - \frac{1}{n}\sum r_i}$$

$$A = \frac{nh-1}{nH-1} \cdots\cdots (1)$$

1 以下の値を取るために、(3) 式は非正となり n が増大すると h の値は減少する。

$$h = \frac{1}{n}((nH-1)A + 1) \cdots (2)$$

$$\frac{dh}{dn} = \frac{1}{n}HA + (-\frac{1}{n^2})((nH-1)A + 1)$$

$$= \frac{1}{n}(HA - \frac{1}{n}((nH-1)A) - \frac{1}{n})$$

$$= \frac{1}{n}(HA(1-\frac{1}{n}) + \frac{1}{n}A - \frac{1}{n})$$

$$= \frac{1}{n}(\frac{1}{n}A - \frac{1}{n})$$

$$= \frac{1}{n^2}(A-1) \leq 0 \quad \because A \leq 1 \quad \cdots\cdots (3)$$

しかし、H は n が増大すれば減少することが考えられるので n の大きな変化では、この効果は問題にならない。ただし、A が小さいときには n の変化による変化率が高いためにこの効果は無視できなくなる。もちろん、ランダムに選択肢を発生させている場合には問題がないが、選択肢集合が限られている様な実験でこの指標を使って比較を行う場合には、これら効果に注意する必要がある。

参考文献

阿部周造 (1984),「消費者情報処理」,消費者行動のニューフロンティア,中西正雄編,誠文堂新光社, 119-163.
Anderson, Norman H. (1982), *Information Integration Theory*, New York, NY: Academic Press.
青木幸弘 (1985),「店舗内行動研究の現状と課題（1）」,商学論究, 32-4, 117-46.
Arch, David C., James R. Bettman, and Pradeep Kakkar (1978), "Subjects1 Information Processing in Information Display Board Studies," in *Advances in Consumer Research*, Vol. 5, Ann Arbor: Association for Consumer Research, 555-60.
Beach, Lee Roy and Terence R. Mitchell (1978), "A Contingency Model for the Selection of Decision Strategies," *Academy of Management Review*, July, 439-49.
Beaty, Sharon E. and Scott M. Smith (1987), "External Search Effort: An Investigation Across Several Product Categories," *Journal of Consumer Research*, 14 (June), 83-95.
Bettman, James R., Eric J. Johnson, and John W. Payne (1991), "Consumer Decision Making," in *Handbook of Consumer Behavior*, Thomas S. Robertson and Harold H. Kassarjian eds., Prentice-Hall: Eglewood Cliff, NJ, 50-84.
Bettman, James R., Eric J. Johnson, and John W. Payne (1990), "A Componential Analysis of Cognitive Effort in Choice," *Organizational Behavior and Human Decision Processes*, 45, 111-39.
Bettman, James R. and C. Whan Park (1980a), "Implications of a Constructive View of Choice for Analysis of Protocol Data: A Coding Scheme for Elements of Choice Processes," in *Advances in Consumer Research*, Vol. 7, Ann Arbor: Association for Consumer Research, 148-53.
Bettman, James R. and C. Whan Park (1980b), "Effects of Prior Knowledge and Experience and Phase of the Choice Process on Consumer Decision Processes: A Protocol Analysis," *Journal of Consumer Research*, 7(December), 234-48.
Biehal, Gabriel J. and Dipankara Chakravarti (1982), "Experiences with the Bettman Park Verbal Protocol Coding Scheme," *Journal of Consumer Research*, 10 (June), 1-14.
Biehal, Gabriel J. and Dipankara Chakravarti (1986), "Consumers1 Use of Memory and External Information in Choice: Macro and Micro Processing Perspectives," *Journal of Consumer Research*, 12 (March), 982-405.
Biehal, Gabriel J. and Dipankara Chakravarti (1989), "The Effects of Concurrent Verbalization on Choice Processing," *Journal of Marketing Research*, 26 (February), 84-96.
Biggs, Stanley F., Jean C. Bedard, Brian G. Garber, and Thomas J. Linsmeier (1985), "The Effects of Task Size and Similarity on the Decision Behavior of Bank Loan Officers," *Management Science*, 31-8, 970-87.
Billings, S. Robert and Stephen A. Marcus (1983), "Measures of Compensatory and Noncompensatory Models of Decision Behavior: Process Tracing versus Policy Capturing," *Organizational Behavior and Human Performance*, 31, 331-52.

Billings, S. Robert and Lisa L. Scherer (1988), "The Effect of Response Mode and Importance on Decision-Making Strategies: Judgment versus Choice," *Organizational Behavior and Human Decision Processes*, 41, 1-19.

Bockeholt, Ulf and Linda S. Hynan (1994a), "Caveats on a Processing-tracing Measure and a Remedy," *Journal of Behavioral Decision Making*, 7, 103-17.

Bockeholt, Ulf and Linda S. Hynan (1994b), "Similarities and Differences between SI and SM: A Reply to Payne and Bettman," *Journal of Behavioral Decision Making*, 7, 123-7.

Boush, David M. and Barbara Loken (1991), "A Process-Tracing Study of Brand Extension Evaluation," *Journal of Marketing Research*, 28 (February), 16-28.

Brucks, Merrie (1984), "An Experimental Methodology to Assess the Influence of Prior Knowledge on Information Search," in *Developments in Marketing Science*, Vol. 7. Jay D. Lindquist ed., Academy of Marketing Science, 87-89.

Brucks, Merrie (1985), "The Effects of Product Class Knowledge on Information Search Behavior," *Journal of Consumer Behavior*, 12 (June), 1-16.

Chang, Tung-Zong and Albert R. Wildt (1996), "Impact of Product Information on the Use of Price as a Quality Cue," *Psychology & Marketing*, 13-1, 55-75.

Chase, W. G. (1978), "Elementary Information Processes," in *Handbook of Learning and Cognitive Processes: Vol. 5*, W. K. Estes ed., Hillsdale, NC: Lawrence Elbaum 19-90.

Coupey, Eloise (1994), "Restructuring: Constructive Processing of Information Display in Consumer Choice," *Journal of Consumer Research*, 21 (June), 83-99.

Creyer, Elizabeth H., James R. Bettman, and John W. Payne (1990), "The Impact and Effort Feedback and Goals on Adaptive Decision Behavior," *Journal of Behavioral Decision Making*, 3, 1-16.

Dhar, Ravi and Itamar Simonson (1992), "The Effect of the Focus of Comparison on Consumer Preferences," *Journal of Marketing Research*, 29 (November), 430-40.

Dodds, William B. and Kent B. Monroe (1985), "The Effect of Brand and Price Information on Subjective Product Evaluations," in *Advances in Consumer Research*, Vol. 12, UT: Association for Consumer Research, 85-90.

Donders F. C. (1969), "On the Speed of Mental Processes, " *Acta Psychologica*, 30, 412-31. (Translated from "Over de Snelheid van Psychisce Processen," *Onderzockingen Gedaan in het Physiologisch Laboratorium der Ulrechtsche Hoogeschool*, 1868-69, Tweede Reeks, II 92-12.

Dowling, Grahame R. and Richard Staelin (1994), "A Model of Perceived Risk and Intended Risk-handling Activity," *Journal of Consumer Research*, 21 (June), 119-34.

Duncan, Calvin P. and Richard W. Olshavsky (1982), "External Search: The Role of Consumer Beliefs," *Journal of Marketing Research*, 14 (February), 32-43.

Einhorn, Hielle J. (1970), "The Use of Nonlinear, Noncompensatory Models in Decision Making," *Psychological Bulletin*, 73-3, 221-30.

Einhorn, Hielle J., Don N. Kleinmuntrz, and Benjamin Kleinmauntz (1979), "Linear Regression and Process-Tracing Models of Judgment," *Psychological Review*, 86-5, 465-85.

Einhorn, Hielle J. and Robin M. Hogarth (1981), "Behavioral Decision Theory: Processes of Judgment and Choice," *Annual Review of Psychology*, 32, 53-88.

Einhorn, Hielle J. and Robin M. Hogarth (1986), "Decision Making under Ambiguity," *Journal of Business*, 59-4, s225-s250.

Ellsberg, Daniel (1961), "Risk, Ambiguity, and the Savage Axioms," *Quarterly Journal of Economics*, 75, 643-69.

Ericsson, K. Anders and Herbert A. Simon (1993), *Protocol Analysis: Verbal Reports as Data Revised Edition*, Cambridge MA: MIT Press.

Festinger, Leon(1957), *Theory of Cognitive Dissonance*, Row, Peterson and Company

Ford, J. Kevin, Neal Schmitt, Susan L. Schechtman, Brian M. Hults, and Mary L. Doherty (1989) , "Process Tracing Methods: Contributions, Problems, and Neglected Research Questions," *Organizational Behavior and Human Decision Processes*, 43, 75-117.

Furse, David H., Girish N. Punj and David W. Stewart (1984), "A Typology of Individual Search Strategies Among Purchasers of New Automobiles," *Journal of Consumer Research*, 10 (March), 417-31.

Gemunden, Hans Georg (1985), "Perceived Risk and Information Search. A Systematic Meta-Analysis of the Empirical Evidence," *International Journal of Research in Marketing*, 2-2, 79-100.

Hagerty, Michael R. and David Aaker (1984), "A Normative Model of Consumer Information Processing," *Marketing Science*, 3-3, 227-46.

Hauser, John R. and Birger Wernerfelt, (1990), "An Evaluation Cost Model of Consideration Sets," *Journal of Consumer Research*, 16 (March), 393-408.

Helgeson, James G. and Michael L. Ursic (1993), "Information Load, Cost/Benefit Assessment and Decision Strategy Variability," *Journal of the Academy of Marketing Science*, 21-1, 13-20.

Hirshelifer, Jack and John G. Riley (1992), *The Analytics of Uncertainty and Information*, Cambridge University Press: NY

Holbrook, Morris B. and Karl A. Maier (1978), "A Study of the Interface Between Attitude Structure and Information Acquisition," in *Advances in Consumer Research*, Vol. 5., Ann Arbor, MI: Association for Consumer Research, 93-98.

Howard, John A. and Jagdish N. Sheth, (1969), *The Theory of Buyer Behavior*, New York: Wiley.

Huber, Joel and John McCann (1982), "The Impact of Inferential Beliefs on Product Evaluations," *Journal of Marketing Research*, 19 (August), 324-33.

Huber, Oswald (1980, "The Influence of Some Task Variables on Cognitive Operations in an Information-Processing Decision Model," *Acta Psychologica*, 45, 187-96.

Jacoby, Jacob, Robert W. Chestnut, and William Fisher (1978), "A Behavioral Process Approach to Information Acquisition in Nondurable Purchasing," *Journal of Marketing Research*, 15 (November), 532-44.

Jacoby, Jacob, Donald E. Speller, and Carol A. Kohn (1974), "Brand Choice Behavior as a

Function of Information Load," *Journal of Marketing Research*, 11 (February), 63-9.

Jacoby, Jacob, Donald E. Speller, and Carol Kohn Berning (1974), "Brand Choice behavior as a Function of Information Load: Replication and Extension," *Journal of Consumer Research*, 1 (June), 33-.42.

Jacoby, Jacob, George J. Szybillo, and Jacqueline Busato-Schach (1977), "Information Acquisition Behavior in Brand Choice Situations," *Journal of Consumer Research*, 3 (March), 209-16.

Johnson, Eric J. and Rober Meyer (1984), "Compensatory Choice Models of Noncompensatory Processes: The Effect of Varying Context," *Journal of Consumer Research*, 11 (June), 528-41.

Johnson, Eric J. and Robert J. Meyer, and Sanjoy Ghose (1989), "When Choice Models Fail: Compensatory Models in Negatively Correlated Environments," *Journal of Marketing Research*, 24 (August), 255-70.

Johnson, Eric J. and Payne, John W., (1985), "Effort and Accuracy in Choice," *Management Science*, 31-4., 395-414.

Johnson, Eric J. and J. Edward Russo (1981), "Product Familiarity and Learning New Information," in *Advances in Consumer Research*, Vol. 8, Ann Arbor: Association for Consumer Research, 151-55.

Johnson, Eric J. and J. Edward Russo (1984), "Product Familiarity and Learning New Information," *Journal of Consumer Research*, 11 (June), 542-50.

Keller, Kevin Lane and Richard Staelin (1987), "Effects of Quality and Quantity of Information on Decision Effectiveness," *Journal of Consumer Research*, 14 (September), 200-13.

Lehman, Donld R. and William L. Monroe (1980), "Validity of Information Display Boards: An Assessment Using Longitudinal Data," *Journal of Marketing Research*, 17 (November), 450-59.

Lohse, Gerald L. and Eric Johnson (1996), "A Comparison of Two Process Tracing Methods for Choice Tasks," *Organizational Behavior and Human Decision Processes*, 68-1, 28-43.

Lussier, Denis A. and Richard W. Olshavsky (1979), "Task Complexity and Contingent Processing in Brand Choice," *Journal of Consumer Research*, 6 (September), 154-65.

Lynch, John g. (1985), "Uniqueness Issues in the Decompositional Modeling of Multiattribute Overall Evaluations: An Information Integration Perspective," *Journal of Marketing Research*, 22 (February), 1-19.

Malhotra, Naresh K. (1982), "Information Load and Consumer Decision Making," *Journal of Consumer Research*, 8 (March), 419-30.

Meyer, Robert J. (1981), "A Model of Multiattribute Judgments under Attribute Uncertainty and Informational Constraint," *Journal of Marketing Research*, 18 (November), 428-41.

Meyer, Robert J. (1982), "A Descriptive Model of Consumer Information Search Behavior," *Marketing Science*, 1-1, 93-121.

Meyer, Robert J. and Eric J. Johnson (1995), "Empirical Generalizaiotns in the Modeling of Consumer Choice," *Marketing Science*, 14-2, G180-189.

Meyer, Robert J. and Barbara E. Kahn (1991), "Probabilistic Models of Consumer Choice Behavior," in *Handbook of Consumer Behavior*, Thomas S. Robertson and Harold H. Kassarjian eds., Prentice-Hall: Eglewood Cliff, NJ, 85-123.

中西正雄 (1984),「消費者行動の多属性分析」, 消費者行動のニューフロンティア, 中西正雄編, 誠文堂新光社, 2--26.

Olshavsky, Richard W. (1979), "Task Complexity and Contingent Processing in Decision Making: A Replication and Extension.," *Organizational Behavior and Human Performance*, 24, 300-16.

Olshavsky, Richard W. and Franklin Actio (1980), "An Information Processing Probe into Conjoint Analysis," *Decision Sciences*, 11, 451-70.

Olson, Jerry C. (1977), "Information as an Information Cue: Effects in Product Evaluation," in *Consumer and Industrial Buying Behavior*, Arch G. Woodside, Jagdish N. Sheth, and Peter D. Bennet eds., North Holland, 267-86.

Ozanne, Julie L. (1988), "Keyword Recognition: A New Methodology for the Study of Information Seeking Behavior ," in *Advances in Consumer Research*, Vol. 15, UT: Association for Consumer Research, 574-79.

Painton, Scott and James W. Gentry (1985), "Another Look at the Impact of Information Presentation Format," *Journal of Consumer Research*, 12 (September), 240-44.

Paivio, Allan (1978), "Dual Coding: Theoretical Issues and Empirical Evidence," in *Structural /Process Models of Complex Human Behavior*, Joseph M. Scandura and Charles J. Braninerd eds., Sijthoff & Noordhoff: Alphen aan den Rijn, 527-49.

Paquette, Laurence and Thomas Kida (1988), "The Effect of Decision Strategy and Task Complexity on Decision Performance," *Organizational Behavior and Human Decision Processes*, 41, 128-42.

Park, C. Whan, Easwar S. Iyer, and Daniel C. Smith (1989), "The Effects of Situational Factors on In-Store Grocery Shopping Behavior: The Role of Store Environment and Time Available for Shopping," *Journal Consumer Research*, 15 (March), 422-33.

Payne, John W. (1976), "Task Complexity and Contingent Processing in Decision Making: An Information Search and Protocol Analysis," *Organizational Behavior and Human Performance*, 16, 366-87.

Payne, John W. (1982), "Contingent Decision Behavior," *Psychological Bulletin*, 92-9, 382-402.

Payne, John W. and James R. Bettman (1994), "The Costs and Benefits of Alternative Measures of Search Behavior: Comments on Bökenholt and Hynan," *Journal of Behavioral Decision Making*, 7, 119-22.

Payne, John W., James R. Bettman, and Eric Johnson (1988), "Adaptive Strategy Selection in Decision Making," *Journal of Experimental Psychology: Learning, Memory, and Cognition*, 14-3, 534-552.

Payne, John W., James R. Bettman, and Eric Johnson (1992), "Behavioral Decision Research: A Constructive Processing Perspective," *Annual Review of Psychology*, 43, 87-131.

Payne, John W., James R. Bettman, and Eric Johnson (1993), *The Adaptive Decision Maker*, New York: Cambridge University Press.

Payne, John W., and Myron L. Braunstein (1978), "Risky Choice: An Examination of Information Acquisitions Behavior," *Memory & Cognition*, 6, 554-61.

Payne, John W., Myron L. Braunstein, and John S. Carroll (1978), "Exploring Predecisional Behavior: An Alternative Approach to Decision Research," *Organizational Behavior and Human Performance*, 22, 17-44.

Payne, John W., Myron L. Braunstein, and Mary Frances Luce (1996), "When Time is Money: Decision Behavior under Opportunity-Cost Time Pressure," *Organizational Behavior and Human Decision Processes*, 66-2, 131-52.

Payne, John W., Eric Johnson, James R. Bettman, and Eloise Coupey (1990), "Understanding Contingent Choice: A Computer Simulation Approach," *IEEE Transactions on Systems, Man, and Cybernetics*, 20, 296-309.

Petty, Richard E. and John T. Cacioppo (1979), "Issue Involvement Can Increase or Decrease Persuasion by Enhancing Message-Reliant Cognitive Responses," *Journal of Personality and Social Psychology*, 37-10, 1915-26.

Petty, Richard E. and John T. Cacioppo (1983), "Central and Peripheral Routes to Persuasion: Application to Advertising," in *Advertising and Consumer Psychology*, Larry Percy and Arch Woodside eds., Lexington MA: Lexington Books., 3-23.

Petty, Richard E., John T. Cacioppo, and David Schumann (1983), "Central and Peripheral Routes to Advertising Effectiveness: The Modeling Role of Involvement," *Journal of Consumer Research*, 10 (September), 135-46.

Punj, Girish N. and Richard Staelin (1983), "A Model of Consumer Information Search Behavior for New Automobiles," *Journal of Consumer Research*, 9 (March), 366-80.

Ratchford, Brian T. (1982), "Cost-Benefit Models for Explaining Consumer Choice and Information Seeking Behaviro," *Management Science*, 28-2, 197-212.

Rosen, Dennis L. and Richard W. Olshavsky (1987), "A Protocol Analysis of Brand Choice Strategies Involving Recommendations," *Journal of Consumer Research*, 14 (December), 440-44.

Russo, J. Edward (1978), "Eye Fixation Can Save the World: A Critical Evaluation and a Comparison between Eye Fixation and Other Information Processing Methodologies," in *Advances in Consumer Research*, Vol. 5, Ann Arbor: Association for Consumer Research, 561-70.

Russo, J. Edward and Barbara Anne Dosher (1983), "Strategies for Multiattribute Binary Choice," *Journal of Experimental Psychology, Learning and Memory and Cognition*, 9-4, 676-96.

Russo, J. Edward and France Leclerc (1994), "An Eye-Fixation Analysis of Process for Consumer Nondurables," *Journal of Consumer Research*, 21 (September), 274-90.

Russo, J. Edward and Larry D. Rosen (1975), "An Eye Fixation Analysis of Multialternative Choice," *Memory & Cognition*, 3-3, 267-76.

Saad, Gad and J. Edward Russo (1996), "Stopping Criteria in Sequential Choice," *Organiza-

tional Behavior and Human Decision Processes, 67-3, 258-70.
Savage, Leonard. J. (1954), *The Foundation of Statistics*, Wiley, NY
Scammon, Debra L. (1977), "Information Load and Consumers," *Journal of Consumer Research*, 4 (December), 148-55.
Schneider, Walter and Richard M. Shiffrin (1977), "Controlled and Automatic Human Information Processing, I. Detection, Search, and Attention," *Psychological Review*, 84-1, 1-66.
Shafer, Glenn (1986), "Savage Revised," *Statistical Science*, 1-4, 463-501.
Shiffrin, Richard M. and Walter Schneider (1977), "Controlled and Automatic Human Information Processing, II. Perceptual Learning, Automatic Attending, and a General Theory," *Psychological Review*, 84-1, 127-90.
Shugan, Steven M. (1980), "The Cost of Thinking," *Journal of Consumer Research*, 7 (September), 99-111.
Smith, J. Brock and Julia M. Bristor (1994), "Uncertainty Orientation: Explaining Differences in Purchase Involvement and External Search," *Psychology & Marketing*, 11-6, 587-607.
Sternberg, Saul (1969), "The Discovery of Processing Stages: Extensions of Donders'[1] Method," *Acta Psychologica*, 30, 276-315.
Stigler, George J. (1961), "The Economics of Information," *Journal of Political Economy*, 69-3, 213-25.
Sujan, Mita (1985), "Consumer Knowledge: Effects on Evaluation Strategies Mediating Consumer Judgements," *Journal of Consumer Research*, 12 (June), 31-46.
土田昭司 (1994), 「消費者行動の意思決定過程モデル」, 消費行動の社会心理学, 飽戸弘編, 77-95.
Thorngate, W (1980), "Efficient Decision Heuristics," *Behavioral Science*, 25, 219-25.
Todd, Peter and Izak Benbasat (1987), "Process Tracing Methods in Decision Support Systems Research: Exploring the Black Box," *MIS Quarterly*, December, 493-514.
Tversky, Amos (1972), "Elimination by Aspects: A Theory of Choice," *Psychological Review*, 79-4, 281-99.
Tversky, Amos and Shumel Sattath (1979), "Preference Trees," *Psychological Review*, 86 (November), 542-73.
Tversky, Amos, Shumel Sattath, and Slovic P. (1988), "Contingent Weighting in Judgment and Choice," *Psychological Review*, 95, 371-84.
Urbany, Joel E., Peter Dickson, and William L. Wilkie (1989), "Buyer Uncertainty and Information Search," *Journal of Consumer Research*, 16 (September), 208-15.
von Neuman, John and Morgenstern Oskar (1944), *Theory of Games and Economic Behavior*, Princeton University Press, Princeton, NJ.
Wright, Peter (1974), "The Harassed Decision Maker: Time Pressures, Distractions and the Use of Evidence," *Journal of Applied Psychology*, 59-5, 555-61.
Wright, Peter (1975), "Consumer Choice Strategies: Simplifying Vs. Optimizing," *Journal of Marketing Research*, 12 (February), 60-7.
山本昭二 (1989), 「サービス評価の概念枠組み」, 商学論究, 37-1・2・3・4, 155-170.

山本昭二 (1991),「品質評価における外在的手がかりの役割（1）」, 商学論究, 39-2, 61-71.
山本昭二 (1992),「品質評価における外在的手がかりの役割（2）」, 商学論究, 39-3, 61-73.
山本昭二 (1998),「選択的意思決定の理論」、商学論究、45-3,
Zeithaml, Valarie (1988), "Consumer Perception of Price, Quality, and Value: A Means-End Model and Synthesis of Evidence," *Journal of Marketing*, 52 (July), 2-22.

第3章
カテゴリー化概念と消費者の選択行動
―選択における選択肢の在り方―

3.1 はじめに

　本章では、消費者の選択行動を考察するために、個々の選択対象からなる選択肢の在り方に焦点を当てる。消費者の直面する選択状況・選択機会において、一体どのような選択肢が在るか、あるいはどのようにして在るかという選択肢の在り方が、その選択を決定づけるということである。

　はじめに、これまでの研究で見落とされていた「明確にならない選択肢」という現象を指摘し、消費者の選択行動研究に要求される課題を明らかにする。次に、その課題に対応する一つの有力な手がかりと考えられるカテゴリー化概念を取り上げ、既存研究を振り返りながらカテゴリー化概念について詳細に論じていく。さらに、カテゴリー化概念から示唆される選択肢の在り方を文脈効果との関係から考察し、選択状況の構成という視点で論じていく。最後に、こうした考察に基づく実験とその結果から得られたインプリケーションについて述べる。

3.1.1 明確にならない選択肢

　伝統的な消費者選択行動研究で仮定されてきたのは、消費者は各々の選択肢に適切な属性を識別し、それぞれの属性を評価し、そしてその属性値と属性重要度に関する判断の組み合わせに基づいて最も高い全体効用を持つ選択肢を選択するというものであった。これは多属性効用理論が主張するところの規範的意思決定理論 (印南1997；小橋1988) の影響を色濃く受けてきたためと考えられる。しかしながら、現実に行っている消費者の選択行動を解明するためには、こうした伝統的な研究における仮定をそのままの形で受け継ぐことができないのは当然である。そこで、実際に行う選択行動を記述的に説明しようとす

る記述的意思決定理論（Payne ,et al. 1993）の立場からは、こうした仮定に対する見直しが迫られている（Nedungadi 1990；Ratneshwar and Shocker 1991；Shocker ,et al. 1991）。

　ところが、記述的なアプローチと立場を同じにしたとしても、なお残される重要な問題が幾つか存在している。それらの問題とは、経験がほとんどない対象の出現、問題が明確にされない選択、情緒的要因が重要な役割を果たす選択状況といったものを認識すべきであるという指摘のなかに見いだされる（Phillips. 1996）。革新的製品によって新たな領域を構築したパイオニア・ブランドや革新的技術を背景に異分野から参入してくる新たな競合製品を消費者は一体どう捉えるのだろうか（Carpenter and Nakamoto 1989；Kardes ,et al. 1993；志村 1993；青木 1997）。ニーズや欲望そのものについてさえ曖昧な消費者の存在がマーケティングでは重要な問題となっている（石井1993）。選択に先立つ選好の形成には認知的要因だけではなく感情的・情緒的要因が結びついており（Zajonc and Markus 1982）、そうした感情的・情緒的要因が選択状況において決定的な役割を果たすことがある。「Fantasies, Feelings, and Fun」と表現される体験的側面の重要性が改めて認識される（Holbrook and Hirschman 1982）。こうした点までも視野に入れた消費者の選択行動を解明する必要に迫られているのである。

　これらの問題に対する解決の糸口を探ると、そこにはある共通した現象が見いだせる。それは「明確にならない選択肢」である。これまでに経験したこともない革新的製品を、消費者は自らの生活課題解決のための具体的な選択肢として明確に捉えることができるだろうか。また、自らのニーズや欲望でさえ曖昧であるという状態で、「ニーズの形を帯びたウオンツ（wants）」（Kotler and Armstrong 1996）と言い換えられる選択肢など明確になるはずもないであろう。さらに、選択状況における感情的・情緒的要因により、予め決めておいた選択肢が必ずしも選択されるとは限らないのである。選択肢とは、これまでに考えられてきたほど明確なもの、あるいは明確に固定されたものではないと考えられる。このような状況にある消費者の選択行動をどう捉え、どのように解明していくべきなのだろうか。

　伝統的研究における仮定への見直しが迫られている根底的な問題を考える必

要がある。恐らくそこで考えられるのは、選択における選択肢の扱い方ではないだろうか。伝統的研究では、「ある所与の、研究者が特定した選択肢の集合内からの選択」(Shocker ,et al. 1991) を想定しており、そこでは「選択に対する固定した選択肢集合を回答者に提示」(Nedungadi 1990) していたのである。伝統的研究において最大の関心があったのは各選択肢のもつ全体効用であり、この全体効用を知るために選択肢を所与と仮定していたのであろう。冒頭で述べたように、そこでは比較的容易に選択肢の間で適切な属性の識別が可能となり、そして識別されたそれらの属性が各選択肢にどのように影響をもたらし、どのように結び付くかという点に最大の関心が寄せられたのである。消費者情報処理理論の枠組みで言えば情報の統合プロセスであり、所与とされる各ブランドにどのように属性が統合されていくかということに焦点を当てていたことになる。

　こうした情報統合プロセスへの関心は、消費者の情報処理能力の制約から生じる様々な選択ヒューリスティクス (heuristics) を明らかにしてきた。しかしながら、そこで明らかにされてきたもののなかに、こうした仮定に基づく選択肢の効用とは直接的に無関係なものが存在する。アクセス可能性 (accessibility) の高い既知の選択肢やプロトタイプ的な (prototypical) 選択肢を導出するような、消費者の経験や記憶が導くヒューリスティクスである。このことは、消費者の選択行動研究において選択肢を所与と仮定する研究アプローチに対する重要な問題提起となるはずである。

　Alba ,et al. (1991) が指摘しているのは、消費者の選択行動研究においてこれまで見過ごされてきた記憶の役割である。そこでの指摘を要約すると以下の点が明らかになる。これまでの研究は、最終選択に至るまでに情報がどのように結び付けられるかという点に関しては非常に強みを持っていたものの、入手可能なブランドや選択肢のうちどれが考慮されるか、そしてそれは何故か、考慮される各ブランドを評価する際にどのような情報が処理されるか、過去の意思決定に関する記憶がこれらの考慮される選択肢や考慮される情報をどのように変えるかといった点に対しては、全く説明ができないというものである。

　実際の市場に目を転じてみると、革新的な製品やブランドの絶えざる投入により消費者の選択環境は劇的に変化している。そうしたなかで、求められる自

らのニーズや欲望の具体的対象となる選択肢の存在を見いだせない消費者の姿が浮かび上がる。仮に見いだせたとしても、何故それがその選択における選択肢として相応しいのかということを明確にはできないのであろう。こうした問題への答えを何処に求めるべきなのだろうか。

　考えるべき道筋としては、所与の選択肢のもつ効用ではなく、むしろその選択の効用を最大化する選択肢は何かということである。選択肢が所与とされる極端な例として、店頭の棚に置かれた品揃えという制約された選択状況を考えたとしても、そこで選択に迫られる消費者がどの選択肢も一様に考慮するとは考えられない。ある状況ではある選択肢だけを選択の対象とし、ある機会にはその選択肢を除いたすべてを考慮することもある。また、その選択を根底から覆すようなまったく別の選択肢を積極的に求めていく場合もありうるはずである。選択というものが、「よりよい解決策に達したい、最善の選択肢を明確にしたいという試み」(Simonson and Tversky 1992) である以上、選択肢は、選択それ自体の効用を最大にするものでなければならないはずである。

　このように考えていくと、その選択の効用を最大化しようとする試みとは、すなわち、その選択状況あるいはその選択機会において、よりよい解決策となる最善の選択肢を明確化しようとする行為として理解することができる。したがって、そうした行為がとられるその選択状況、その選択機会の重要性を認識する必要がある。効用を最大化せしめる選択状況・選択機会のなかにその答えを求めることが自然な形であると考えられる。

3.2　カテゴリー化概念：カテゴリー化に関する既存研究

3.2.1　意味を見いだす情報処理

　選択の効用を最大化するために、消費者はその選択にどのような意味を見いだすのであろうか。「消費者の選択行動」を考えたとき、選択におけるその意味がいかなるものかによってとられる行動の内容が大きく左右されるはずである。したがって、その意味が見いだされる、すなわち意味が創出される、意味が付与される根源を考える必要がある。ここで焦点を当てるカテゴリー化とは、まさにこの点を明らかにする一つの視角となるのである。

人間の認知システムの高次元段階にはカテゴリー化が存在していると考えられている（Rosch 1975；Rosch and Mervis 1975；武井 1988；鈴木 1996）。一般に「カテゴリー」というと、範疇あるいは分類枠として認識されていることが多い。カテゴリー化とは、そうした範疇や分類枠に様々な対象をある基準で分類・グループ分けする行為として考えられる。ゴミはゴミ箱へ、男性は男湯へ、葉書きはポストへ、という具合に「当たり前のこと」として普段何気なく行なっている行為としてのカテゴリー化のなかに実は重要なことが隠されている。常識や一般通念、あるいは既成概念などはこのカテゴリー化により生み出されたものに他ならないからである（新倉 1995）。Peter and Olson（1987）は、「カテゴリー化とは意味了解的な認知プロセスの肝要な部分である」と主張する。こうした点を積極的に考慮に入れてカテゴリー化を定義すれば、「カテゴリー化とは、既成の範疇や分類枠に対象を出し入れする行為だけでなく、消費者が自由に創造的にカテゴリーを設け、それに意味を付けて自らの世界を解釈する情報処理行為」として定義することができる。したがって、状況によっては『女性、火、危険物』（Lakoff 1987）を同一のカテゴリーとして処理することもありうるのである。より積極的な論者は、カテゴリー化を世界を解釈する人間の営為として、「思想の構築」（池田 1992）あるいは「理論の構築」（村山 1990）であると主張する。

　カテゴリー化が何故行なわれるのであろうか。恐らくこのカテゴリー化により、多くの利点を得ることができるからであろう。第一に考えられるのは、認知的努力を最小にして最大価値の情報を獲得しようとする認知的経済性である（Rosch 1975）。ある未知の対象を既有のカテゴリーと結び付けることにより、消費者は複雑な環境を単純化することができる。この認知的経済性に基づくカテゴリー化によって、消費者は複雑な環境をうまく処理しているのである。第二の利点は、認知的経済性とも関係するが、カテゴリー化により消費者はその対象について理解することが容易になるという点である（Peter and Olson 1987）。ある新製品が「機能性飲料」のカテゴリーであると記されることにより、「機能性飲料」に関する知識内容に基づいてその特徴の多くを理解できるようになるはずである。第三の利点は、消費者個人間のコミュニケーションを円滑に進めるためと考えられる。コミュニケーションを円滑に進めるための手

段として、個人相互の共通事項となるカテゴリーが創造されるのである。ここにカテゴリー化が存在する。この創造されたカテゴリーをめぐってお互いの共有認識が生まれるはずである。こうして共有認識となるカテゴリーが、連鎖的に別の個人との間で共有されるに伴い、そのカテゴリーが社会性をもち始めていくことが考えられる。

　消費者の選択行動においては、市場に提供されている数多くの異なる製品やブランドをどのようにカテゴリー化するかという点に最も関心が寄せられることであろう。カテゴリー化に関するこれまでの研究では、当初対象間の類似性という点に注目してカテゴリー化を捉えていた。

　当初のカテゴリー化研究では、カテゴリーの構造と密接に関係する二つの概念である類似性（similarity）と典型性（typicality）を研究対象としていた。これら二つの概念は、「特徴・属性・特性」と呼ばれる要素に対象を分解することにより、様々な構造モデルのなかで展開されている。以下では、Loken and Ward（1990）と Ratneshwar and Shocker（1991）の記述を基にして、まずこれら二つの概念からカテゴリー化の研究をレビューしていく。

3.2.2　類似性

　Tversky（1977）は類似性を、各対象の共通属性と弁別属性を組合わせた一次関数であると仮定した。Tverskyによるモデルの要約は以下のように示される（Ratneshwar and Shocker 1991）。

$$S(a,b) = K0 + K1\, N(A \cap B) - K2\, [N(A - B) + N(B - A)]$$

　ここで、$S(a,b)$は2つの対象a,bの知覚類似性、A,Bは2つの対象a,bにそれぞれ対応する属性の集合、$K0$はスケーリング定数、$K1, K2$は係数($\geqq 0$)、Nは共通属性と弁別属性の数である。このモデルは、2つの対象がどの程度共通属性を有するかに応じて類似し、どの程度弁別属性をもつかにより類似しなくなるということを示すものである。

　共通属性を有する度合いが大きければ両対象は知覚される類似性が高くなり、同じカテゴリーとして認識されるようになる。弁別属性の占める割合が大

きくなれば、それぞれの対象は異なるカテゴリーとして判断されるようになるのである。この類似性に関しては、これまでにかなりの研究がなされてきており、類似性を明示的に取り込んだEBA (Elimination by Aspects：様相逐次消去)モデル (Tversky 1972) など、階層的選択モデルの研究へと展開されてきている (Lilien *et al.* 1992)。

このようにして対象間の類似性からカテゴリーを考えることができるのであるが同一カテゴリーに属するには共通属性をどの程度有するのか、あるいはカテゴリーが異なると判断されるには弁別属性がどの程度の割合を占めるのか、さらにはその弁別属性の内容によっても違いがあるのではないかという疑問点が残されてくる。

3.2.3 典型性

典型性は、ある対象がその属するカテゴリーにおける他のメンバーすべてと、どの程度共有する特性をもつかに関わってくるものである。Rosch and Mervis (1975)、Mervis and Rosch (1981) の研究成果から、あるカテゴリーにおける典型性についてのモデルが示されている(Ratneshwar and Shocker 1991)。

$$T(a,x) = L0 + L1 \ \Sigma \ N(A \cap X)$$

ここで、T(a,x)はカテゴリーxにおける対象aの典型性、L0はスケーリング定数、L1は係数 (≧0)、Σはカテゴリーxにあるすべての対象である。このモデルは、「典型性とは、ある対象がそのカテゴリー内の他のメンバーと共有する特性の平均数の関数である」(Ratneshwar and Shocker 1991) ことを示している。

典型性が注目されるようになった背景には、それまでのカテゴリー化研究が、カテゴリーの獲得という点だけに注目していたためではないかと考えられる (村山 1990)。カテゴリーの獲得に関する研究では、被験者に様々な対象を

---

1 例えば以下のような方法である。学生風の人を大勢集めてきて、そのなかから本当の学生の正誤判断をしてもらう。判定者は「イエス」か「ノー」しか言わないとする。学生風の人のなかの本当の学生を正事例、それ以外の人を負事例と呼ぶ。本当の学生と判断させる情報が「定義的属性」と呼ばれるものである。この正誤判断を繰り返すうちに、被験者は定義的属性を知るようになる。これがカテゴリーの獲得と呼ばれるものである。

呈示してそれがあるカテゴリーに属するか否かの正誤判断を行い、そのカテゴリーとは何かを特定する「定義的属性」を明らかにさせるものである。

それまでのカテゴリー化研究は、言ってみれば「分類としてのカテゴリー」に研究の焦点が当てられており、あるカテゴリーとそのカテゴリーのメンバーとの帰属関係にのみ関心が向けられていた。その帰属関係を規定するカテゴリーの必要十分条件となる定義的属性により、カテゴリーが決められると考えられていたのである。しかしながら、定義的属性を明確にすることはそれほど容易なことではないのである。当初の研究では「人工カテゴリー」として、丸や三角、赤や黄のカードで実験が行なわれていたが、野菜・果物・動物などの一般的な対象物となる「自然対象カテゴリー」を用いると、そこにはかなりの無理が生じてくる。というのは、定義的属性を明確に挙げることができるカテゴリーなどは実はそれほど多くはないからである。「コウモリは鳥なのか動物なのか」さらに言えば「マーケティングは科学なのかアートなのか」という問題がしばしば取り沙汰されるのも、この定義的属性なるものを特定し難いが故なのである。

さらに別の重要な問題として、正事例はすべて等しいものなのかという問題が生じてきた。ここで典型性概念が重要になる。すなわち、カテゴリーのメンバーには典型性の違いというものがあり、これがカテゴリーの構造を反映しているというのである（村山 1990）。典型性に基づくカテゴリーについて、野中（1990）は「さっとゲシュタルト的に分かるので、同時に最大の情報を最小のエネルギーで認識する方法」であると述べている。前述した認知的経済性に適っている考え方である。そこで、この典型性がどのようにして認識されているかを考察することにより、カテゴリーの構造を解明していく方向に研究が進められたのである。

3.2.4 家族的類似性

Rosch and Mervis（1975）は、哲学者ヴィトゲンシュタインの「家族的類似性（family resemblance）」概念（Wittgenstein 1953；柄谷 1986）を用いて、ある対象の知覚典型性とその属性との関係を得点化することにより典型性を測定しようと試みたのである。家族的類似性とは、あるカテゴリー・メンバーが他

のカテゴリー・メンバーと共有する属性をどれだけもつかという程度のことである。「家族の顔は皆どことなく似ていて、他の家族と混ざっていてもなんとなく区別できる。だからといって、他の家族と区別するための定義的特徴などというものを家族全員が共有しているわけではない」（村山 1990）と理解しておけばよいだろう。ある製品カテゴリー内のあるブランドが典型的になるほど、そのブランドは、そのカテゴリー内の他のブランドが有する属性を多くもつようになる。したがって、それを得点化した家族的類似性スコアは増大するのである。

		ブランド			
		ABC	BCD	ADE	AFG
	A	3*		3	3
	B	2	2		
	C	2	2		
属性	D		2	2	
	E			1	
	F				1
	G				1
家族的類似性スコア		7	6	6	5

＊：図中の数は、各属性についてその属性をもつカテゴリー内のブランド数を合計したものである。

図1　家族的類似性スコアの計算例
（Loken and Ward（1987）より一部修正して引用）

ここで家族的類似性スコアの測定について触れておくことにする（Ward and Loken 1986；Loken and Ward 1987）。まず被験者のあるグループにそのカテゴリー内の幾つかの対象に関する属性をリストしてもらう。各対象の家族的類似性スコアは、各属性を共有する対象数に応じて属性がウエイトづけられて計算される。例えば図1のように、ある製品カテゴリーが4つのブランドから構成されていて、各ブランドが3つの属性をもつとする。属性をAからGまでと

すると、各ブランドはABC・BCD・ADE・AFGと表現できる。各属性に関するスコアを計算するために、各ブランドの属性はカテゴリー内でその属性を有するブランド数でウエイトづけられる。属性AについてはABC・ADE・AFGという3つのブランドが共有するので、それぞれに「3」のウエイトが与えられる。次に各ブランドに関するスコアを計算するために、属性のそれぞれのウエイトを各ブランドについて合計していく。ブランドABCは、属性Aについて「3」、属性Bについて「2」、属性Cについて「2」のスコアをもち、それらを合計して「7」となる。こうした手続きにより家族的類似性スコアが測定される。あるブランドがより多くの属性を有するほど、そしてそれらの属性が他のメンバーに共有されるほど、家族的類似性スコアが増大することになる。

　家族的類似性尺度は、野菜・果物・動物などの自然対象カテゴリーにおけるメンバーの知覚典型性と有意な関係がある（Rosch and Mervis 1975）。家族的類似性尺度と「各対象がそのカテゴリーの代表としてどのくらい当てはまるか」という知覚典型性との相関は、Rosch and Mervis（1975）の研究では両尺度の相関は0.80から0.90の範囲内であった。Ward and Loken（1986）はスナック菓子を使用した調査で、Rosch and Mervis（1975）と同様な結果を得ている。しかしながら、シャンプーを使用した調査では、両者の相関は低く0.03であった。製品カテゴリーにより生じるこのような違いは、消費者の選択における意味の問題を一層複雑なものにする。

　家族的類似性から捉える典型性に対する概念的な問題が指摘される。それは、典型性の判断は他のブランドとの関係にある家族的類似性ではなく、その状況・機会で期待される「目的」や「使い方」に関わる属性をそのブランドがどの程度所有しているかによるというものである（Barsalou 1985）。アプリオリにカテゴリーが設定され、その中にあるブランド間の関係から典型性が決められるのではなく、アプリオリにはカテゴリーを特定せず「目的」や「使い方」に応じて、あらゆる対象を考慮していく中で典型性を捉えるべきであるという指摘である。このことを典型性を規定していくカテゴリーという点から言えば、消費者は自らの目的や使い方に応じて、新たなカテゴリーを形成していくと言い換えることができる。Barsalouによるこのような指摘に端を発して、カテゴリーの捉え方に対する新たな展開が始まるのである。

3.2.5 グレード化されたカテゴリー（graded category）

　同一カテゴリー内のメンバーは、そのカテゴリーを代表するような典型的なものから、そうとも言い難いものまで多様なばらつきがある。典型的メンバーは通常プロトタイプ（prototype）と呼ばれる。プロトタイプは、カテゴリーの各メンバーとの相互作用のなかで抽象され形成された理想的メンバー、ある特定の強烈なインパクトをもつメンバー、記憶の忘失による副産物などと考えられている（Cohen and Basu 1987）。ある特定のメンバーがその典型となるとき、その特定メンバーはエグゼンプラー（exemplar）と呼ばれる。エグゼンプラーの検索に影響を与える要因として、遭遇頻度・近接性・顕著な目的・弁別性などが考えられている（Cohen and Basu 1987）。

　Barsalou（1985）は、あるカテゴリー・メンバーの知覚典型性は少なくとも以下の三つの要因に規定されると述べている。第一は、前述した家族的類似性である。第二の要因は、理想的属性をどの程度所有するかである。理想的属性とは、目的の達成に役立つ属性のことである。この理想的属性を有する程度により、カテゴリー内のメンバーが位置づけられていると考えるものである。理想的属性をすべて兼ね備えそれぞれの値を十分持ち合わせているものを、そのカテゴリーの理想的な典型として、それへの類似度により各メンバーがグレード化されている状態が考えられる。第三の要因は、事例としての頻度である。これはカテゴリーのメンバーが、帰属するカテゴリーの一員として認識される回数や頻度のことである。最も頻繁に認識される対象を基準に、各メンバーがグレード化されていると考えられる。非常に極端ではあるが、パソコンは「情報処理機器」というカテゴリーの一員としてはよく知られているが、「人を殴る道具」（石井 1991）としては、一部のマーケティング研究者以外ほとんど認識されていないという例からも理解できるであろう。

　こうした構造が考えられるようになったのは、「必ずしもすべてではないが、自然に生じるカテゴリーのほとんどについて、帰属関係は程度の問題である」（Alba and Hutchinson 1987）という認識からのものと考えられる。あらゆる存在物は、何らかのカテゴリーにそれぞれ異なる関わり度合いをもち帰属しているという考え方である。このようなカテゴリーは、「グレード化されたカテゴリー」と呼ぶことができる。理想的属性や頻繁に認識される対象を一つの準拠

基準として、これらに基づいてカテゴリーを捉えていこうとするものである。
　家族的類似性は何らかのカテゴリーを前もって限定して、そのカテゴリーにおける各対象のもつそれぞれの属性の類似性に注目して、その中での典型性を中心にカテゴリーを捉えたものである。理想的属性や事例としての頻度は前もってカテゴリーを特定せず、ある意味で「カテゴリー・フリー」な視点から典型性を捉え、それを基にカテゴリーの在り方を探ったものである。「カテゴリー・フリー」というこの視点は、我々のもつ対象認識が元来恣意的なものであることを別の角度から表現しているものである。この点は、次に展開されるカテゴリーの捉え方のなかに明確に現れてくることとなる。

3.2.6　目的に導かれるカテゴリー

　ここまでのカテゴリー化研究における展開では、どちらかというと静的で決定論的な構造からなるカテゴリーを対象としていた。しかしながら、カテゴリーはさらにダイナミックな側面をもつのである。
　Barsalou (1985) は、これまでのカテゴリー化研究について以下のような指摘をしている。それらを要約すると、これまでのカテゴリー化研究では、属性の類似性の程度と関連づけられる典型性や属性の構造に関する典型性に焦点を当てたカテゴリーなど、既存の自然対象カテゴリーだけを研究対象としていたが、それだけでは十分にカテゴリーの構造は理解できないとし、さらにカテゴリー化のプロセスやそれにより影響される消費者の学習や行動についても解明することができないというものである。
　この指摘が示唆しているのは、これまでのカテゴリー化研究が見落としてきた、消費者がどのようにカテゴリーを創造していくかという極めて重要な側面である。さらに言うならば、このことは、創造的にカテゴリー化を行なう消費者をどう捉えるかという問題にも関わってくるのである。すなわち、世の中に存在する既存の自然対象カテゴリーを受け身的に処理するという受動的消費者などではなく、自ら進んで独自のカテゴリーを創出し処理していくという真の意味で能動的な消費者を研究対象にしていくということになるのである。消費者情報処理パラダイムが刺激－反応パラダイムに対して、その有効性を主張してきた消費者の「能動的側面」(阿部 1984) が、ここになって漸く明らかにさ

れてくるのである。

　このようにカテゴリーを創造的側面から捉える考え方が現れてきたのは、それまでの静的で決定論的なカテゴリーに関する研究だけでは十分に説明できないことが認識されるようになったためである。それは文脈や状況の及ぼす影響である。例えば、カローラは文脈的な情報が提供されないときには典型的な車として判断されるが、そこに「六本木を走り回る車」といった文脈情報が提示されると、カローラは典型的な車とはならなくなる。むしろBMWなどがその典型となる。このように、静的で決定論的なカテゴリーだけを研究対象にしていたのでは、十分にカテゴリーの実態を把握することができなくなるのである。文脈や状況のなかにこそカテゴリーが埋め込まれているからである。

　消費者の選択行動を考えてみたときに、この文脈や状況の影響が入り込んでいないことなどほとんどないのではないだろうか。Ratneshwar and Shocker (1988) は文脈主義者としての視点から、これまでの自然対象カテゴリーに関する研究は、静的で決定論的なカテゴリー構造を概念化しているに過ぎないと批判している。そして、さらに以下の二点を指摘している。第一に、ある対象の意味は、個人がある事象におけるその対象の役割を経験することによって獲得するということを認識していない。第二に、文脈や状況の一つの機能として対象を記憶するという本来的な順応性を示していない。こうした指摘は、文脈や状況という要因を考慮したカテゴリーの解明に向けた研究の必要性を迫るものである。

　Barsalou (1985) が主張しているのは、「目的に導かれるカテゴリー」あるいは「アドホック・カテゴリー」というカテゴリーの存在を認識することの必要性である。消費者は貯蔵されている既存のカテゴリーを有しているだけではなく、期待される目的あるいはその文脈や状況に基づいて新たな情報としてのカテゴリーを形成するのである。

　「目的に導かれるカテゴリー」「アドホック・カテゴリー」とは、「ダイエット中に食べるもの」「彼女に贈るプレゼント」「週末家族で出かけるところ」というように、積極的・能動的な目的に沿った活動・行為を反映して創り出されるものであり、その活動・行為に沿ってカテゴリーのメンバーを決めていくというものである。ダイエットであれば「痩せたい」という願望があり、彼女へ

のプレゼントには「デートに誘いたい」という意図があり、週末の外出には「一家幸せでありたい」という願いが込められているはずである。こうした願望や意図には何らかの「目的」があり、これに応じた活動・行為により、その機会・その文脈・その状況においてカテゴリーが創り出されてくるのである。選択というのも一つの重要な活動・行為、つまり選択行動であり、こうした選択行動に応じてカテゴリーはその都度創り出されていることを認識すべきなのである。先に挙げた極端な例でも、「人を殴る」という目的とその行為が、パソコンをも人を殴る道具のカテゴリーにおける選択肢として認識させるのである。

　Coupey and Nakamoto (1988) は、「目的に導かれるカテゴリー」「アドホック・カテゴリー」について、「ある目的を達成するためにアドホックに創造されるもので、それを構成するメンバー間には物理的な類似性などほとんどなく、記憶のなかにおける相互関連性も薄く、相互に代替的というよりも補足して完全・完璧となるものである」と述べている。したがって、このようなカテゴリーから明らかになるのは、製品やブランドに対する消費者の意味というものが、製品やブランドそれ自体がアプリオリにもつと考えられる性質からは遊離し、消費者の目的や文脈・状況に委ねられるということなのである。ここになって漸く、意味が創出される根源としてのカテゴリー本来の姿が現れてくるのである。先に文脈や状況のなかにカテゴリーの実態が埋め込まれていると述べたのは、まさにこのことなのである。消費者は製品やブランドを自らの恣意的で勝手な都合で意味づけてしまうのである。この時、その都合として考えられるのが目的や文脈・状況なのである。あるいは使い方や用途とて同義語である。重要なのは、製品やブランドにアプリオリに備わる性質や特性とは懸け離れたところで、勝手な意味づけがなされているということであり、こうした意味づけにより選択肢が取り揃えられていくということなのである。このような視点から考えると、製品やブランドを消費者自らの目的や目標を満たすための手段と仮定するアプローチの有効性が再認識されてくる (Gutman 1982 ; Ratneshwar and Shocker 1991 ; Srivastava *et al.* 1984)。

　以上、消費者の選択行動を考察するための一つの手がかりとなるカテゴリー化概念について、その概念定義をめぐる様々なカテゴリーの捉え方に関する既

存研究を踏まえながら論じてきた。次節では、このカテゴリー化概念と選択行動における実際の選択対象となる選択肢の在り方との関係を、近年様々な形で注目されている文脈効果の問題と関連づけながら考察していくことにする。

3.3 選択における文脈効果とカテゴリー化

　ここまで論じてきたように、「カテゴリー」をどう捉えるかという概念定義の議論が進展する一方で、カテゴリー化概念を様々な要因との関連のなかで展開する研究が報告されている。そこでは主に三つの方向への展開が期待されている (Sujan and Tybout 1988)。第一は、知識・年齢・関与等の個人差要因との関連づけであり、カテゴリーがいかに形成されるかに焦点を当てた研究である (John 1988 ; Alba and Hutchinson 1987 ; Hutchinson and Alba 1988)。第二は、カテゴリー化のプロセスに関心を寄せるものであり、課題要因やムード・状況といった状況要因との関係を探る展開である (Murray *et al.* 1988 ; Thompson 1989 ; Huffman *et al.* 1990)。第三は、カテゴリー化の及ぼす影響である。消費者のもつカテゴリーが、どのようにブランド評価・ポジショニング・想起率・選択集合などに影響を与えるかという方向である (Boush 1993 ; Loken and John 1993 ; Farquhar *et al.* 1990)。

　ここでは、第二・第三の方向への展開と関連する文脈効果とカテゴリー化との関係を取り上げながら、カテゴリー化概念から示唆される「選択肢の在り方」を検討していく。これまで明らかにしてきた消費者の認知的な基礎作業とも言えるカテゴリー化概念が、消費者の選択行動を考察するための手がかりとして提供してくれるのは、消費者が選択状況をどう構成していくかという視点である。先ずは、カテゴリー化概念のもつそのダイナミックな側面から選択状況の構成プロセスを考察していくことにする。

3.3.1 考慮集合の形成プロセスとカテゴリー化

　消費者の選択状況を考えた場合、その状況には必ず企業側の展開する競争が反映していることに間違いはない。しかしながら、そうした状況に置かれたなかでも消費者は自らの恣意的な目的でその状況を構成し、新たな局面へと展開

していくのである。思いも寄らないモノを選択肢としたり、ある製品が意外な使われ方をするという可能性を消費者が示すということは、まさにこのことなのである。こうした点を念頭に置きながら、消費者の選択行動に注目したときに考えられるのが、選択における選択肢の在り方における多様性ということである。消費者が直面するその選択が多様な選択肢の在り方に対して開かれているという状態である。一体何処に多様性があるのだろうか。

消費者の選択プロセスの中で「考慮集合（consideration set）」の果たす役割の重要性が認識されてきている（Nedungadi 1990；Shocker et al. 1991；佐々木 1996；1997）。消費者の選択行動をその根底にある認知レベルから考察するには、この考慮集合が形成されるプロセスに焦点を当てる必要がある。このプロセスにこそ重要なポイントが隠されているからである。

消費者は選択状況においてどのように選択肢を捉えているのであろうか。考慮集合という概念がこの問いへの鍵となる。考慮集合とは、「目的により構成される集合であり、ある特定の状況で顕著になったりアクセス可能になるそうした目的を満たす選択肢からなる」（Shocker ,et al. 1991）、「ある特定の選択機会に思い浮かぶブランドの集合」（Nedungadi 1990）と定義されている。

消費者は選択状況ごとに考慮集合を形成するものと仮定すると、このことは、その時点での市場競争を反映する外的な要因と、個人的な経験や記憶あるいは好みという内的な要因との両者を相互作用的に勘案する一つのプロセスとして捉えることができる。こうしたプロセスの結果できあがる考慮集合とは、認知レベルにおいて選択状況をその都度構成しながら形成される選択肢の集合として理解できる。消費者は選択機会を迎える度に、市場競争による外的制約と個人のもつ内的限界との両者から、その選択目的を実現化させるべく選択肢の構成をはかっていくのである。

カテゴリー化概念は、こうした考慮集合の形成プロセスを考察するための示唆を与えてくれる。考慮集合を一つの選択カテゴリーと捉えると、考慮集合の形成プロセスとは、選択カテゴリーが選択対象となる実際の選択肢によりどう構成されていくかということになる。これまでのカテゴリー化概念の定義をめぐる研究成果から以下の三点が示唆される。

第一に、選択状況を構成する一つの制約として外的要因が大きな影響を与え

るときには、「分類としてのカテゴリー」概念がその示唆を与えてくれる。例えば、店頭の品揃えのように選択肢が競争を反映する外的制約だけで与えられてしまう状況を想定すると、そこではその与えられた選択肢のみが考慮されるに留まらざるを得ない。したがって、この与えられた選択肢の中だけで見いだしうる識別可能な属性を設けて、この属性が各選択肢を識別する唯一の分類基準としてはたらくようになる。そして、これらの分類基準による類似性などに基づいて、考慮すべき選択肢がさらに詳細に構成されていくと考えられる。

　次に、消費者側の内的要因に着目したときには、「グレード化されたカテゴリー」概念と「目的に導かれるカテゴリー」概念から得られるところがある。前者からは、個人的経験から象徴度合いや遭遇頻度の高さなどにより、典型的となる一つの「ホーリスティックな対象」であるプロトタイプや、個別具体的な対象であるエグゼンプラーを中核的な選択肢として形成される考慮集合の可能性が示唆される。後者からは、選択目的を達成するために、カテゴリー・フリーにあらゆる対象を選択肢として取り込みうる可能性をもつ考慮集合が考えられる。選択肢の在り方における多様性の一つが見いだされるのはここである。目的を達成するために、如何なる対象にも選択肢としての可能性を見いだしていく。こうしたなかで選択肢の多様な在り方が開かれていくのである。

　やはり実際の選択状況を考えてみると、外的要因と内的要因の影響それぞれを別個に捉えるのではなく、両者の密接な相互作用により選択状況が構成されているという点を認識する必要がある。そうしたとき、「アドホック・カテゴリー」概念[2]の意味するものは大きい。これが第三の点である。ここでは、消費者の外的要因が強いる制約された選択肢と消費者個人の内的な目的や期待を反映するカテゴリー・フリーな選択肢の両者から、アドホックに考慮集合が形成されるということが示唆される。実際に行われる消費者の選択行動においては、このような選択肢のアドホック性を認識すべきなのである。

2　「アドホック・カテゴリー」は「目的に導かれるカテゴリー」の特殊ケースとして捉える研究者もいる。(Bettman and Sujan 1987) しかしながら、「目的に導かれるカテゴリー」では、目的とカテゴリーを適切に結びつけるものを属性と考えたとき、それが消費者の内的な記憶だけに規定されるという誤解を免れない。ここでは、そうした属性を探すために外的な状況もその手がかりを積極的に与えるということを考慮に入れて、「アドホック・カテゴリー」とした。

3.3.2 選択における文脈効果

　消費者の選択行動研究において近年極めて高い関心が寄せられているのは、選択における文脈効果の問題である（Payne et al. 1993）。これは、消費者の選択行動は多くの状況要因に依存すると仮定する、いわゆる「コンティンジェンシー・アプローチ」（Bettman 1986 ; Payne 1982）と呼ばれる領域に位置するものである。これまでの消費者の選択行動研究では、その状況要因を比較的軽視してきた。しかしながら、阿部（1984）が指摘しているように、「消費者の選択行動の解明には状況差・個人差を等閑にした集計データによる分析はほとんど有効ではない」のである。このような点を踏まえた「コンティンジェンシー・アプローチ」が注目されているのである。

　Bettman（1986）は、この研究領域で特に有効な三つのアプローチとして、課題効果（task effect）、意思決定における努力と正確さのトレードオフ（accuracy/effort trade-off）、文脈効果（context effect）を提唱している。課題効果とは、選択課題を構成する選択肢の数や属性次元の数あるいは反応モードが選択に及ぼす影響のことである（Payne 1982）。意思決定における努力と正確さのトレードオフとは、選択時に要求される様々な方略にかかるコスト（主にその方略を使用する際に必要とされる努力）とその方略がもたらす便益（その方略を使用すれば最善の代替案が得られるのか）から、特定の状況における消費者の選択を捉えるアプローチである（Bettman 1988）。どの程度その意思決定について考えるかという「思考コスト」（Shugan 1980 ; 池尾 1991）の概念もこのアプローチに含まれるものと考えられる。文脈効果とは、言語ラベル・情報提示形式・社会的要因・その他の状況などが選択に与える影響のことである（Johnson and Puto 1987 ; Puto 1987）。

　ここでは特に、消費者の選択行動における文脈効果に焦点を当て考察していく。というのは、文脈効果を生じさせる文脈要因というものが、マーケティング戦略上の統制可能変数あるいは利用可能な外的環境変数となり得るからである（Johnson and Puto 1987）。また、こうした文脈要因を消費者はどのように捉えていくかというプロセスから得られるインプリケーションは、マーケティング戦略上極めて有効なものであると考えられるためである。さらにここでは、文脈効果のなかでも特に注目されている「魅力効果（attraction effect）」と

「妥協効果（compromise effect）」に焦点を当てることにする。これらは共に、選択肢の在り方を考察する上での一つの切り口となる「選択集合内の選択肢間の関係」の重要性を示唆するものだからである。

ここで文脈効果がどのように捉えられているかを検討していくことにする。Payne et al. (1993) は文脈効果を「選択肢の類似性とその全体的な魅力を含む、考慮中の特定の意思決定集合内にある諸対象の特定の値に関連する要因のことである。一般的に、文脈要因の値は課題要因の値よりも個人の知覚に依存する」と定義している。極簡潔に言い換えるならば、「選択集合内における選択肢間の関係あるいは選択肢の配置が選択に与える影響」のことである。これに対して課題効果は、「意思決定問題に関する一般的な構造特性に関連する要因」と定義しており（Payne et al. 1993）、反応モード・選択肢数・属性数・時間圧力・情報提示様式・アジェンダ制約などがその対象であると述べている。しかしながら、研究者によっては両者を混同して使用している場合が多く、両効果は相互に互換的な意味合いを持ち合わせるようである。

選択における文脈効果の研究におけるポイントを要約すると、文脈効果それ自体の存在の有無、文脈効果の説明、文脈効果の意義という三点に絞ることができる。

第一のポイントは、「魅力効果」（Huber et al. 1982；Huber and Puto 1983；Ratneshwar et al. 1987）と「妥協効果」（Simonson 1989；Simonson and Tversky 1992；Wernerfelt 1995）に代表される文脈効果それ自体が、実際に存在するか否かという点である。魅力効果とは、非対称に優越される選択肢（この選択肢は選択される見込みがないという意味でオトリ（decoy）と呼ばれる）が、それよりも優越する選択肢に与える影響のことである（Huber et al. 1982）。非対称に優越されるとは、選択集合内のある選択肢には優越されるが、他の選択肢には優越され

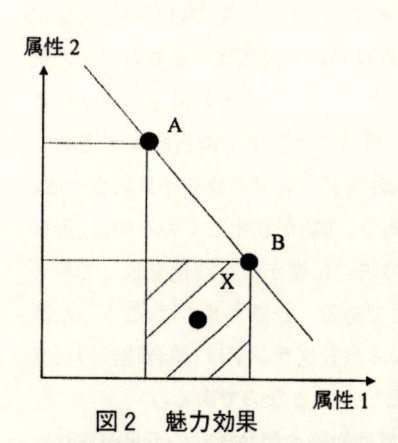

図2　魅力効果

ないということである。このような選択肢を選択集合に追加することにより、それよりも優越する選択肢の魅力が増大し、その結果シェアが増大するというのである。

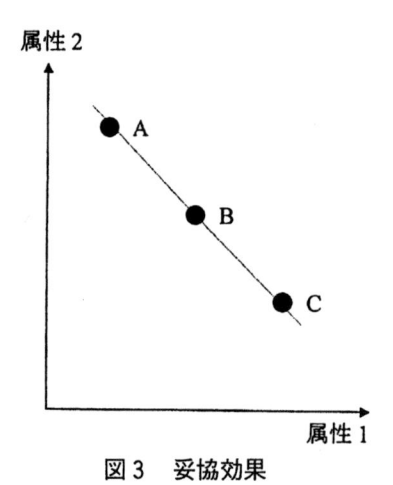

　図2はこの選択肢間の構造を示している。図の斜線部に位置する非対称に優越される選択肢Xの存在により、選択肢Bの魅力が高まりそのシェアが増大するのである。一方の妥協効果とは、図3が示すように、選択集合内のある選択肢が中間に位置するときそのシェアが増大するというものである。この中間に位置する選択肢は特に優れているわけではないが、両サイドの選択肢の持つ特徴を程よく合わせもつため妥協的・折衷的ではあるが、無難で安全な意味あいを持つ選択肢になるのである。

図3　妥協効果

　ここでは、消費者の認知する市場空間を2つの属性で要約的に表現し、この空間のなかに選択肢となる市場で提供されるブランドを位置づけている。図に示される文脈効果が意味しているのは、選択における選択肢の在り方がその選択を決定づけるということである。このことは、マーケターに以下のようなインプリケーションを与える。図2からは、自社ブランドを選択肢Xとさせてしまうような、選択肢Bの位置に参入する新規ブランドの脅威が見いだせる。この斜線部一帯が危険ゾーンとなるのである。図3が意味しているのは、選択肢Bに位置するブランドのシェアは、その周辺に僅かな差別化を狙って参入した他のブランドが支えているということである。認識すべきは、こうした消費者の認知空間において一つの選択肢となる自社ブランドは、競合他社のブランドが構成する文脈に埋め込まれているということなのである。

　これらの文脈効果は、実験課題における属性知識や製品経験の不足が作り出す単なる人工物（artifact）に過ぎないとして、その存在を否定する立場もある

が（Ratneshwar *et al.* 1987；Stewart 1989)、そうした知識や経験が豊富にあるときでさえその存在が確認されている（Simonson and Tversky 1992)。

　第二の点は、文脈効果の背後にある潜在的プロセスを解明して、どのように文脈効果を説明するかというものである。この点は、Bettman（1986）による「様々な効果を単に記述するよりも、それらの効果の根底にあるプロセスを理解することが現在の消費者研究の中心である」という指摘と、中西（1984）の「確率的選択行動モデル…は、いずれも個人がどの対象を選ぶかということより、対象を選択する確率がどんなメカニズムによって決まるかに焦点を当てている」という指摘を待つまでもなく、消費者の選択行動研究における中心的な課題である。

　これまでに文脈効果を説明するための様々な研究が報告されている（Burton and Zinkhan 1987；Ratneshwar *et al.* 1987；Kardes *et al.* 1989；Stewart 1989；Simonson 1989；Simonson and Tversky 1992；Heath and Chatterjee 1993；Mishra *et al.* 1993；新倉 1993；Pan and Lehmann 1993；Lehmann and Pan 1994；Chatterjee and Heath 1995；Wernerfelt 1995；Zhou *et al.* 1996)。これらの研究が明らかにしてきたのは、文脈効果を説明する以下の要因である。製品属性の曖昧性、属性重要度の変化、製品知識、ブランド知覚の変化、主観的ブランド評価の変化、知覚フレーミング、選択ルール（方略）の使用、説明義務・正当化に対する要求、考慮集合のメンバーシップ、個人差要因などがその説明要因として挙げられている。

　これらのなかでも有力な説明は以下のものである。第一に、属性間の対比較という制約あるいは属性間の完全な総当たりとなる制約という点から、属性ごとの対比較によって説明するものである。第二の説明は、自己・他者への正当化理由に基づくものである。消費者は選択において、自らそして他者への正当化理由を与えてくれる優越した選択肢を探索するという説明である。ここでの消費者は、ある選択肢が優越するような構造となるように所与の情報を再構成したり、正当化しやすい尤もな理由を得ようとするというのである（Zhou *et al.* 1996)。第三の説明は準拠点効果によるものである。オトリ（decoy）や中間にある選択肢を一つの準拠基準として考えると、損失回避型の意思決定フレームが構成されるというのである。

3.3.3 文脈効果の意義

　第三のポイントは文脈効果のもつ意義である。その意義の一つは、消費者の選択行動研究のなかでも特に選択モデルの構築において大きな意味を持つものである。それは、これまでの消費者の選択行動モデルにおいて仮定されてきた「正則性仮説」（Luce 1959）と「類似性仮説」（Tversky 1972）が、文脈効果の存在により共に棄却されてしまうという点にある。

　正則性仮説とは、「選択集合に新たに追加された選択肢は、もともとある他の選択肢には影響を与えずその選択確率を増加させることはない」というものである。具体的に表現すると、「ある対象xが集合Xから選択される確率は、xがXを含むより大きな集合X'から選択される確率より小さくなることはないという性質である。より端的には、AとBからAが選ばれる確率が、AとBとCからAが選ばれる確率より小さくはならない」（片平 1987）ということになる。類似性仮説とは、「選択集合内に追加された新たな選択肢は、それと類似する選択肢のシェアを奪う」というものである。

　類似性仮説により正則性仮説が棄却されるのは明らかであるが、ここで取り上げる文脈効果のうちの魅力効果は、この両仮説を同時に棄却するものなのである。図2で述べるなら、非対称に優越される選択肢Xは選択肢Bに対してのみ優越される。また、もう一方の選択肢Aに比べると選択肢Xは優越する選択肢Bと類似するが、選択肢Xは優越する選択肢Bのシェアを奪うのではなく逆に増大させることになる。「こうした発見は、現在の選択モデルに新たなる重大な制約を与えることになる」（Bettman 1986）と指摘される。

　第二の意義は、選択状況にある消費者の認知構造におけるダイナミックな変化を直接的に扱うことができる点にあると考えられる。新規ブランドや新製品の参入は消費者の認知構造にどのようなインパクトを与え、既存のブランドや製品にどのような影響をもたらすのだろうか。実際のマーケターの立場を考えてみると、自社の得意とするある製品市場に新規ブランドが参入してきたら、既存の自社ブランドはどのような影響を受けるのだろうかという潜在的な参入に対する脅威が常に存在しているはずである。あるいは逆の立場では、リーダー企業のシェアを奪うために、新たなブランドをその市場のどこに位置づけるべきかに関心を持つであろう。自社の有利な方向に市場を展開させようと必

死になっているはずである。文脈効果は、こうしたマーケティング戦略に対する極めて大きなインプリケーションをもつと考えられる。

　消費者の認知構造におけるダイナミックな変化を考察することができる一つの例として挙げられるのは、文脈効果を説明する要因の一つである正当化理由の探索である (Simonson 1989)。これは、その選択における自己・他者への正当化理由を選択肢の優越構造に求めるというものである。この優越構造を求めるために、消費者はその認知構造を積極的に変えていくというのである。図2において魅力効果が現れるのは、3つの選択肢間の相対的な属性比較により選択肢 B を選択することが、その選択を理由づけるのに最も妥当なものだからである。図3では、3つの選択肢のなかで両端の選択肢よりも、それぞれの属性において過不足の無い選択肢 B を選ぶことが、妥協的・折衷的ではあるが正当化しやすくなるからである。

　これらの図からも明らかなように、文脈効果に関する選択課題では、その選択状況を極端に要約した極僅かな属性空間（通常2属性）に選択肢を配置している。このような限られた空間のなかで、消費者は各選択肢のもつ属性値間の相対的比較により規定されてくる選択肢の優越構造を探索するのである。重要なのは、このように非常に制約された選択状況にあっても、消費者はその選択に対する正当化理由というような意味を、課題における文脈の中から積極的に見いだそうとすることである。消費者は、優越構造や妥協的・折衷的構造といったものを各選択肢から構成していくなかで、その選択における文脈に埋め込まれているそうした意味を見いだすのである。このことを逆に見れば、その選択における意味を見いだすために、選択肢間の関係やその位置づけ、さらには各選択肢のもつ役割といったものを文脈の中で再構成し直していると考えることができる。

　こう考えると、その選択に新たな選択肢が加わるということで、その選択に対する認知構造が変わり、消費者の意味づけが変化する可能性も理解できる。新たな「選択肢の在り方」によっては、消費者のその選択における認知構造が大きく変わり、既存の選択肢間の関係やそれぞれの選択肢のもつ役割がかなり異なったものになるはずである。このような形で消費者の認知構造におけるダイナミックな変化を捉えることが可能になるのである。

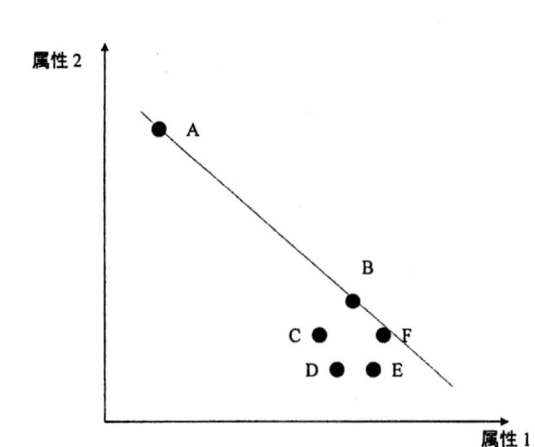

3.3.4 文脈効果とカテゴリー化

このような意義をもつ文脈効果について、さらにカテゴリー化概念から考察していくことにする。ここで主張したいのは、消費者の行うカテゴリー化により選択肢の在り方が大きく変わっていくという点である。

この点を論じる際に重要な問題となるのが、選択肢となる選択対象間の類似性と選択確率の関連である。この問題に関して中西 (1984) は、「Tversky and Sattath (1979) は、対象間の類似性が強くなるにつれて、(1) 類似した対象以外の対象を選択する確率が増大する、(2) 類似した対象のうちどれか一つを選択する確率が1に近づく、と予想した。非常に類似した対象は、たとえそれが複数あっても、選択する個人の眼には単一と見えるであろうし、また類似した対象間での選択は結局些細な差に着目して行われると考えられるから、このTversky & Sattath の予想は説得力がある」(p.284) と主張している。

カテゴリー化という視点から考察する際に注目すべきは、「選択する個人の眼には単一と見える」という点である。図4は、このような状況を文脈効果の問題に当てはめたものである。図のように、2つの属性空間にAからFまでの選択肢を位置づけてみると、上記の主張 (1) は、選択肢BからFの類似性が互いに高くそれらが「一つのまとまり」と見え、それらとは大胆に異なる選択肢Aの魅力が増大してその選択確率が高くなるものと解釈できる。主張 (2) は、選択肢Aを除いた選択肢のBからFが「一つのまとまり」を形成し、これらのなかで最も優れる選択肢Bを選択すると解釈できる。この「一つのまとまり」からの選択は、選択肢Aを含んだときの選択よりも互いの間の極些細な差に敏感になるに違いない。

選択対象間の類似性と選択確率の関連問題を文脈効果のなかに位置づ

図4 文脈効果とカテゴリー化

け、カテゴリー化という視点から捉えたとき、単に対象間の類似性という概念だけでは解決できそうにない「選択肢の在り方」が見えてくる。それは、選択集合内の幾つかの選択肢が「一つのまとまり」としてカテゴリー化されることにより見いだされるものである。上記の主張 (1) のような結果を導くプロセスのなかで「一つのまとまり」と見える選択肢BからFの塊とは大きく異なる選択肢Aに魅力を感じるとき、そして主張 (2) のような結果となる状況で「一つのまとまり」を創る類似度の高い選択肢BからFの塊のなかで極些細な差を求めるプロセスでクローズアップされてくるものである。

　選択肢BからFの塊とは明らかに異なる選択肢Aに魅力を感じるとき、そして類似度の高い選択肢BからFの塊のなかで極些細な差を求めるときに消費者がクローズアップするのは、対象間の類似性というよりも、むしろ個々の対象それ自体の識別を強調する異質性という点なのではないだろうか。すなわち、選択肢の異質性という概念である。主張 (1) では、選択肢BからFがカテゴリー化されることによって、選択肢Aの異質性が際立ち属性2におけるその優位性を認識させるため、それが魅力につながるのである。主張 (2) では、カテゴリー化がカットオフの基準となり「一つのまとまり」を形成するからこそ、その「一つのまとまり」にある個々の選択肢の異質性を認識し始めるのである。そこで、各選択肢のもつ属性値の微妙な差を計算することによって、そこに選択肢Bのもつ魅力を見いだすのである。

　以上の点からすると、カテゴリー化には対象間の異質性を際立たせる、あるいは異質なものを見いだそうとするはたらきがあると考えられる。そして、ここにおいて明らかになる異質性は、単に類似性の逆であるという単純な認識だけでは済まされそうにない重要な概念になると考えられる。

3.4　選択における選択肢の異質性: 異質性概念考察の手がかりとそのインプリケーション

　これまで述べてきた考慮集合と文脈効果に関係するカテゴリー化概念と、そ

の考察から得られた異質性概念により、はじめに問題提起した選択肢の在り方における多様性に関する二つの点が明らかになる。第一の点は、目的に導かれるカテゴリー概念が示唆するように、異なる領域から意外な選択肢を取り込むということである。ここでは、選択肢の在り方における多様性が外に対して開かれている状態が理解できる。第二は、カテゴリー化により制約した考慮集合内でなお異質性を見いだすという点である。考慮集合の内側に在り方の多様性が開かれるのである。

3.4.1 類似性概念との関係

　異質性は単に類似性の逆というのではない。これまでの研究では、選択肢となる対象間の類似性を議論する際には、その対象間で共通する共通属性と個々の対象が独自に有する弁別属性を仮定した上で、それぞれの対象がどの程度その共通属性を有するかに応じて類似し、そしてどの程度弁別属性をもつかで類似しなくなるとされてきた（Tversky 1977）。ここで選択や選好判断という課題要因となる条件を考えると、すべての選択肢に共通する属性はその課題に対する診断的な情報を提供するものではないため、共通属性ではなく弁別属性に焦点を置くことが重要になる（Dhar and Sherman 1996）。つまり、異質性に焦点を当てた議論が要求されるのである。

　しかしながら、近年の報告では、ある属性についての類似性が他の属性についての差異を際立たせるということが明らかにされてきている（Meller and Biagini 1994；Chernev 1997）。この点は、図4で示した文脈効果とカテゴリー化の関係のなかでも容易に見いだすことができる。対象間での共通属性が活性化される類似性と、個々の対象が浮かび上がる弁別属性が活性化される異質性には「図と地」のような相互依存的な関係が考えられる。こうした類似性概念との複雑な関係を考慮しておく必要がある。

3.4.2 スキーマとの不適合（schema incongruity）

　選択課題を達成するために、「通常」考えられるある特定の製品カテゴリーがスキーマとして活性化されるとするなら、異質な選択肢はこのスキーマとはかなり懸け離れたものになるはずである。こうした視点から、スキーマとの不

適合に関する研究（Peracchio and Tybout 1988；Meyers-Levy and Tybout 1989；Peracchio and Meyers-Levy 1994；Peracchio and Tybout 1996）からも、選択肢のもつ異質性の問題を考察することができると考えられる。

　消費者の選択課題に対応するスキーマとの不適合との延長線を考えると、さらに対象の曖昧性（ambiguity）（Hoch and Ha 1986；Ha and Hoch 1989）という問題とも関係してくるであろう。選択状況において考慮集合がどう形成されるかという際には、対象を同定する方略が、共通属性に基づいて行われるものなのか異質性を強調する弁別属性に焦点を当てるものなのかということにも左右されるため、この対象の曖昧性の問題も大きく関わってくると考えられる。

3.4.3　異質な選択肢の比較可能性

　目的に導かれるカテゴリー概念から示唆されるのは、「パソコンかハワイ旅行か」「ディズニーランドか百貨店か」といったような「製品カテゴリー」を超えた選択における考慮集合の形成である。選択において異質な選択肢が考慮集合に含まれる可能性を考えたとき、この考慮集合を規定するあるいはこうした選択肢間を比較考慮するための比較可能次元がどう創造されてくるかは極めて興味深い問題である（Johnson 1984；1986；1988；1989；Bettman and Sujan 1987；Corfman 1991；Ratneshwar *et al.* 1996）。

　比較可能次元としての属性を仮定するにしても、その属性の意味する内容を

表1　比較可能性の水準（Corfman 1991）

比較可能性水準	比較される製品	比較基準
特性	Amana 電子レンジと Panasonic 電子レンジ	ブランド名、保証、サイズ、その他
ミクロ機能	電子レンジとオーブントースター	調理能力
マクロ機能	電子レンジとフードプロセッサー	フード準備能力
基本的価値	電子レンジと電話	便利さ
全体的効用	電子レンジと休暇	効用

再検討すべきである。表1は、Corfman（1991）による比較可能性水準・比較製品・比較基準の変遷を示したものである。

　このような選択肢の異質性に関する問題は、文脈効果のもつ第二の意義として指摘した点と密接に関わってくる。市場の動態性と消費者の認知構造における変化との関係を捉えることができるからである。異質な選択肢を新規参入ブランドと見立ててみると、その新規ブランドが市場参入することにより消費者の認知構造が変化し、選択に際しての比較基準が変わる可能性が考えられる。あるいは、その新規参入ブランドに触発された競合企業が連鎖的に対抗ブランドを投入することにより、新たな比較可能次元をめぐって市場がにわかに活性化してその製品カテゴリー全体の魅力が増すことも考えられる。そこでは、こうした事態が生じる以前の市場空間を反映した消費者の認知構造とは、明らかにその構造は異なってくることであろう。新規参入ブランドのもたらすインパクトやその連鎖による競争枠組みの変化と、消費者の認知構造における変化との関係に関する考察からは非常に大きなインプリケーションが期待できる。

　さらに、異質性概念を考察するための選択肢間の比較可能次元という視点は、以下のような市場の境界線問題を示唆している。従来から経済学者がよく「業界（industry）」という名で使用してきた「製品カテゴリー」（Howard 1989）を超えた選択肢を消費者が考慮する際に創り出される比較可能次元は、マーケターの立場から見れば、市場の再編やそのフロンティアを求めて拡張される「市場の定義」（Day et al. 1979）に関わる重要な市場の境界線を意味するものとなるに違いない。自社のブランドや製品は何を目的に使用されるのか、潜在的な競争相手は何処にいるのか。あるいは、既存の市場内で同質的と見なされてしまう新規ブランドで参入するのか、それとも既存の市場とは明確に一線を画する新市場創造を狙った画期的製品を投入するべきなのか。ここには、市場の境界線についての認識とその拡張性に関する考察を迫る戦略的なインプリケーションが存在しているのである。

3.5　異質な選択肢のもつインパクトを探る実験

　前節の冒頭で論じたように、選択肢の在り方における多様性の拡がりは、考

慮集合の外部に開かれている場合と、考慮集合の内部に開かれている場合があることが明らかにされた。本節では、前者の外部へ開かれた状態を想定した実験について述べることにする。[3]

これまで考察してきた選択肢の異質性という視点から、市場の動態性と消費者の選択行動との相互作用的な関係を調査するために行った実験の狙いは、消費者のもつ選択目的が通常マーケターにより想定される「製品カテゴリー」を超えた選択肢を可能にするという点を踏まえ、「新製品・新ブランド」の投入という形でよく行われる企業側からのアクションが、消費者のもつ既存の認知構造にどのようなインパクトを及ぼすかという点にある。

消費者の外部にある企業のアクションを反映する文脈の要因が、消費者の選択行動にどのような影響をもたらすのだろうか。この点を探るために行った実験では、製品の品揃えに反映される文脈効果を想定し、そこに「製品カテゴリー」を超えた異質な選択肢が加わることの影響を調べた。この異質な選択肢の追加を、市場で新たな展開を期待する新製品の導入あるいは競合ブランドの新規参入と見立てて、そのインパクトを探索しようというわけである。

3.5.1 プリテスト

実験は、以下に示すようにプリテストと本調査から構成される。
被験者は、神戸大学経営学部の学生13名である。このプリテストの目的は、実験で使用する刺激製品を選定するためであり、使用する予定であるミニコンポ・海外旅行に関する大学生の知識構造を事前に探索するために行ったものである。そのため被験者には、これらの製品に関する保有・経験の有無、ブランド・地域ごとの好き嫌いとそのイメージ、内的参照価格について回答を求めた。第一に、CDラジカセ・携帯型カセットプレーヤー（ウオークマンなど）・携帯型MDプレーヤー・ミニコンポ・ビデオデッキ・コンパクトカメラ・ノートパソコン・マウンテンバイク・スニーカー・スーツ（男性用あるいは女性

---

[3] 本実験は、消費者の選択行動を捉えるための包括的枠組みを構築するために行ったものであり、共同研究として和歌山大学の佐々木壯太郎氏と共同で進めているものの一部である。実験結果についての掲載を快く許諾していただいた佐々木氏に心より感謝する次第である。但し、当記述に関する責任はすべて筆者に帰するものである。

用）・国内旅行（北海道・東京ディズニーランド・沖縄）・海外旅行（グアム・ハワイ・オーストラリア・アメリカ西海岸）の17製品について保有・経験の有無を確認した。第二に、「ミニコンポまたはCDラジカセ」の所有についての有無を確認したあと、それらについての想起ブランド名またはメーカー名（自由回答）、選択ブランド名またはメーカー名（上位3ブランド）、拒否ブランド名またはメーカー名（自由回答）を列挙してもらい、「ミニコンポまたはCDラジカセ」に対するイメージとその内的参照価格について回答を求めた。同様に「海外旅行」について、その経験の有無（回数・目的地）を確認したのち、想起目的地（自由回答）、旅行してみたい目的地（上位3目的地）、拒否目的地（自由回答）を記述してもらい、「海外旅行」（グアム・ハワイ・ロサンゼルス）に対するイメージとその内的参照価格について回答を求めた。

　プリテストの結果から得られた知見としては、ミニコンポで好まれるブランドは、ソニー・ケンウッド・パナソニック・パイオニア・ビクターであり、嫌われるブランド（一度でも名前の挙がったブランド）は、アイワ・サンヨー・ゴールドスター・フナイ・パナソニックであった。内的参照価格は、ミニコンポで4万円程度と6万円程度、グアムで5万円程度、ハワイで5万円程度と8万円程度という価格帯に集中した。製品イメージについては、ミニコンポがパーソナルで音楽は生活の一部であるという、グアム・ハワイ旅行がカジュアルな旅行先であるというイメージが持たれているようであった。

3.5.2　本調査

　被験者は、神戸大学経営学部と関西学院大学商学部の学生47名と神戸大学大学院の院生8名の合計55名である。被験者への課題は、質問紙による評価課題とコンピュータ・プログラムによる選択課題の二つにより構成される。被験者は、はじめに質問紙による評価課題を行い、続いてフロッピー・ディスクに収められた選択課題をパソコン上で行う。

　評価課題では、第一にプリテストと同一の製品について「製品所有の有無（旅行経験の有無）」と「内的参照価格」について回答を求めた。第二に、携帯型MDプレーヤー・ミニコンポ・ビデオデッキ・海外旅行の4製品に、「ブランド・品質内容（特性）・価格」のバリエーションを持たせた22刺激製品につ[4]

いて図5のような製品プロファイルを提示し、それぞれの購買意図について回答を求めた。購買意図は、「買いたいと思う度合い」を0から100％で記入する形式を使用した。最後に、次の選択課題におけるコンピュータ・プログラムの実行方法を記述説明した。

シャープ MD-SS70

再生専用 MD プレーヤー。スロットインメカ。

約10時間連続再生（付属充電池使用の場合）。

26,800円（大阪日本橋での実売価格）。

図5　製品プロファイル

選択課題では、各被験者にフロッピー・ディスク1枚を配布し、この中に収めたそれぞれの選択課題を行わせた。この課題では、友人の選択に関する悩みの相談というシナリオのもとで[5]、まず絞り込み課題としてパソコンのモニター上に提示される複数個（9～10個）の選択肢のなかから2～3個の選択肢に絞り込ませたのち、選択課題としてその絞り込んだ選択肢について選択順位をつけるという課題を設定した。

---

[4] 製品プロファイルのバリエーション数（括弧内の数字）は、各製品について、MDプレーヤー(4)・ミニコンポ(10)・ビデオデッキ(4)・海外旅行(4)とした。具体的ブランド名とその数は、MDプレーヤー（シャープ(2)／ソニー)・ミニコンポ（ソニー(4)／ビクター(4)／サンヨーオンキョー(1)）・ビデオデッキ（パナソニック(2)／東芝(2)）・旅行（グアム(1)／ハワイ(1)／オーストラリア(1)／アメリカ西海岸(1)）とした。品質内容（特性）は、MDプレーヤーで連続再生・連続録音・サイズ、ミニコンポでMD・CDチェンジャー・リバースカセットデッキ、ビデオデッキでBSチューナー内蔵・Gコード予約、旅行で目的地・滞在日数をそれぞれ操作して設定した。価格の範囲は実際の実売価格を考慮し、MDプレーヤーで26,800円～37,800円、

[5] 友人の選択に関する悩みの相談というシナリオを設定したのは以下の点を考慮したためである。第一に、消費者は直接自分に関わる選択よりも、他者の選択についてはより合理的であると考えられているからである。本研究の根底には、いわゆる「合理的消費者」観への疑問という問題意識が常に存在している。したがって、消費者がより合理的であり得るという状況を設定したのである。第二に、実際の選択状況を考えてみると、綿密な情報探索をしたとしてもいざ店頭に訪れると、その店頭の品揃えに大きく影響を受け、事前に決めたものとはかなり異なった対象を選択していることが多い。このことは、その店頭があるいはその店舗の品揃えが、ある意味で制約を課していると捉えることができる。そうした状況にある消費者とここで設定したシナリオに直面する被験者は同等の立場にあり、その妥当性は充分に高いと考えられる。第三に、提示される製品に対する唐突な印象を避けるためである。

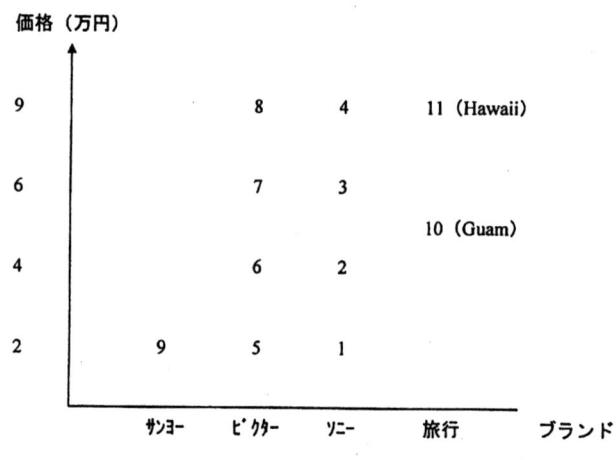

```
価格（万円）
  9         8    4    11 (Hawaii)
  6         7    3
                      10 (Guam)
  4         6    2
  2      9  5    1
           サンヨー ビクター ソニー 旅行      ブランド
```

図6　各選択肢の配置（図中の数字は選択肢番号）

　実験計画は以下の通りである。統制群にはミニコンポのみの9選択肢、実験群1にはミニコンポ9選択肢にグアム旅行を1つ追加した10選択肢、実験群2にはミニコンポ9選択肢にハワイ旅行を1つ追加した10選択肢をそれぞれ割り当てた。刺激製品は、価格帯と品質内容を考慮したブランドを選択肢として図6のような形式で配置した。各刺激製品のバリエーションは、ミニコンポにはソニー4選択肢・ビクター4選択肢・サンヨー1選択肢、海外旅行にはグアム1選択肢・ハワイ1選択肢を設定した。

3.5.3　分析と結果

　表2は購買意図の平均値、表3は各選択肢についてそれを第一位選択肢とした被験者の数をそれぞれ示している。表2が示しているのは、各選択肢についてその購買意図の平均値が選択肢9以外[6]、実験群間に差がないということである。つまり、各選択肢について被験者のもつ購買意図は、実験群間で同質的で

6　選択肢9は、次の選択課題において選択する被験者が皆無であった。これは、この選択からは完全に無視される選択肢になったものと解釈できるため、実験群間におけるこの購買意図の差は何ら問題にする必要はない。

表2　購買意図の平均値

条件	選択肢番号										
	1	2	3	4	5	6	7	8	9	10	11
統制群	36.3	39.7	46.4	51.7	29.2	31.2	44.4	46.4	32.5	46.0	47.6
実験群1	23.6	27.8	42.5	52.0	30.0	29.2	34.2	35.9	16.5	63.0	49.2
実験群2	32.2	37.2	59.4	43.9	26.4	25.6	36.7	35.9	21.7	52.2	48.3
F	1.46	1.17	1.39	0.37	0.14	0.34	0.61	0.69	3.17	1.61	0.01
p	.241	.319	.258	.693	.872	.715	.546	.506	.050	.210	.989

表3　第一位選択肢とした被験者数

条件	選択肢番号								計
	1	2	3	4	7	8	10	11	
統制群	2	2	6	7	0	2	-	-	19
実験群1	0	1	1	10	1	0	5	-	18
実験群2	1	2	0	9	1	1	-	4	18
計	3	5	7	26	2	3	5	4	55

あることを示しているのである。

　しかしながら、選択課題では実験群間に差がありそうである。表3より、統制群においては選択肢3と選択肢4を第一位選択肢とした被験者の割合が高いことがわかる。ところが実験群では、選択肢4を第一位選択肢とした被験者が圧倒的に増え、選択肢3を第一位選択肢とした被験者が極端に減少している。グアム旅行を追加した実験群1では選択肢3を第一位とした被験者は一人であり、ハワイ旅行を追加した実験群2では選択肢3を第一位にした被験者は皆無であった。つまり、統制群はミニコンポというカテゴリー内において「選択肢3と選択肢4」が競合関係にあり、共に大きくシェアを分け合っていた状態ではないかと考えられる。実験群では、グアム旅行やハワイ旅行という異質な選択肢が含まれることにより、既存のミニコンポ・カテゴリーが打ち壊されて、「選択肢4と選択肢10」「選択肢4と選択肢11」という新たな競合関係が生じ

たのではないかと考えられる。この新たな競合関係が生じたことにより、その影響を受けて選択肢3は極端に選ばれなくなったのではないだろうか。

3.5.4 結果の解釈とインプリケーション

　消費者が異質な選択肢をその恣意的な選択目的から積極的・能動的に取り込むにしろ、企業のマーケティング努力や市場競争による企業のアクションから受動的にその考慮集合に入り込むにしろ、異質な選択肢のもつ影響を考察することは極めて重要である。本実験からは以下の点が明らかにされた。

　第一は、異質な選択肢による競合関係の変化である。ミニコンポという製品カテゴリーに海外旅行という異質な選択肢が加わることにより、既存の競合関係あるいは競争次元が大きく変化すると解釈できる。この点を図6で考えると、ミニコンポにおけるソニーというブランドである縦軸の競争（「選択肢3と選択肢4」）から、カテゴリーを超えて新たに創り出された横軸の競争（「選択肢4と選択肢10」「選択肢4と選択肢11」）への変化と見てとれる。

　この新たに発生する競合関係あるいは競争次元は、これまでには考えられなかった新たな市場の境界線を意味するものと考えられる。異質な選択肢が考慮されるということは、そこに新たな市場のフロンティアが開かれるということを示唆するものであろう。

　第二の点は、選択を代表するプロトタイプとなる選択肢の存在にある。異質な選択肢が加わることにより、既存のカテゴリー内にある各選択肢に一定の割合ではなく偏曲した影響が及んでいる。ここでは特に選択肢4のシェアが高まっている。表3より、異質な選択肢が加わったなかでの各選択肢の相対的意味づけを考えてみると、ソニーというブランドが一つのカットオフ基準として重要になってくるようである。さらに、そのソニーのなかでも選択肢4は、ソニーのもつ「ソニーらしさ」である高級・高品質なイメージを一番良く反映している。したがって、異質な選択肢が加わった選択における選択肢4は、ミニコンポそしてソニーの言わばプロトタイプ的な意味を持つ選択肢としてその魅力を得たのではないかという解釈ができそうである。恐らく異質な選択肢を含む選択に直面した実験群1と実験群2の被験者は、「ミニコンポならソニー」、そして「ソニーなら選択肢4」という認知的な構図を構築したのではないだろ

うか。

　こうしたプロトタイプは、製品カテゴリーあるいはブランドを横断したカテゴリーのなかで形成されるものであろう。注意すべきは、競争がダイナミックに展開するときには、そのプロトタイプが規定されるカテゴリーのメンバーやそのカテゴリー自体が変化していくということである。必ずしも限定された製品カテゴリーやブランドに規定されるわけではないのである。こうした点を踏まえ、認知的なデファクト・スタンダードとも言えるプロトタイプとなる製品やブランドの構築が必要になる。

　第三は、競合関係の変化と選択肢の在り方である。図6に示されるソニーというブランド軸上で競争がはたらいているときには、選択肢4と同じ程度に選択肢3もシェアを獲得していた。このことは、こうしたある種限定された静的競争状況の下では、先に述べた文脈効果の一つである妥協効果が現れやすくなることを窺わせるものである。こうした状況下では、高級でも低級でもない中級で程々という選択肢にも強い意味づけがなされると考えられる。しかしながら、限定された静的状況が崩れて新たな競争状況が生じ始めると、その選択肢への意味づけは弱まりシェアを極端に落とすことになる。中級で程々という意味づけは全くの無意味となる。このような状況にあるときには、新たに創り出される競争軸における一方の「極」を強調するような選択肢が強く意味を持ち始めてくる。選択肢4である。恐らくここでは、ミニコンポという一つのカテゴリーが明確に認識され、このカテゴリー内において海外旅行という異質な選択肢と比較考慮するに足る選択肢4がこのカテゴリーの代表として意味を持ちはじめ、このカテゴリーのプロトタイプとして強調されてきたのであろう。

　消費者のその選択機会における選択肢の相対的意味づけを再確認する必要がある。選択肢3のシェアが極端に落ちたように、競争が変化するときには各選択肢への意味づけが大きく変わるからである。選択肢は、消費者の選択機会の度にその在り方が問われているのである。

3.6　今後の研究課題

　本章では、消費者の選択状況・選択機会の重要性を主張し、その状況・機会

における選択肢の在り方をカテゴリー化概念との関連のなかで論じてきた。既存研究レビューのなかでカテゴリーの概念定義が様々であることを述べたが、重要なのは、消費者のその選択状況との関連のなかでカテゴリーを捉えることであり、その状況との関連でカテゴリーは変わりうるということなのである。今後期待されるのは、この可変性をもつカテゴリーをどう概念定義していくかという点ではないだろうか。

　カテゴリー化概念による考慮集合と文脈効果との考察から得られた異質性概念のさらなる検討が必要である。本章では、類似性との関係、スキーマとの不適合、異質な選択肢の比較可能性といった手がかりを列挙したのみであり、異質性概念に関して明確には論じていない。他の手がかりを探索しながらその詳細について論じていく必要がある。

　本実験は、異質性概念により示唆された選択肢の在り方における多様性の一つである外部に開かれた多様性という状況を設定して、試験的にこの点を探索したものである。ここからは、競合関係の変化と市場のフロンティアとの関係、プロトタイプの形成、競争状況の変化と意味づけの変化という三点がインプリケーションとして見いだされた。これらのインプリケーションを踏まえ、さらに綿密な実験的手続きにより、選択肢の在り方と市場の動態性との関係を探っていく必要がある。

(本稿は、「消費者情報処理研究の新展開：カテゴリー化概念の登場」『マーケティング・ジャーナル』Vol. 15, No. 2 (1995,10) pp. 44-52、「選択における選択肢の在り方：消費者の選択行動とカテゴリー化の関係」『商学論究』第45巻第2号 (1997, 12) pp. 59-81、に基づいて加筆・修正し再構成したものである。)

参考文献

Alba, J. W. and J. W. Hutchinson (1987), "Dimensions of Consumer Expertise," *Journal of Consumer Research*, Vol. 13, 411-453.
Alba, J. W. , J. W. Hutchinson, and J. G. Lynch, Jr. (1991), "Memory and Decision Making," in S. Robertson and H. H. Kassarjian(eds.), *Handbook of Consumer Behavior*, Prentice Hall. , 1-49.
Barsalou, L. W. (1985), "Ideals, Central Tendency, and Frequency of Instantiation as Determinants of Graded Structure in Categories," *Journal of Experimental Psychology: Learning, Memory, and Cognition*, Vol. 11, 629-654.
Bettman, J. R. (1986), "Consumer Psychology," *Annual Review of Psychology*, Vol. 37, 257-289.
Bettman, J. R. (1988), "Processes of Adaptivity in Decision Making," in M. J. Houston (ed.) , *Advances in Consumer Research*, Vol. 15, 1-4.
Bettman, J.R. and M. Sujan (1987), "Effects of Framing on Evaluation of Comparable and Noncomparable Alternatives by Expert and Novice Consumers," *Journal of Consumer Research*, Vol. 14, 141-154.
Boush, D. M. (1993), "Brands as Categories," in *Brand Equity and Advertising*, D. A. Aaker and A. L. Biel (eds.), Hillsdale, NJ : Lawrence Erlbaum Associates, 299-312.
Burton, S. and G. M. Zinkhan (1987), "Changes in Consumer Choice: Further Investigation of Similarity and Attraction Effects," *Psychology and Marketing*, Vol. 4, 255-266.
Carpenter, G. S. and K. Nakamoto (1989), "Consumer Preference Formation and Pioneering Advantage," *Journal of Marketing Research*, Vol. 26, 285-298.
Chatterjee, S. and T. B. Heath (1995), "Asymmetric Choice Patterns Across High-Quality and Lower-Quality Brands," in F. R. Kardes and M. Sujan (eds.), *Advances in Consumer Research*, Vol. 22, 328-332.
Chernev, A. (1997), "The Effect of Common Features on Brand Choice: Moderating Role of Attribute Importance," *Journal of Consumer Research*, Vol. 23, 304-311.
Cohen, J. B. and K. Basu (1987), "Alternative Models of Categorization: Toward a Contingent Processing Framework," *Journal of Consumer Research*, Vol. 13, 455-472.
Corfman, K. P. (1991), "Comparability and Comparison Levels Used in Choices Among Consumer Products," *Journal of Marketing Research*, Vol. 28, 368-74.
Coupey, E. and K. Nakamoto (1988), "Learning Context and the Development of Product Category Perceptions," in M. J. Houston (ed.), *Advances in Consumer Research*, Vol. 15, 77-82.
Day, G. S. , A. D. Shocker, and R. K. Srivastava (1979), "Customer-Oriented Approaches to Identifying Product-Markets," *Journal of Marketing*, Vol. 43, 8-19.
Dhar, R. and S. J. Sherman (1996), "The Effect of Common and Unique Features in Consumer Choice," *Journal of Consumer Research*, Vol. 23, 193-203.

Farquhar, P. H. , P. M. Herr, and R. H. Fazio (1990) , "A Relational Model for Category Extentions of Brands," in M. E. Goldberg, G. Gorn, and R. W. Pollay (eds.), *Advances in Consumer Research*, Vol. 17, 856-860.

Gutman, J. (1982) , "A Means-End Chain Model Based on Consumer Categorization Processes," *Journal of Marketing*, Vol. 46, 60-72.

Ha, Y. and S. J. Hoch (1989) , "Ambiguity, Processing Strategy, and Advertising- Evidence Interactions," *Journal of Consumer Research*, Vol. 16, 354-360.

Heath, T. and S. Chatterjee (1993) , "Attraction and Compromise Effects in Choice: Moderating Influences and Differential Loss Aversion to Quality and Nonquality Attributes," in L. McAlister and M. L. Rothschild (eds.), *Advances in Consumer Research*, Vol. 20, 475.

Hoch, S. J. and Y. Ha (1986) , "Consumer Learning: Advertising and the Ambiguity of Product Experience," *Journal of Consumer Research*, Vol. 13, 221-233.

Holbrook, M. B. and E. C. Hirschman (1982) , "The Experimental Aspects of Consumption: Consumer Fantasies, Feelings, and Fun, " *Journal of Consumer Research*, Vol. 9, 132- 140.

Howard, J. A. (1989) , *Consumer Behavior in Marketing Strategy*, Prentice Hall.

Huber, J. , J. W. Payne, and C. P. Puto (1982) , "Adding Asymmetrically Dominated Alternatives: Violations of Regularity and the Similarity Hypothesis," *Journal of Consumer Research*, Vol. 9, 90-98.

Huber, J. and C. P. Puto (1983) , "Market Boundaries and Product Choice: Illustrating Attraction and Substitution Effects," *Journal of Consumer Research*, Vol. 10, 31-44.

Huffman, C. D. , B. Loken and J. Ward (1990) , "Knowledge and Context Effects on Typicality and Attitude Judgments," in M. E. Goldberg, G. Gorn, and R. W. Pollay (eds.), *Advances in Consumer Research*, Vol. 17, 257-265.

Hutchinson, J. W. and J. W. Alba (1988) , "Ignoring Irrelevant Information: The Roles of Visual Similarity and Consumer Expertise," in M. Sujan and A. M. Tybout (eds.), "Applications and Extensions of Categorization Research in Consumer Behavior," in M. J. Houston (ed.), *Advances in Consumer Research*, Vol. 15, 50-54.

John, D. R. (1988) , "Age Difference in Product Categorization," in M. Sujan and A. M. Tybout (eds.), "Applications and Extensions of Categorization Research in Consumer Behavior," in M. J. Houston (ed.), *Advances in Consumer Research*, Vol. 15, 50-54.

Johnson, M. D. (1984) , "Consumer Choice Strategies for Comparing Noncomparable Alternatives," *Journal of Consumer Research*, Vol. 11, 741-753.

Johnson, M. D. (1986) , "Modeling Choice Strategies for Noncomparable Alternatives," *Marketing Science*, Vol. 15. 37-54.

Johnson, M. D. (1988) , "Comparability and Hierarchical Processing in Multialternative Choice," *Journal of Consumer Research*, Vol. 15, 303-314.

Johnson, M. D. (1989) , "The Differential Processing of Product Category and Noncomparable Choice Alternatives," *Journal of Consumer Research*, Vol. 16, 300-309.

Johnson, M. D. and C. P. Puto (1987) , "A Review of Consumer Judgment and Choice," *Proceedings*, American Marketing Association.

Kardes, F. R., P. M. Herr, and D. Malino (1989), "Some New Light on Substitution and Attraction Effects," in T. K. Srull (ed.), *Advances in Consumer Research*, Vol. 16, 203-208.

Kardes, F. R., G. Kalyanaram, M. Chandrashekarun, and R. J. Dornoff (1993), "Brand Retrieval, Consideration Set Composition, Consumer Choice and the Pioneering Advantage," *Journal of Consumer Research*, Vol. 20, 62-75.

Kotler, P. and G. Armstrong (1996), *Principles of Marketing, 7th ed.*, Prentice-Hall International, Inc.

Lakoff, G. (1987), *Women, Fire, and Dangerous Things*, The University of Chicago Press (池上嘉彦・河上誓作他訳,『認知意味論:言語から見た人間の心』,紀伊國屋書店,1993年).

Lehmann, D. R. and Y. Pan (1994), "Context Effects, New Brand Entry, and Consideration Sets," *Journal of Marketing Research*, Vol. 31, 364-374.

Lilien, G. L., P. Kotler, and K. S. Moorthy (1992), *Marketing Models*, Prentice Hall International Editions.

Loken, B. and D. R. John (1993), "Diluting Brand Beliefs: When Do Brand Extensions Have a Negative Impact?" *Journal of Marketing*, Vol. 57, 71-84.

Loken, B. and J. Ward (1987), "Measures of the Attribute Structure Underlying Product Typicality," in M. Wallendorf and P. F. Anderson (eds.), *Advances in Consumer Research*, Vol. 14, 22-26.

Loken, B. and J. Ward (1990), "Alternative Approaches to Understanding the Determinants of Typicality," *Journal of Consumer Research*, Vol. 17, 473-491.

Luce, R. D. (1959), *Individual Choice Behavior*, New York : John Wiley.

Mellers, B. A. and K. Biagini (1994), "Similarity and Choice," *Psychological Review*, Vol. 101, 505-518.

Mervis, C. B. and E. Rosch (1981), "Categorization of Natural Objects," *Annual Review of Psychology*, Vol. 32, 89-115.

Meyers-Levy, J. and A. M. Tybout (1989), "Schema Congruity as a Basis for Product Evaluation," *Journal of Consumer Research*, Vol. 16, 39-54.

Mishra, S., U. N. Umesh, and D. E. Stem, Jr. (1993), "Antecedents of the Attraction Effect : An Information-Processing Approach," *Journal of Marketing Research*, Vol. 30, 331-349.

Murray, N. M., H. Sujan, M. Sujan, and E. R. Hirt (1988), "Mood Effects on Categorization Tasks : A Cognitive Flexibility Hypothesis," in M. Sujan and A. M. Tybout (eds.), "Applications and Extentions of Categorization Research in Consumer Behavior," in M. J. Houston (ed.), *Advances in Consumer Research*, Vol. 15, 50-54.

Nedungadi, P. (1990), "Recall and Consumer Consideration Sets: Influencing Choice without Altering Brand Evaluations," *Journal of Consumer Research*, Vol. 17, 263-276.

Pan, I. and D. R. Lehmann (1993), "The Influence of New Brand Entry on Subjective Brand Judgments," *Journal of Consumer Research*, Vol. 20. 76-86.

Payne, J. W. (1982), "Contingent Decision Behavior," *Psychological Bulletin*, Vol. 92, 382-

402.

Payne, J. W., J. R. Bettman, and E. J. Johnson (1993), *The Adaptive Decision Maker*, Cambridge University Press.

Peracchio, L. and J. Meyers-Levy (1994), "How Ambiguous Cropped Objects in Ad Photos Can Affect Product Evaluations," *Journal of Consumer Research*, Vol. 21, 190-204.

Peracchio, L. and A. M. Tybout (1988), "What Is It ? and What of It ? : The Role of Categorization in Judgment," in M. Sujan and A. M. Tybout(eds.), "Application and Extensions of Categorization Research in Consumer Behavior," in M. J. Houston (ed.), *Advances in Consumer Research*, Vol. 15, 50-54.

Peracchio, L. and A. M. Tybout(1996),"The Moderating Role of Prior Knowledge in Schema-Based Product Evaluation," *Journal of Consumer Research*, Vol. 23, 177-192.

Peter, J. P. and J. C. Olson (1987), *Consumer Behavior: Marketing Strategy Perspectives*, Richard D. Irwin.

Phillips, D. M. (1996), "Anticipating the Future: The Role of Consumption Visions in Consumer Behavior," in K. P. Corfman and J. G. Lynch, Jr. (eds.), *Advances in Consumer Research*, Vol. 23, 70-75.

Puto, C. P. (1987), "The Framing of Buying Decisions," *Journal of Consumer Research*, Vol. 14, 301-315.

Ratneshwar, S., C. Pechmann, and A. D. Shocker (1996), "Goal-Derived Categories and the Antecedents of Across-Category Consideration," *Journal of Consumer Research*, Vol. 23, 240-250.

Ratneshwar, S. and A. D. Shocker (1988), "The Application of Prototypes and Categorization Theory in Marketing : Some Problems and Alternative Perspectives," in M. J. Houston (ed.), *Advances in Consumer Research*, Vol. 15, 280-285.

Ratneshwar, S. and A. D. Shocker (1991), "Substitution in Use and the Role of Usage Context in Product Category Structures," *Journal of Marketing Research*, Vol. 28, 281-295.

Ratneshwar, S., A. D. Shocker, and D. W. Stewart (1987), "Toward Understanding the Attraction Effect : The Implications of Product Stimulus Meaningfulness and Familiarity," *Journal of Consumer Research*, Vol. 13, 520-533.

Rosch, E. (1975), "Cognitive Representations of Semantic Categories," *Journal of Experimental Psychology: General*, Vol. 104, 192-233.

Rosch, E. and C. G. Mervis (1975), "Family Resemblances: Studies in the Internal Structure of Categories," *Cognitive Psychology*, Vol. 7, 573-605.

Shocker, A. D., M. Ben-Akiva, B. Boccara, and P. Nedungadi (1991), "Consideration Set Influences on Consumer Decision-Making and Choice : Issues, Models, and Suggestions," *Marketing Letters*, 2 : 3, 181-197.

Shugan, S. M. (1980), "The Cost of Thinking," *Journal of Consumer Research*, Vol. 7, 99-111.

Simonson, I. (1989), "Choice Based on Reasons: The Case of Attraction and Compromise Effects," *Journal of Consumer Research*, Vol. 16, 158-174.

Simonson, I. and A. Tversky (1992), "Choice in Context: Tradeoff Contrast and Extremeness Aversion," *Journal of Marketing Research*, Vol. 29, 81-295.

Srivastava, R. K., M. I. Alpert, and Shocker, A. D. (1984), "A Customer - Oriented Approach for Determining Market Structures," *Journal of Marketing*, Vol. 48, 32-45.

Stewart, D. W. (1989), "On the Meaningfulness of Sensory Attributes: Further Evidence on the Attraction Effect," in T. K. Srull (ed.), *Advances in Consumer Research*, Vol. 16, 197-202.

Sujan, M. and A. M. Tybout (1988), "Application and Extensions of Categorization Research in Consumer Behavior," in M. J. Houston (ed.), *Advances in Consumer Research*, Vol. 15, 50-54.

Thompson, C. J. (1989), "The Role of Context in Consumers' Category Judgments: A Preliminary Investigation," in T. K. Srull (ed.), *Advances in Consumer Research*, Vol. 16, 542-547.

Tversky, A. (1972), "Elimination By Aspects: A Theory of Choice," *Psychological Review*, Vol.79, 281-299.

Tversky, A. (1977), "Features of Similarity," *Psychological Review*, Vol. 84, 327-352.

Ward, J. and B. Loken (1986), "The Quintessential Snack Food: Measurement of Product Prototypes," in R. J. Lutz (ed.), *Advances in Consumer Research*, Vol. 13, 126-131.

Wernerfelt, B. (1995), "A Rational Reconstruction of the Compromise Effect: Using Market Data to Infer Utilities," *Journal of Consumer Research*, Vol. 21, 627-633.

Wittgenstein, L. (1953), *Philosohische Untersuchungen*, Basil Blackwell（黒崎宏訳,『哲学的探求』,産業図書,1994年）.

Zajonc, R. B. and H. Markus (1982), "Affective and Cognitive Factors in Preferences," *Journal of Consumer Research*, Vol. 9, 123-131.

Zhou, L., C. Kim, and M. Laroche (1996), "Decision Processes of the Attraction Effects : A Theoretical Analysis and Some Preliminary Evidence," in K. P. Corfman and G. Lynch, Jr. (eds.), *Advances in Consumer Research*, Vol. 23, 218-224.

青木幸弘（1997）,「ロングセラー・ブランド化への挑戦：「ザ・カクテルバー」にみる新カテゴリー創造の商品開発」,『マーケティング・ジャーナル』, Vol. 63, 74-92頁.
阿部周造（1984）,「消費者情報処理理論」,中西正雄編著,『消費者行動分析のニュー・フロンティア』,誠文堂新光社,所収.
池尾恭一（1991）,『消費者行動とマーケティング戦略』,千倉書房.
池田清彦（1992）,『分類という思想』,新潮選書.
石井淳蔵（1991）,「マーケティングの神話」,神戸大学経営学部研究年報,第38巻,45-79頁.
石井淳蔵（1993）,『マーケティングの神話』,日本経済新聞社.
印南一路（1997）,『すぐれた意思決定：判断と選択の心理学』,中央公論社.
片平秀貴（1987）,『マーケティング・サイエンス』,東京大学出版会.
柄谷行人（1986）,『探求Ⅰ』,講談社.

小橋康章 (1988),『決定を支援する』,東京大学出版会.
佐々木壮太郎 (1996),「考慮集合の形成過程と製品選択」,『経済理論』,第270号,62-77頁.
佐々木壮太郎 (1997),「消費者の購買意思決定」,『マーケティング・ジャーナル』,Vol. 65, 86-90頁.
志村則彰 (1993),「新しい商品カテゴリーを求めて」,『ビジネスレビュー』,Vol. 41. No.2, 61-69頁.
鈴木宏昭 (1996),『類似と思考』,共立出版株式会社.
武井寿 (1988),『現代マーケティング・コミュニケーション』,白桃書房.
中西正雄 (1984),「個人選択行動モデルの展開」,中西正雄編著,『消費者行動分析のニュー・フロンティア』,誠文堂新光社,所収.
新倉貴士 (1993),「選択における文脈効果:魅力効果と妥協効果の潜在的プロセスの解明」,『消費者行動研究』,第1巻第1号, 29-45頁.
新倉貴士 (1995),「共変信念と理論駆動型処理:カテゴリー・ベース処理の解明に向けて」,『商学論究』,第43巻第2・3・4合併号, 161-177頁.
野中郁次郎 (1990),『知識創造の経営:日本企業のエピステモロジー』,日本経済新聞社.
村山功 (1990),「人間にとってのカテゴリー:カテゴリーをどう考えるか」,佐伯・佐々木編,『アクティブ・マインド:人間は動きのなかで考える』,東京大学出版会,所収.

第4章
購買意思決定・購買態度と自己概念

4.1 購買意思決定を規定する購買態度と自己概念の関係

　本章では、購買意思決定を規定する仮説的構成概念要因として購買態度と自己概念をとりあげ、この両者の関係を考察する。従来、社会心理学や消費者行動研究においては、両者の関係は「自我関与」という概念によって、主に態度研究の立場から説明されてきた。しかし、従来提唱されてきた自我関与という概念には定義的に曖昧なところがあった。そこで、本章では、認知構造論の立場に立って、これまで自我関与という概念によって説明がなされてきた事柄のいくつかを、購買態度と自己概念の関係を明らかにすることによって考察することを試みる。

　本章では、まず、認知構造論の基礎となる記憶構造モデルについて述べる。次に、認知構造論に基づいて態度構造モデルと自己概念モデルをそれぞれ述べる。そして、これに基づいて、自己概念と態度構造の関係について考察する。

4.2 消費者の認知構造をどのように捉えるか

　「消費者の認知構造」という場合、一般には、生産活動から離れた状況、すなわち、生活者としての状況において、消費をする場面における個人の認知構造をさす。生活者としての人々の消費活動は、生活における問題の発見、その問題解決行動としての財やサービスの購買、購買した財やサービスの使用、購買した財やサービスの廃棄、という一連のサイクルすべてを含むわけであるが、本章においては特に、消費に関する意思決定場面における認知構造に着目する。そこで、本章においては、「消費者の認知構造」という言葉を、消費における意思決定にかかわる個人の認知構造と限定的に用いることにする。

これまで消費者行動研究においては、消費者の認知構造という概念のもとに理論体系やその測定を試みる研究が数多くなされてきた。1970年代後半からの認知論による態度構造研究（ex. Petty & Cacioppo,1986）をはじめとして、1980年代以降からは、梯子登り法（laddering method）を用いた一連の研究がおこなわれている（Reynolds & Gutman,1984,1988）。梯子登り法は一種の連想法による測定法であるが、この方法を用いた一連の研究は、消費者の認知構造は価値による階層的体系化がなされているというモデルのもとにこれを実証しようとしている。また近年、商品カテゴリの創造によるマーケティングへの応用につなげるべく人間のカテゴリ認知（Rosh,1975）による消費者の認知構造を探る試みもなされてきている（新倉,1998）。

4.2.1　記憶の多貯蔵庫モデル

　さて、本章は認知構造論に基づいた考察を行うものであるが、ここで認知および認知構造についての定義について簡単に触れておきたい。

　認知を、ここでは消費者行動研究や社会心理学研究において一般的になされているように、言語化あるいは符号化された記憶要素と定義することとする。すなわち、認知は、感情（affects）や、筋肉などの運動系の反応（motor responses）と同じように、中枢神経系に存在する記憶の一種である。

　記憶がどのような構造をなすものかについては、認知科学、心理学、生理学などいずれの分野においても、Broadbent（1958）のフィルタ説にその原型を求めることができるAtkinson & Shiffrin（1968）が提唱した記憶の多貯蔵庫モデル（図1）が最も妥当性の高いものと評価されている。実際、記憶の多貯蔵庫モデルの妥当性を実証する研究は、心理学における学習実験（ex. Craik,1970; Glanzer,1972）、脳医学における健忘症の事例（ex. Milner,1966; Shallice & Warrington,1970）など数多い。

　記憶の多貯蔵庫モデルにおいては、記憶は次のような構造あるいは形態をとるとされる。目、耳、皮膚などにある感覚器から中枢神経系に伝達されたすべての情報（刺激）は、まず、感覚レジスター（Sensory Resister）に入る。感覚レジスターに情報が保持される時間は瞬時であり、それらの情報のなかから、注目しているなど中枢神経系が欲している情報のみが取捨選択されて大脳新皮

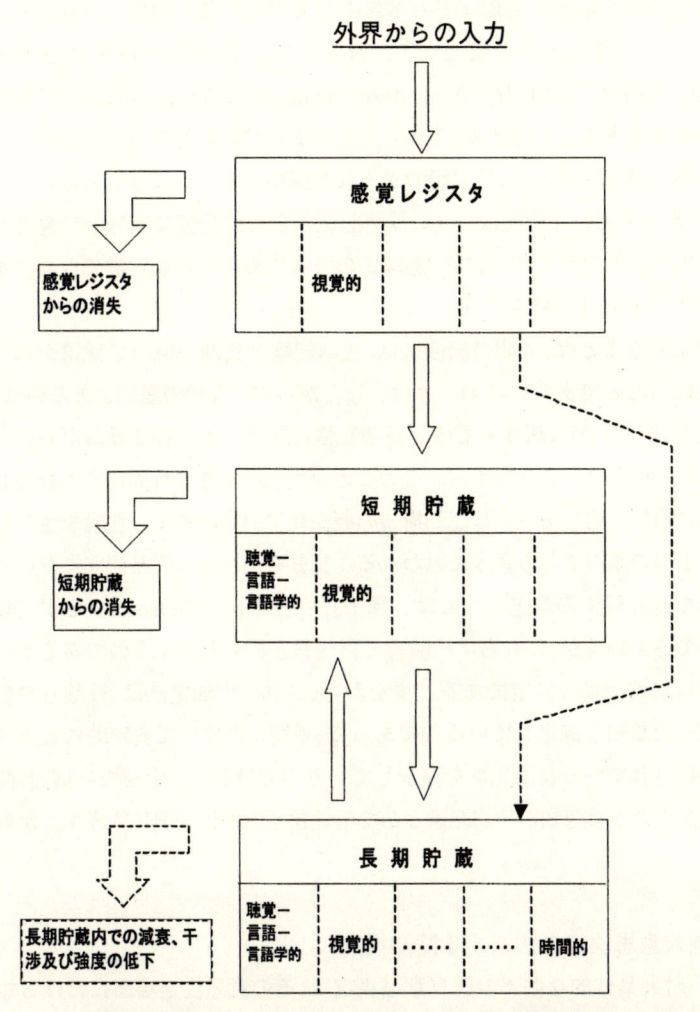

第 4 章　購買意思決定・購買態度と自己概念 ― 129

```
                    外界からの入力
                         ↓
              ┌──────────────────────┐
              │      感覚レジスタ       │
              ├──────┬───────┬───────┤
    ┌──┐      │ 視覚的 │       │       │
┌───┤  │←     │       │       │       │
│感覚レジスタ│  └──────┴───────┴───────┘
│からの消失 │           ↓
└──────┘           ↓ ·······┐
                         ↓        ·
              ┌──────────────────────┐·
              │      短 期 貯 蔵       │·
              ├──┬───┬───┬───┬───┤·
    ┌──┐      │聴覚─│   │   │   │   │·
┌───┤  │←     │言語─│視覚的│   │   │·
│短期貯蔵  │    │言語学的│   │   │   │·
│からの消失 │    └──┴───┴───┴───┴───┘·
└──────┘           ↑       ↓        ·
                    │       ↓        ·
                    │       ·········┘
              ┌──────────────────────┐
              │      長 期 貯 蔵       │
    ┌──┐      ├──┬───┬──┬──┬───┤
┌╌╌┤  │╌     │聴覚─│   │   │   │   │
│長期貯蔵内での減衰、干│言語─│視覚的│……│……│時間的│
│渉及び強度の低下    │言語学的│   │   │   │   │
└──────────┘    └──┴───┴──┴──┴───┘
```

図1　Atkinson and Shiffrin (1968) のエピソード記憶モデルにおける3記憶貯蔵間の流れ。

ラックマン・ラックマン・バターフィールド（箱田裕司・鈴木光太郎=監訳）
「認知心理学と人間の情報処理Ⅱ：意識と記憶」サイエンス社 1988 p.292より修正して転載

質系である短期記憶（Short Term Memory）に伝達される。短期記憶は、いわば記憶の作業領域（working memory）であり、個人の意識されている世界と

いってもよいであろう。短期記憶の情報のなかで特に強く活性化されたもの（すなわち強い印象を受けたもの）、あるいは、繰り返し活性化された（rehearsal）ものは、長期記憶（Long Term Memory）に受け渡される。日常生活において私たちが「記憶する」「覚える」とよんでいる行為は、短期記憶から長期記憶に情報を伝達し、長期記憶がそれを保持することに他ならない。また、「思い出す」という行為は、逆に長期記憶から短期記憶に情報が伝達されることである。したがって、長期記憶はこの意味においては無意識の世界であるとみなすことも可能であろう。

　ここで重要なことは、人間の記憶には、短期記憶と長期記憶の2種類があると考えられることである。このことは、したがって、人間の認知、あるいは、認知構造も、短期記憶に属するものと長期記憶に属するものの2種類があると考えられるということを意味する。このことが従来の消費者行動研究や社会心理学研究における認知あるいは認知構造の概念化において若干の混乱を生じさせている1つの原因であるように思われる。認知をあつかう実証研究において認知構造や認知要素の測定としては、梯子登り法やthought list法などが従来用いられてきているが、これらは被験者の言語報告にもとづくものであるから直接的には短期記憶の測定である。すなわち、これらの測定法は、被験者の意識にのぼった認知を測定しているのであって、長期にわたって安定的に意識されずに保持されている長期記憶を測定しているのではない。なぜならば、長期記憶からどのような認知が短期記憶として活性化するかは状況に依存するからである。

4.2.2　購買意思決定を規定する認知構造

　このように、具体的な個々の購買意思決定は、その意思決定場面における短期記憶がどのように構成されるかによって規定されると考えることができる。したがって、消費者が具体的にどのような意思決定をするかを予測・説明するためには、購買意思決定場面における短期記憶の構成規定因を明らかにする必要がある。

　いわゆるコンティンジェンシー・アプローチ（Bettman,1986）が主張するように、意思決定には文脈効果があるのであって、短期記憶の構成は長期記憶か

らの情報だけではなく、状況からの情報にも依存している。従来の、社会心理学における態度概念が行動の予測変数としての有用性に欠けるとする議論(cf. Abelson,1972)、あるいは、行動意図（意思決定）は単に態度だけではなく社会規範からも影響されて決定されるとするFishbein & Ajzen（1975）の行為－意図モデル（Theory of reasoned action）などは、この意思決定におよぼす状況の効果に言及したものとして説明することもできるであろう。

この文脈効果の意味するところは、単に短期記憶が長期記憶からの情報と状況からの情報の単純な合算によって構成されるということにとどまらない。状況あるいは文脈は、長期記憶からどのような情報が短期記憶に送られる（活性化させられる）かをも規定していると考えられる。

ところで、購買意思決定場面において、長期記憶からどのような情報が短期記憶に送られるかは、状況・文脈だけではなく、長期記憶のなかにもその規定因があると考えられる。その代表的なものが自己概念であろう。自己概念は長期記憶のなかで最も短期記憶に活性化されやすい認知群であると考えられるため（Markus,1977）、購買意思決定場面においても、短期記憶に活性化する他の認知群の構成に影響をおよぼしていると考えられるからである。さらに付け加えれば、自己概念は、意思決定のために機能するように長期記憶内に保持されている認知群の構成にも影響をおよぼしていると考えられる。

4.3　長期記憶における意思決定の認知構造モデル

認知科学や心理学においては、長期記憶がどのような認知構造をなしているかについては、図2に示すようなネットワークモデルによって説明されている（cf. Collins & Loftus,1975）。

ネットワークモデルにおいては、それぞれの認知要素（cognitive elements）はノード（node）によってネットワーク構造をなして結びついている。ノードは、一方の認知要素が活性化することによって他方の認知要素も活性化させられるための結合点である。ここで、活性化するとは、長期記憶から短期記憶へ認知要素が渡されることが意味されているのであり、このことは、認知科学や心理学において提唱されている長期記憶のネットワーク構造が、連想のネット

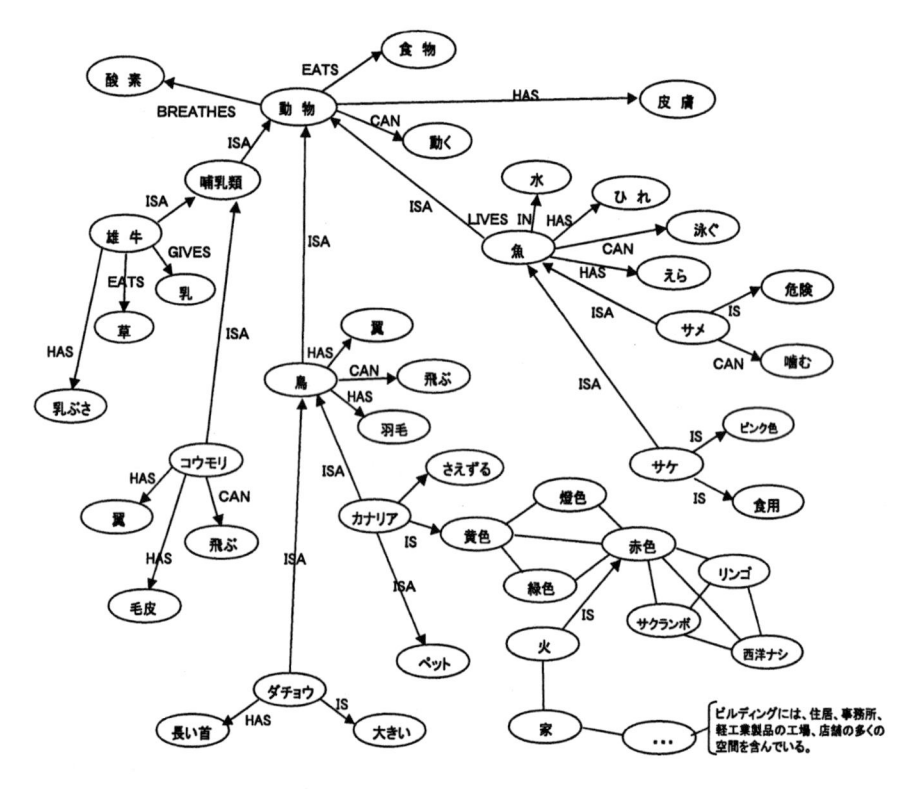

図2 概念や属性の意味関係と意味距離を描いた Collins & Loftus［1975］
のネットワーク構造［Lachman & Lachman, 1979］
小谷津孝明（編）「認知心理学講座2：記憶と知識」東京大学出版会1985 P.71 より転載

ワーク構造であることに他ならないことを意味している。

　この長期記憶のネットワーク構造が、どのような法則性によって構造化されているのかについてはいくつかのモデルがある。たとえば、Bower, et al. (1969)、Rosh (1975)、Rosh & Mervis (1975)、Rosh, et al. (1976) などは、「カナリア」「ふくろう」の上位概念として「トリ」というカテゴリがあるように、意味の包含関係から構造化されたカテゴリ構造を想定している。また、Reynolds & Gutman (1984, 1988) による、いわゆる梯子登り法をもちいた認知構造についての一連の研究においては、Collins & Quillian (1969) の知識の階層構造モデルや Rokeach (1970, 1973) による価値観研究の知見などをもとに、

認知要素をまとめる要因としていくつかの階層的価値を想定したモデルが提唱されている。

ところで、本章の目的は、消費者の意思決定過程を認知構造から説明しようとすることであった。そこで、長期記憶の認知構造のモデルとして、意思決定過程のために機能するように構造化されて保存されていると考えられる認知構造のモデル、すなわち換言すれば、意思決定に影響をおよぼしていると考えられる長期記憶の認知構造をここで言及することとする。

4.3.1 態度、価値観：長期記憶内の意思決定のための認知体系

社会心理学において、Sherif & Cantril（1947）や、Rokeach（1973）などによって考察されてきた、態度、自我関与、価値などについての古典的な知見にもとづけば、意思決定に影響をおよぼしていると考えられる長期記憶の構造は、図3に示すような構造をとっているということができよう。

意思決定を規定する「こころ」の構成要素には、態度（attitudes）、価値観（values）、性格（personality）があると考えられる。

基底的な構成要素として、達成欲求、親和欲求、などの動機のパターンである性格（cf. Murray,1938）がある。性格は必ずしも認知とよぶことのできる要素のみによって構成されているとはいえないであろうが、性格は個人にとって長期にわたって安定的に保持されるものであって、これが長期記憶としての認

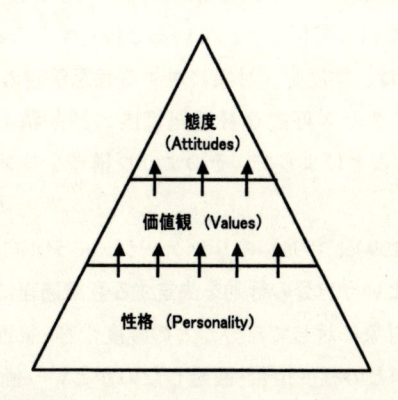

図3 長期記憶における意思決定のための認知体系モデル

知構造に影響を与えているとみなすことはできるであろう。

　この性格に規定されながら意思決定に影響を及ぼしているのが、「多くの人を愛しなければならない（博愛主義）」、「どんなときでも暴力はいけない（平和主義）」、「常に新しい世界を切り開いていくことは良いことだ（革新主義）」などの認知体系である価値観である。価値観は意思決定を規定する基本的かつ一般論的な善悪、好悪の評価的認知のパターンであり、かつ、個人内における評価に関する全体的な認知体系であるといえる。意思決定が認知によって規定される場合、価値観として表現される評価の枠組みによって規定されていると考えることが妥当であろう。

　価値観が全体的、一般論的な評価についての認知体系であるのに対して、個別の特定の対象に対する評価の認知体系が態度である。つまり、態度はある特定の対象に対する善悪、好悪の評価であるといえる。例えば具体的には、原子力発電所建設に賛成か反対か、X部長という自分の上司が好きか嫌いか、という気持ちが態度なのである。当然のことながら、態度は、価値観という全体的な認知体系に評価的に斉合的に組み込まれていると考えられる。つまり、態度と価値観の間には、認知されているすべての対象についての態度の統合されたネットワーク・システムが価値観であるという関係があるとみなすことができる。

　さらに、ある特定の対象に対する態度として、認知が、行動あるいは意思決定の準備状態として機能するように長期記憶内に保存されている場合には、その機能に応じた構造を持って保存されていると仮定することが妥当であろう。土田（1994ab,1996）は、態度を「対象に対する意思決定の規定因として機能する、短期記憶にアクセス可能な長期記憶内の認知構造体系（スキーマ：schema）」と定義することによって、そのような構造をリンケージ・モデルとして表現している。

　すなわち、土田（1994ab,1996）のリンケージ・モデルによれば、ある対象に対しての意思決定という自分の行動を決定する意識過程において根元的な価値となるのは、当該対象に対して自分がどの程度受容・接近したいか、あるいは、当該対象を自分がどの程度拒否・回避したいかという価値であろうと仮定している。この仮定が妥当であるとすれば、認知が、行動あるいは意思決定の

準備状態として機能するように長期記憶内に保存されている場合には、当該対象についての認知は、「受容・接近」概念、あるいは、「拒否・回避」概念と、直接または間接のリンケージによるネットワーク構造をなして長期記憶内に保存されていると考えることができる。ここで、「受容・接近」概念とは意識において言語化されるとき「よい」「好き」「賛成」などと言語化される概念であり、「拒否・回避」概念とは意識において言語化されるとき「わるい」「嫌い」「反対」などと言語化される概念である。また、リンケージとは、一方の認知が短期記憶内に活性化された場合には、他方の認知もまた自動的に短期記憶内に活性化されるような関係をいう。

このような長期記憶内の認知構造を態度構造とよぶならば、その典型例として図4に示すような4つの構造をあげることができる。

第1の例は、態度対象から連想される認知が多く、そのため「接近・受容」概念あるいは「回避・拒否」概念との間接のリンケージも多い場合である（a）。これは、後述するように、対象についての知識があり対象について日ごろからよく考えている場合に形成される態度構造である。たとえば、カーマニアの人が自動車に対して持っている態度とか、自分の恋人に対する態度などがこれである。このような態度の構造になっている場合、態度構造を包含する上位概念である価値観とも評価的に斉合的な多くのリンケージを形成していると考えられるので、説得を受けても自分の態度を変えようとしない傾向があることが知られている（cf. Tsuchida, 1990）。

第2の例は、態度対象から連想されることはそれなりに多くあるのだが、「接近・受容」概念あるいは「回避・拒否」概念とは直接のリンケージが無いかあるいはとても弱い場合、つまり、第1の例とは逆に、態度対象を自分に関わりのあることだとみなしていないような場合の態度構造である（b）。

第3の例は、態度対象に対してはほとんど、あるいは、まったく知識は持っていないのだが、「接近・受容」概念あるいは「回避・拒否」概念と直接のリンケージがある場合である。これは理屈なしの感情的な態度といってよい。たとえば、自分は輸入車のことは何も知らないのだけれども、息子がドイツの車の輸入代理店に勤めているので、ドイツの車はよい車だと無批判に信じている場合のような態度構造である（c）。

図4 態度構造のリンケージ・モデルの典型例

(a) 直接と間接のリンケージがある場合
(「ドイツ車」が好きという態度の例)

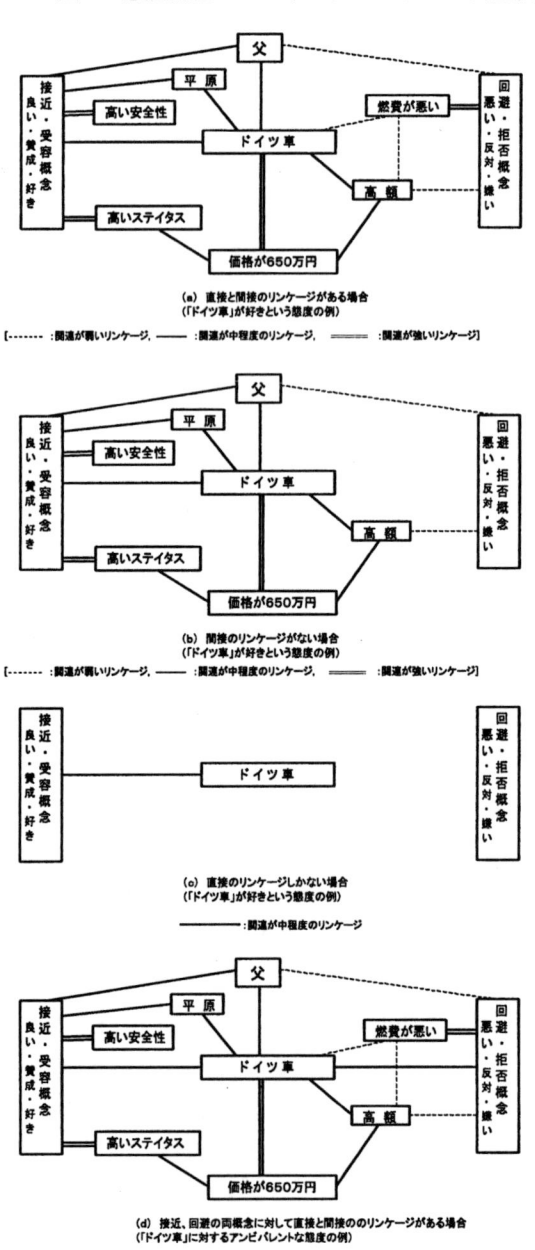

[········ : 関連が弱いリンケージ, ──── : 関連が中程度のリンケージ, ════ : 関連が強いリンケージ]

(b) 間接のリンケージがない場合
(「ドイツ車」が好きという態度の例)

[········ : 関連が弱いリンケージ, ──── : 関連が中程度のリンケージ, ════ : 関連が強いリンケージ]

(c) 直接のリンケージしかない場合
(「ドイツ車」が好きという態度の例)

──── : 関連が中程度のリンケージ

(d) 接近、回避の両概念に対して直接と間接ののリンケージがある場合
(「ドイツ車」に対するアンビバレントな態度の例)

[········ : 関連が弱いリンケージ, ──── : 関連が中程度のリンケージ, ════ : 関連が強いリンケージ]

第4の例は、態度対象が好きなのだが同時に嫌いでもあるというアンビバレントな状態、すなわち「接近・受容」概念と「回避・拒否」概念の両方に直接のリンケージがある場合である（d）。
　土田（1994ab,1996）は、リンケージ・モデルにおける仮定として、態度が行動の規定因として強く機能するようになるための要因として、1）態度対象と接近・受容概念あるいは回避・拒否概念との直接のリンケージの強さ、2）態度対象と接近・受容概念あるいは回避・拒否概念との間に多くの間接のリンケージがありかつそれらが評価的に無矛盾的に構成されていること、などをあげている。
　態度対象と「接近・受容」概念あるいは「回避・拒否」概念との直接のリンケージの強さとは、態度対象が活性化することによって「接近・受容」概念あるいは「回避・拒否」概念がどの程度活性化しやすいかということである。この点については、Fazioらが態度アクセスビリティという概念のもとに一連の研究をおこなっている（ex. Fazio, *et al*,1982）。Fazioらのいう態度アクセスビリティとは態度対象の活性化による「接近・受容」概念あるいは「回避・拒否」概念の活性化のしやすさとほぼ同義の概念と考えられる。操作的には、Fazioらは、態度アクセスビリティは自分の態度の表明を求められてから実際に表明できるまでの時間によって測定できるとしている。Fazioらは、例えば、投票行動において態度アクセスビリティが高いほど、事前の態度と実際の投票行動の一致度が高い（Fazio & Williams,1986）ことなどを明らかにしている。
　McGuire（1961,1962,1964）の接種理論や、Petty & Cacioppo（1986）の精緻化見込みモデルなどの知見にもとづけば、態度対象が短期記憶内に活性化されることによって同時に活性化される他の認知要素が、評価的にお互いに無矛盾的に斉合化しており、さらに、自己の価値観の認知体系に組み込まれている場合には、態度の意思決定に対する規定力は高くなり、また、態度は変化しにくいものになると考えることができる。
　ちなみに、以上のような意思決定に対する規定力が高い態度の形成を促進させる要因として、土田・花沢（1984）は「態度対象に対する感情の強さ」、土田（1985,1990）は「態度対象をよく考えること」があることを明らかにしている。

さて、態度を、リンケージ・モデルのような認知ネットワーク構造で表現するとすれば、価値観と態度との関係は図5のように表現することができるであろう。

前述のように、価値観は個人にとって一般論としての善悪や好悪の評価パターンであり、態度に比べればはるかに強固であり、長期にわたって変化し難いものであると考えられる。したがって、価値観を形成する認知要素と多くのリンケージを持っている態度構造ほど長期にわたって変化し難いと考えられる。

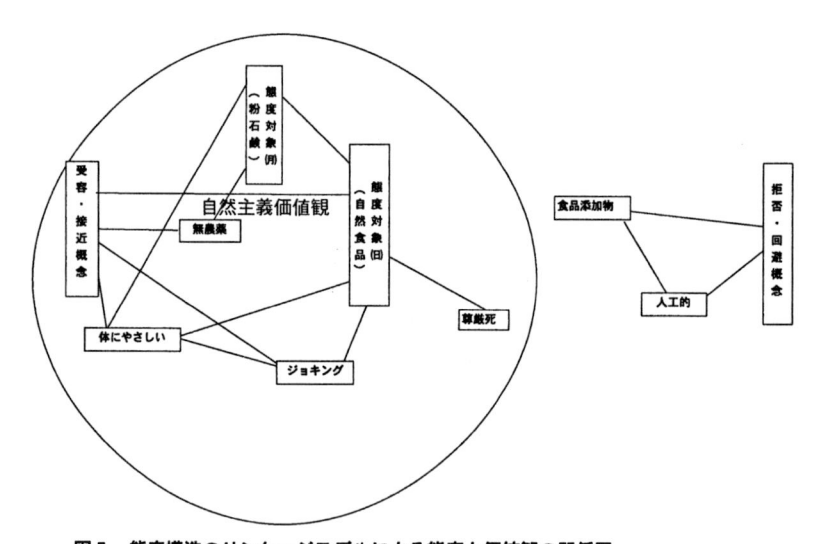

図5 態度構造のリンケージモデルによる態度と価値観の関係図

また、図5における「自然食品」と「粉石鹸」のように、複数の態度や価値観との間で、リンケージを共有している認知要素を多く持っているほど、それらの態度や価値観は同一のカテゴリに属するものと認知されやすくなり、同一視や評価の般化（cf. 新倉, 1998）が生じやすくなるであろう。

4.3.2 認知構造としての自己概念

自己概念を純粋な認知論によって説明しようとするものとして、Markus

(1977)による自己スキーマ理論がある。自己スキーマ理論においては、自己とは「過去、現在、未来の自分についての認知が情報処理のために構造化されたもの、すなわち、スキーマ」であるとする。

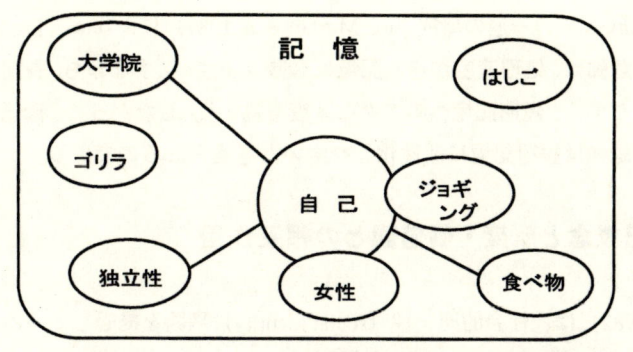

図6　セルフ・スキーマの構造（Markus & Smith, 1981）
［池上知子・遠藤由美「グラフィック社会心理学」サイエンス社　1998　p107　より修正して転載］

　自己をこのようにとらえることによって、自己に関する情報処理は他の情報処理に比べて速いこと（Markus,1977）、自己に関連する情報の記憶成績がよいこと（self-reference effect: Rogers,et al,1977）などを認知論的に説明することができる。

　自己概念をスキーマであると捉えることが可能であるならば、自己概念は態度の認知構造と同種のものとみなすことが可能であり、態度と自己概念を認知構造として統一的に説明することが可能であろう（土田,1998）。

　自己概念が評価的にどのような構造をとるかについての示唆を端的に与えているのは認知的不協和理論（Festinger,1957）であろう。吉田（1967）やAronson（1968）やBramel（1968）は、認知的不協和理論のいう心理的ストレスすなわち認知的不協和が生じるのは、単なる相矛盾する認知ではなく、自己概念とその自己概念に矛盾する認知を持ったときであると論じている。すなわち、例えば、「私は煙草を吸う」という自己概念を構成する認知要素にとって脅威となる「喫煙の習慣によって癌になる」という認知がもたらされたときに生じる心理的ストレスが認知的不協和の本質であるというのである。このことから、認

知的不協和理論は、自己正当化動機を中心とした一種の自我防衛動機についての理論であるとみなすことができる。このことは、人が「自分は常に絶対正しい」という認知をもっているということを意味している。すなわち、自己概念は、接近・受容概念と常に結びついていると考えられるのである土田(1998)。

また、Markusらの一連の研究（ex. Murkus,et al,1987）によれば、自己概念に関連した認知は、処理速度が速く記憶にも残りやすい(すなわち、長期記憶に保存されやすく、短期記憶へのアクセス度も高い)。したがって、自己概念を構成する認知は短期記憶に活性化しやすいと考えられるのである。

4.4 自己概念と態度・価値観との相互作用

Tajfel（1982）は、社会的同一性（social identity）理論を提唱している。この理論は、人間のカテゴリー情報処理の結果として内集団と外集団が実際以上に差異のあるものとして認知され、自分が所属する内集団がもっている価値観や態度、あるいは、文化を内面化することによって、社会が自己概念を規定している、また、そのような集団成員に共通した自己概念すなわち社会的同一性を成員が保持していることが、集団の集団たるゆえんであると主張するものである。このことは、態度や価値観が認知要素を共有することによってカテゴリー化されるのと同じように、自己概念もまた他者と認知を共有しているという認識がカテゴリーとして知覚されるものであるということでもある。

先に述べたように、個人におけるすべての態度の統合されたシステムが価値観であると定義することができ、また、文化は、特定集団内において成員が共通して保持している価値観であると定義することができよう。したがって、社会的同一性理論のいう共通した自己概念を保持することになるメカニズムは、文化あるいは価値観として集団成員に共通して保持されているシステムとしての態度構造に斉合するように自己概念の認知要素が再構成されることであると解釈することが可能であろう。

すなわち、自己概念は社会あるいは集団の一員として他者と共通の価値観を持つことによっても規定されていると考えられるのである。このことを認知構造として図示すれば図7のようになるであろう。

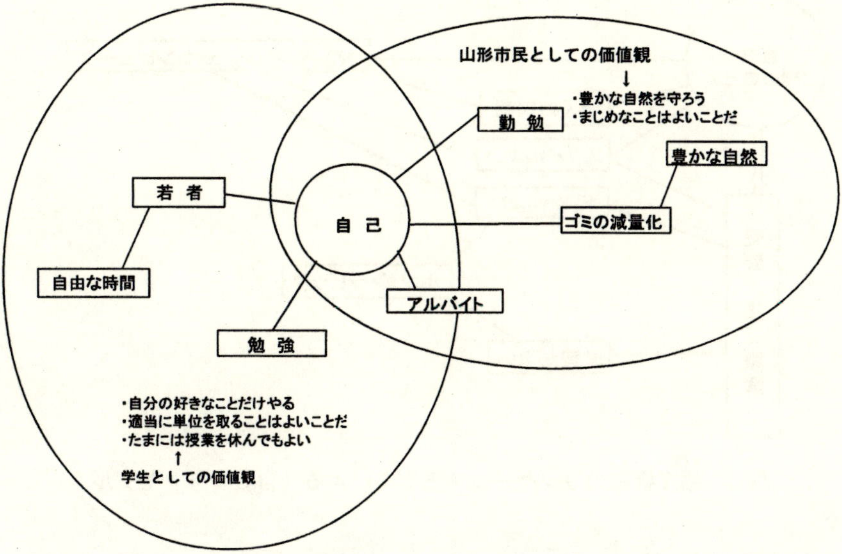
山形市民としての価値観
↓
・豊かな自然を守ろう
・まじめなことはよいことだ
勤勉
豊かな自然
若者
自己
ゴミの減量化
自由な時間
アルバイト
勉強
・自分の好きなことだけやる
・適当に単位を取ることはよいことだ
・たまには授業を休んでもよい
↑
学生としての価値観

図7　価値観の共有としての文化モデル

それでは、個々の態度と自己概念との間との関連にはどのような法則性があるといえるであろうか。前述のように、認知的不協和理論に基づけば自己概念は受容・接近概念と強固なリンケージを持っていると考えられる。したがって、態度対象すなわち購買候補と認知された商品が自己概念との間に強い直接のリンケージを形成して、多くの間接のリンケージも形成している場合には、態度対象は受容・接近概念との間に変化し難い強固なリンケージをもつことになる。これが、いわゆる「自我関与」した状態である。図8に示した例では、「マッキントッシュ・コンピュータ」が自我関与した状態である。図8の例の「ホンダ・シビック」は肯定的な態度が形成されてはいるものの自我関与した状態ではない。このような自己概念と個々の態度との関係は、一般には長期記憶内において保持されていると考えられるが、購買意思決定場面において、一時的に短期記憶内にこのような「自我関与」した状態が形成されることもあり得ると考えられる。

さらに、認知的不協和理論からは、強制的承諾、選択的情報接触など、さまざまな態度変化、態度形成についての知見が導かれているが、これらは、自己

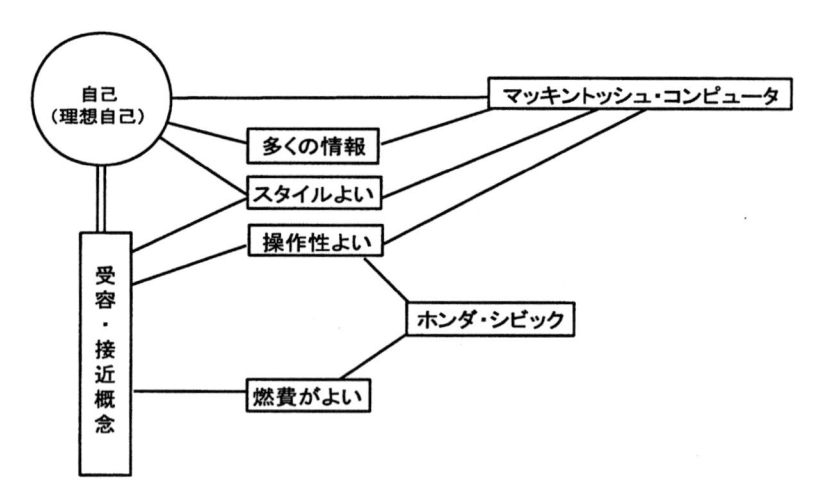

図8 態度構造のリンゲージ・モデルによる「自我関与」モデル

概念が受容・接近概念と強固なリンケージを持っているが故に、人間は自分がコミットしたことはすべて正しいと見なせるように態度変化・態度形成を行うものであることを示している。このことをリンケージ・モデルに即して表現すれば次のような仮説となるであろう。1) 長期記憶内の既存の態度の認知構造において購買対象が受容・接近概念とのリンケージを形成している場合には、特定の購買意思決定場面においても購買対象は受容・接近概念とのリンケージを形成しやすいため、購買行動が発現しやすいであろう。2) 長期記憶内の既存の態度の認知構造において購買対象が受容・接近概念とのリンケージを形成していない場合でも、特定の購買意思決定場面において、その場の雰囲気や店員のセールストークなどによって購買対象が自己概念と結びついた場合には、購買対象は接近・受容概念とリンケージを形成することになるため、購買行動が発現しやすくなるであろう。3) 長期記憶内の既存の態度の認知構造において購買対象が回避・拒否概念とのリンケージを形成していたにもかかわらず、購買意思決定場面において、購買対象が自己概念と結びつくようなことが生じた場合には、アンビバレントな状態となり心理的ストレスが生じる。この状態は不快であるのでa) 長期記憶内の回避・拒否概念とのリンケージが購買意思決定場面における一時的な受容・接近概念とのリンケージよりも相対的に強固

であるならば、一時的な受容・接近概念とのリンケージを否定して、購買対象を以前よりもさらに回避・拒否するようになるであろう。逆に、b) 購買意思決定場面における一時的な受容・接近概念とのリンケージがそれまでの長期記憶内の回避・拒否概念とのリンケージよりも相対的に強固であるならば、長期記憶においても購買対象は自己概念に合致するように接近・受容概念とリンケージを持つように認知構造の再構成がおこなわれるであろう。

4.4.1 自己概念が短期記憶内において活性化する状況要因

態度構造に対して自己概念が介入してくるということは、態度構造を構成する認知要素と、自己概念を構成する認知要素との間に相互活性化(すなわち連想) が生じ、既存の自己概念と斉合するように態度構造が形成、あるいは再構成されるということである。したがって、自己概念が短期記憶においてどの程度活性化されやすいかが、短期記憶内における態度構造への自己概念による介入の程度を規定するであろう。

Wicklund (1975) は。客体的自覚状態 (objective self-awareness) という概念を提唱している。客体的自覚状態とは自己概念が強く意識されている、すなわち、自己概念が短期記憶内に活性化されている状態であるが、これはカメラやマイクが自分に向けられている場合や鏡に映った自分をみている場合などに生じるとされている。客体的自覚状態にあるときに短期記憶内に形成される認知構造は自己概念に一致しやすくなるであろう。

ただし、Wicklund (1975) は客体的自覚状態に関連して、理想自己と現実自己という概念を提出して、客体的自覚状態によって意識されるようになるのは実際の自分よりもいくらか美化された認知である理想自己であって、本当の自分についての認知である現実自己ではないことを明らかにしている。

さらに、客体的自覚状態にあるときには、行動が態度や規範に一致しやすくなることが知られている (cf. Beaman, et al, 1979)。このことは、客体的自覚状態にあるときには意思決定のために形成される短期記憶内の認知構造には、態度や価値観、規範などのうち「たてまえ」についての長期記憶情報が影響をおよぼしやすくなるということを意味していよう。

4.4.2 自己概念が短期記憶内において活性化する個人内要因

自己概念が短期記憶内において活性化しやすいかどうかは、個人内要因にも依存するであろう。Fenigstein, et al（1975）は、自己に注意を向けやすい特性、すなわち、自己概念が短期記憶内に活性化しやすい特性を自己意識（self-consciousness）とよび、その下位概念として、公的自己意識と私的自己意識という概念をあげている。公的自己意識とは、自分の外見や行動など他者から見られている自分の公的側面に注意が向きやすい特性である。私的自己意識とは、思考や感情などの自分の内面に注意が向きやすい特性である。

Murkus（1977）の自己スキーマ理論にもとづけば、公的自己意識は自己概念を構成する認知要素が自分の公的側面に関するもので占められている自己意識であり、私的自己意識は自分の私的な内面に関する認知要素によって自己概念が構成されている自己意識であると考えることができる。したがって、購買意思決定のために短期記憶内に形成される認知構造は、公的自己意識の強い人の場合には自分の公的側面に関する認知要素が多く含まれると予測されるのに対して、私的自己意識の強い人の場合には自分の内面に関する認知要素が多く含まれると予測されるのである。

また、一般に、私的自己意識が強い人は、自分の感情や態度に一致する行動をとりやすいのに対して、公的自己意識の強い人は、他者の行動や社会規範の影響を受けやすいといわれている（押見,1992）。このことは、購買意思決定のために短期記憶内で形成される認知構造に対して、態度・価値観と自己概念のどちらが相対的に規定力がより強いかという点に関しては、私的自己意識の強い人は自己概念の規定力のほうが強く、公的自己意識の強い人は態度・価値観の規定力のほうが強いことを示していると解釈できる。

参考文献

Abelson, R. P. (1972), "Are attitudes necessary?" In B. King & E. McGinnies, (eds.) *Attitudes, conflicts, and social change.* New York: Academic Press.
Aronson, E. (1968), "Dissonance theory: Progress and problems," In R. P. Abelson, E. Aronson, W. J. McGuire, T. M. Newcomb, M. J. Rosenberg, & P. H. Tannenbaum (eds.),Theories of cognitive consistency. Chicago: Rand McNally. Atkinson, R. C. & Shiffrin, R. M. (1968), "Human memory: A proposed system and its control processes," In K. W. Spence & J. T. Spence,(eds.) *The psychology of learning and metivation,*Vol.2. New York: Academic Press.
Beaman, A. L., Klentz, B., Diener, E., & Svanum, S. (1979), "Self-awareness and transgression in children: Two field studies." *Journal of Personality and Social Psychology,* 37: 1835-1846.
Bettman, J. R. (1986), "Consumer Psychology," *Annual Review of Psychology,* 37:257-289
Bower, G. H., Clark, M. C., Lesgold, A. M., & Winzenz, D. (1969), "Hierarchical retrieval schemes in recall of categorized word lists," *Journal of Verbal Learning and Verbal Behavior,* 8: 323-343.
Bramel, D. A. (1968) "Dissonance, expectation, and the self," In R. P. Abelson, E. Aronson, W. J. McGuire, T. M. Newcomb, M. J. Rosenberg, & P. H. Tannenbaum (eds.),*Theories of cognitive consistency.* Chicago: Rand McNally.
Broadbent, D. E. (1958), "Perception and communication." London: Pergamon Press
Collins, A. M. & Loftus, W. F. A. (1975), "A spreading-activation theory of semantic processing," *Psychological Review,* 82: 407-428.
Collins, A. M. & Quillian, R. (1969), "Retrieval time from semantic memory." *Journal of Verbal Learning and Verbal Behavior,* 8: 240-247.
Craik, F. I. M. (1970), "The fate of primary items in free recall." *Journal of Verbal Learning and Verbal Behavior,* 9: 143-148.
Fazio, R. H., Chen, J., McDonel, E. C., & Sherman, S. J. (1982), "Attitude accessibility, attitude-behavior consistency, and the strength of the object-evaluation association," *Journal of Experimental Social Psychology,* 18: 339-357.
Fazio, R. H. & Williams, C. J. (1986), "Attitude accessibility as a moderator of the attitude-perception and attitude-behavior relations: An investigation of the 1984 presidential election," *Journal of Personality and Social Psychology,* 51: 505-514.
Fenigstein, A., Scheier, M. F., & Buss, A. H. (1975), "Public and private self-consciousness: Assessment and theory" *Journal of Consulting and Clinical Psychology,* 43:522-527.
Festinger, L. (1957), *A theory of cognitive dissonance,* Evanstone: Row, Peterson.
Fishbein, M. & Ajzen, I. (1975) *Belief, attitude, intention and behavior: an introduction to theory and research, Reading*: Addison-Wesley.
Glanzer, M. (1972), "Storage mechanisms in recall," In G.H.Bower & J.T.Spence (eds.) *The psychology of learning and motivation,* Vol.5. New York: Academic Press.

Lachman, J. L. & Lachman,R. (1979), "Theories of memory organization and human evolution," In C. R. Puff (ed.) *Memory organization and structure.* New York: Academic Press.

Markus, H. (1977) "Self-schemata and processing information about the self," *Journal of Personality and Social Psychology*, 35: 63-78.

Markus, H., Hamil, R., & Sentis K.P. (1987) "Thinking fat: Self-schemas for body weight and the processing of weight relevant information," *Journal of Applied Social Psychology*, 17: 50-71.

Markus, H. & Smith, J. (1981), "The influence of self-schemata on the perception of others," In N. Cantor & J. F. Kihlstrom (eds.) *Personality, cognition and social interaction*, Hillsdale: Lawrence Erlbaum.

McGuire, W.J. (1961), "Resistance to persuasion conferred by active and passive prior refutation of the same and alternative counterarguments" *Journal of Abnormal and Social Psychology*, 63:326-332.

McGuire, W.J. (1962), "Persistence of the resistance to persuasion induced by various types of prior defenses," *Journal of Abnormal and Social Psychology*, 64: 241-248.

McGuire, W. J. (1964), "Inducing resistance to persuasion: Some contemporary approaches" In L. Berkowitz (Ed.), *Advances in experimental social psychology*, Vol.1, New York: Academic Press.

Milner, B. (1966), "Neuropsychological evidence for differing memory processes, Abstract for the symposium on short-term and long-term memory," *Proceedings of the 18th International Congress of Psychology.*

Murray, H. A. (1938), *Explorations in personality: A clinical and experimental study of fifty men of college age.*【マアレー　外林大作（訳編）1961 パーソナリティ　誠信書房】

新倉貴士 (1998) カテゴリー化概念の可能性を求めて：消費者・マーケティング研究におけるカテゴリー化概念の展開. 慶應義塾大学大学院経営管理研究科平成9年度学位申請論文

押見輝男 (1992) 自分を見つめる自分：自己フォーカスの社会心理学　東京：サイエンス社

Petty, R. E. & Cacioppo, J.T. (1986), *Communication and persuasion: Central and peripheral routes to attitude change.* New York: Springer-Verlag.

Reynolds, T. J. & Gutman, J. (1984), "Laddering: Extending the repertory grid methodology to construct attribute-consequence-value hierarchies," In R. E. Pitts, Jr. & A. G. Woodside, (eds.) *Attribute-consequence-value hierarchies: In personal Values and Consumer Psychology.* Lexington: D. L. Heat & Company.

Reynolds, T. J. & Gutman, J. (1988), "Laddering theory, method, analysis, and interpretation," *Journal of Advertising Research*, 28(1): 11-31.

Rogers, T. B., Kuiper, N. A., & Kirker, W. S. (1977), "Self-reference and the encoding of personal information," *Journal of Personality and Social Psychology*, 35: 677-688.

Rokeach,M. (1970), *Beliefs, attitudes and values: A theory of organization and change.* San Francisco: Jossey-Bass.

Rokeach, M. (1973), *The nature of human values*, New York: The Free Press.
Rosh, E. (1975), "Cognitive representations of semantic categories," *Journal of Experimental Psychology*, 104: 192-233.
Rosh, E. & Mervis, C. G. (1975), "Family resemblances: Studies in the internal structure of categories," *Cognitive Psychology*, 7: 573-605.
Rosh, E., Mervis, C .G., Gray, C., Johnson, W., & Boyes-Braem, P. (1976), "Basic objects in natural categories," *Cognitive Psychology*, 8: 382-439.
Shallice, T. & Warrington, E.K. (1970), "Independent functioning of verbal memory stores: A neuropsychological study," *Quarterly Journal of Experimental Psychology*, 22: 261-273.
Sherif, M. & Cantril, H. (1947), *The psychology of ego-involvement*, New York: Wiley
Tajfel, H. (Ed.) (1982), *Social identity and intergroup relations*. Cambridge University Press.

土田昭司 (1985) 対象について考えることが社会的判断におよぼす効果. 心理学研究, 55: 356-361.
Tsuchida, S. (1990), "Effects of thinking about target object on resistance to attitude change and on social judgment," *The Japanese Journal of Experimental Social Psychology*, 29(3):45-52.
土田昭司 (1994a) 消費者の態度構造：認知論的アプローチによる態度のリンケージ・モデル　消費者行動研究 1(2):1-12
土田昭司 (1994b) 消費者行動の意思決定過程モデル In 飽戸弘(編), 消費行動の社会心理学. 福村出版
土田昭司 (1996) 感情と社会的判断：意思決定と態度構造　In　土田昭司・竹村和久（編）感情と行動・認知・生理：感情の社会心理学　誠信書房
土田昭司 (1998) 態度構造と自己概念についての考察. 関西大学社会学部紀要, 29 (3):171-179.
土田昭司・花沢成一 (1984) 催眠誘導による嫌悪感情の強さが社会的判断に及ぼす効果　催眠学研究, 28(2):18-21.
Wicklund, R. A. (1975), "Objective self-awareness," In L. Berkowitz (Ed.), *Advances in experimental social psychology*, Vol.8. New York: Academic Press.
吉田民人 (1967) 情報科学の構想　吉田民人・加藤秀俊・竹内郁郎　社会的コミュニケーション　培風館

第5章
消費社会の進展と日本型マーケティング※

5.1 はじめに

　日本型マーケティングの限界が指摘されるようになって久しい。そして、この限界を克服するために、多くの議論や試みがなされてきた。しかし、限界に直面している日本型マーケティングの新たな方向を知るためには、そもそもなぜ日本型マーケティングが限界に直面しているかの理由を、日本型マーケティングの本来の特質とその背景にまで遡って明らかにする必要がある。

　先にわれわれは、池尾(1997)において、日本型マーケティングがいかなる背景のもとでいかなる特質をもって生成されてきたかをみてきた。そこでの結論は、戦後の生活様式は達成目標としてのアメリカ型生活様式に向かって激変し、そのなかで、わが国の消費者は未熟だが関心の高い状況に置かれ、この特徴に基づき、流通系列化、企業名ブランド、同質的マーケティング、連続的新製品投入といった、日本型マーケティングの特質が育まれてきた、というものであった。

　こうした背景と特質をもった日本型マーケティングの有効性が問われている。

　だとすれば、1990年代に入ってわが国が迎えた事態は、日本型マーケティングを支えてきた、「未熟だが関心が高い消費者」なる前提が変化したからだ、とみることができる。

　ただ、そうだとしても、この前提が、戦後50年を迎える90年代に入って、突然降って湧いたように変化したとも考えにくい。「未熟だが関心が高い消費者」なる前提の変化は、あるいはその変化の兆候は、遅くとも、高度経済成長

※ 本稿は、1998年3月に提出されたものである。

を果たしてとりあえず豊かな社会を達成したといわれる70年前後には、始まっていたとみるべきであろう。

本章は、このような問題意識のもとで、わが国の消費社会がとりあえずの豊かさを達成した1970年前後から90年代に至るまでの状況を振り返りながら、そこでの消費社会とそれに対応したマーケティングの展開過程を、「未熟だが関心が高い消費者」なる前提の変化という観点から検討し、そのことによって、わが国マーケティングの新たなる方向を示そうとするものである。

具体的には、まず次節において、1970年代において顕著になった消費の成熟化といわれる現象のなかで、いかに需要が変化し、そのなかでなぜ需要がみえにくくなったのかが、「未熟だが関心が高い消費者」なる前提の変化という観点から説明される。次いで、第3節では、こうした消費の成熟化のなかで展開された企業の製品種類多様化の推移が、さらに、第4節では、消費者の買い物行動の変化に伴う、流通チャネルのシフトやマーケティングの変化が、同様の観点から吟味される。そして、最後に、第5節は、まとめとわが国のマーケティングの新たな方向についての示唆にあてられる。

5.2 消費の成熟化

5.2.1 成長から成熟へ

1970年代を迎えると、わが国経済は、第一次石油危機をきっかけに、それまでの高度経済成長に別れを告げ、安定成長期に入った。

ただ、高度成長とか安定成長といっても、それは国全体の経済に関することであり、個々の産業においてはもちろん、高度成長期にも成熟市場はあるだろうし、安定成長期にも成長市場はあるだろう。しかし、高度成長期には安定成長期と比べれば成長市場が多く、逆に安定成長期には成熟市場が多くなるというのは、確かである。

したがって、70年代には、全般に成熟市場が増加することとなった。

成長市場においては、市場全体が成長しているため、場合によっては、その市場にいる企業すべてが対前年比売り上げ増ということが可能である。したがって、成長市場では、各企業のマーケティングの関心も、どちらかといえ

ば、ライバルに対するシェアの拡大というよりは、新規顧客の開拓に向けられる傾向にある。また、市場全体が伸びているため、むしろ供給力がものをいい、仮に企業間でマーケティングの良し悪しがあったとしても、それが業績格差としては顕在化しにくいということもある。

これに対して、成熟市場においては、市場全体の伸びが低下する。例えば、極端な例として、ゼロサムの市場を想定しよう。つまり、市場全体の規模は一定のままである。この状況で、ある企業が対前年比で売り上げを伸ばしたとすると、他の企業のいずれかは、必ず売り上げを減少させる。したがって、ゼロサム市場において、ある企業が売り上げ増をもたらすような新製品を発売したとすると、ライバル企業たちは、それによって自社の売り上げが減らないように、あるいは自社の売り上げを逆に増加させるような手だてを講じようとするだろう。つまり、ライバルを強く意識した相互行為が予想される。

それだけに、仮にある企業がうまく需要を掴んだ新製品を発売しても、ライバルが簡単には追随できないような仕掛けがないと、市場地位を大きく改善することは難しい。

そのため、成熟市場においては、成長市場と比べ、より競争を意識した形でマーケティングが行われることになる。分かり易くいえば、例えば新製品を計画する場合に、成長期では、その製品が消費者の好みにあったものであるかが最大の考慮事項になるのに対し、成熟期では、消費者の好みとの適合が大切であることはもちろんであるが、それとともに、ライバルが追随してきたときに自社の強みを発揮できるかということも、重要な考慮事項になる。

しかも、市場が成熟化して、市場全体の伸びが望めなくなると、企業間のこうしたマーケティングの良し悪しが、業績格差として顕在化しやすくなる。わが国の場合は、1970年代に安定成長期に入り、その結果多くの業界でこうした競争強調型マーケティングの必要性が叫ばれることになった。

70年代にわが国のマーケティングが新たな局面を迎えたといわれる理由のひとつは、この競争の強調とマーケティングによる業績格差の拡大である。[1]

つまり、需要の量的変化が、マーケティングのあり方に変化をもたらしたの

---

1) 小島(1985)を参照。

であった。

5.2.2 需要の質的変化

しかし、成長市場から成熟市場への移行がもたらすのは、需要の量的変化のみではない。それは、多くの場合、需要の質的な変化をももたらす。結論的にいうならば、この需要の質的変化のなかでわれわれが注目するのは、消費者一般における判断力の向上による未熟性の解消、そして関心の低下である。

これが典型的なのは、冷蔵庫や自動車のような、耐久消費財の場合である。例えば、冷蔵庫の市場が年々高い伸びを示し、成長期を迎えたとき、需要の主役は冷蔵庫という製品を最初に買う初回購入者であった。冷蔵庫の場合、実際には1960年代に普及率は急速に高まり、成長期を迎え、この時期に多くの人々が初めて冷蔵庫という製品を手にした。

しかし、1970年代に入ると、冷蔵庫の普及も一巡した。したがって、初回購入者による冷蔵庫の購買はあまり見込めなくなり、代わりに買い換え需要が大きな役割を果たすようになった。だが、買い換えサイクルの短縮化には限りがあるため、買い換え需要が中心になるにつれ、市場全体としての伸びは鈍化し、成熟期に入る。

市場の主役が、市場に新たに参入する買い手から、既存の買い手に移行していくという傾向は、冷蔵庫のような耐久消費財の場合ほど分かり易い形ではないにせよ、食品や日用雑貨品のような非耐久消費財、あるいは多くの業務用製品でもみられる。

このように、市場が成長段階から成熟段階に入るにつれ、単に需要の伸びが鈍化するという量的な変化だけでなく、需要の中心も初回購入者から反復購入者にシフトする。そして、需要の中心が初回購入者から反復購入者にシフトするに伴い、マーケティングの標的もシフトするのが普通である。

初回購入者と比べた反復購入者の注目すべき特徴は、製品知識の増加に伴う判断力の向上と、その製品の購買に対する関心の低下である。

一般に、初回購入者は新製品の基本機能に注目して購買し、その新製品が革新的なものであるほど、その購買によってより大きな生活様式の革新を手に入れる。これに対して、反復購買になると、その製品の基本機能はもはや当たり

前のものになるであろうし、反復購入した製品になんらかの改良が施され、それにより生活様式の革新がもたらされたとしても、その程度は、初回購買のときと比べれば、より小さなものにしかならないであろう。それゆえ、初回購入時と比べると反復購入のさいには、あるいは反復購買が繰り返されるほど、消費者の関心は一般に低下する傾向にある。

また、反復購入になると、過去に購買経験があるとともに、その製品の使用や消費の経験も蓄積している。したがって、反復購入を重ねるにつれて、消費者の製品知識も蓄積され、さらにそれにつれて、購買時の判断力も高まっていくものと思われる。

こうして、成熟期に入り、需要の中心が初回購入者から反復購入者にシフトするに伴い、市場は判断力の向上と関心の低下という面で、質的にも変化する。

確かに、その後の様々な改良製品の投入は、一時的には買い手の判断力を低下させたり、あるいはその製品の購買に対する関心を高めるかもしれない。しかし、その製品の誕生時に比べれば、改良製品のインパクトは弱く、買い手の学習と慣れのなかで、判断力の向上と関心の低下は不可避である。

また、買い手を初回購入者と反復購入者に単純に二分するというやり方が妥当でない場合もある。しかし、上記のような単純化した説明が当てはまるかどうかはともかく、いずれの製品においても、その誕生の段階から、様々な買い手が次々に市場に登場し、つまり新規にその製品の購買を始め、その後購買を繰り返していけば、平均的な買い手の判断力は向上し、逆にその製品の購買に対する関心は低下していくのが普通である。

5.2.3　踊らない消費者

池尾(1997)で指摘したように、わが国の消費者における未熟さと関心の高さは、もともとは戦後の生活様式の急激な米風化に端を発するものであった。すなわち、わが国の消費者は、戦後の貧しさのなかで垣間見たアメリカ型生活様式の達成に強い関心を示しながら、その達成の過程で直面した従来の生活様式とのギャップのなかで、消費者としては未熟な状態に置かれることになった。個々の製品に即して言えば、アメリカ型生活様式の達成に必要な製品の購買に

強い関心を示しながら、消費者としては未熟な存在であった、ということである。

　その後、わが国は、戦後の復興と高度経済成長のなかで大衆消費社会を誕生、発展させてきた。そして、1960年代後半には、わが国経済は、自由経済圏ではアメリカに次いで世界第2位の規模を達成したのであった。

　この間、人々は新たな消費生活を構成する多くの製品について学習し、そうした学習成果は他の人々に伝達され、あるいは次の世代に伝達され、次の世代はまた学習を重ねていった。つまり、長年に渡って、アメリカ型の生活様式を追い求めていくなかで、多くの消費者は、自分たちにとって快適なアメリカ型生活様式を実現していくのに必要な製品はどのような特徴をもったものかを学習し、アメリカ型生活様式にかかわる消費生活についての知識を蓄積していった。つまり、判断力の向上である。

　反面、戦後の貧しさのなかで垣間見、憧れてきたアメリカ型生活様式による豊かさが達成されるにつれ、その達成に対する関心も、つまりその達成にかかわる製品の購買への関心も、かつてに比べれば低下したことは確かであろう。

　すなわち、消費社会一般における判断力の向上と関心の低下である。

　それにともない、1960年代の急速な経済成長以降、アメリカ型生活様式の達成にかかわる個々の多くの製品カテゴリーにおいても、この購買に関する判断力の向上と関心の低下が急速に進んだはずであった。つまり、この需要の質的な変化は、多くの製品カテゴリーにおいて、既に60年代から始まっていたとみるべきであろう。

　実際、池尾(1997)で述べたように、1970年頃になると、わが国の消費社会も変質し、中流意識の蔓延、経済至上主義への反省、経済のサービス化、消費者ニーズの高度化・多様化といった傾向がみられるようになった。

　それでも、高度成長の間は、購買力の上昇が著しかっただけに、既に質的に成熟化した市場でも買い換えや買い増しが進み、あるいは新たな成長製品の登場も多かった。そのため、消費者におけるこの変化とそれに伴う従来の日本型マーケティングの行き詰まりは、徐々に進行していたとはいえ、その後の第一次石油危機後に比べれば、まださほど深刻なものとはなっていなかった。

　それが、第一次石油危機をきっかけに高度成長経済から安定成長経済に移行

して、消費者の購買力が低下すると、既に判断力を高め、関心を低めていた消費者の姿が一気に浮かび上がることになった。つまり、需要の質的な変化が表面化し、それまでのマーケティングの行き詰まりが顕在化することになった。

経験を積んで判断力を増した消費者は、もはや製品の基本機能だけでは満足せず、自分なりのニーズによりよく適合した製品を求める。しかも、かれらは、どれが自分のニーズによりよく合っている製品かの識別能力を高めている。これが需要の個性化や多様化をもたらす。

さらに、反復購買のなかで次第に、その製品の購買に対する判断力を高めながら関心を低下させた消費者は、大きな製品改良にしか反応しない傾向にある。

すなわち、戦後のわが国の消費者は、アメリカ型豊かさの実現にかかわる製品の基本機能の入手には、強く動機付けられていたが、それらの製品の反復購買においては、基本機能はもはや当たり前のものとなるため、基本機能の改善なり付加機能によって動機付けられることを必要とした。そのとき消費者が依然未熟で関心が高く、リスク回避的であるほど、製品の漸進的な改良が評価される。しかし、逆に判断力の向上と関心の低下が進めば、既存の製品カテゴリーのなかでもむしろ大きな改良が求められることになる。[2]

また、当該製品の購買に対する関心が低下するにつれ、消費者は、相対的には製品とニーズとの適合よりも、価格の安さを重視する方向に向かう。[3]

これに対して、企業側は、消費者の購買力低下のなか、多くの消費者の関心を呼んで成長期を迎えるような新規製品をなかなか開発できず、また、成熟化した既存製品については、こうした消費者行動変化の表面化に直面しなければならないとなると、かれらの目には、消費者の行動がみえにくいと映るわけで

---

2 池尾(1997)を参照。
3 厳密には、この指摘が成り立つためには、「消費者が、想起集合内の製品は、いずれも許容される最低品質水準を有している、と認識している」という条件が必要である。もちろん、この条件は、最低許容品質水準を満たしていると思われるもののなかから想起集合を形成するという、消費者の意思決定ルールのもとでは、自明である。また、Sherif and Hovland (1961)やRothschild and Houston (1977)が示唆しているように、この最低許容品質水準に含まれる製品の範囲は、関与度の低下とともに拡大することが、知られている。さらに、この意思決定ルールが成り立たない場合でも、少なくとも1970年代以降のわが国においては、上記の条件は多くの製品カテゴリーで多くの消費者にとって、満たされていたように思われる。

ある。

そのため、当時のマーケティングの文献においては、需要の個性化・多様化が叫ばれる一方で、「踊らない消費者」とか「消費者は変わった」といった表現がなされ、あるいは経済のサービス化とのからみで「モノ離れ」が指摘された[4]。

第一次石油危機後の安定成長経済に入って、消費者の変質が強調され、従来のマーケティングの行き詰まりが指摘された背後には、こうした消費者の判断力の向上と関心の低下の表面化という事情があったものと考えられる。

5.3 消費者の多様化と製品ライン戦略

5.3.1 消費論争と製品種類の多様化

第一次石油危機に伴う消費者行動変化の表面化ののち、日本経済は安定成長期に入り、そのなかでの消費の停滞感やマーケティングへの不信感から、やがて80年代半ばになると、消費のあり方を巡る論争も生まれた。この論争は、消費者はその価値観において多様化しているか否か、消費者の多様化をいかなる尺度において捉えるべきか、多様化した消費者に対してマーケティングはいかに対応すべきか、などを巡って展開された。しかし、これらについて様々な

表1 主力商品が多品種少量生産になっているか

	実数	比率
なっている	52	63.4
なっていない	25	30.5
無回答	5	6.1
総数	82	100

出所:『季刊消費と流通』、1986年, 37号、16頁。

---

4 例えば、日本経済新聞社(1975)や田村(1976, 1977)を参照。また、小沢(1985)も併せて参照。

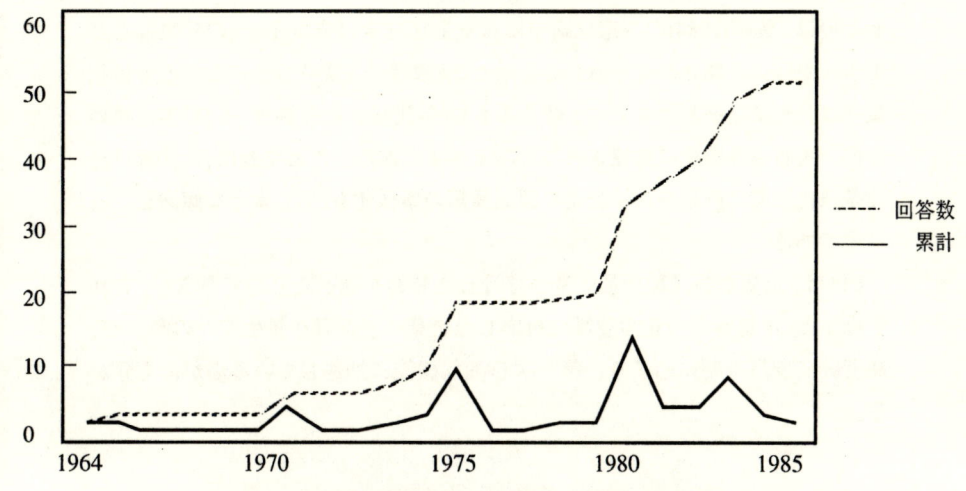

図1　多品種少量生産への移行を開始した時期
出所:『季刊消費と流通』、1986年37号、16頁。

　議論を展開したほとんどの論者において、少なくとも消費者の行動においては多様化傾向がみられるという認識は、共通していた。
　もっとも、この消費者の時系列的多様化傾向については、明確な実証的根拠があるわけではない。わずかに1986年の『国民生活白書』と田村(1989)が実証データを示しているが、これらも特定時点における品目間や世帯間の比較であって、時系列的比較ではない。
　ただ、消費論争に参加した多くの人々が多様化傾向を認めていることに加え、表1にあるように、多くの企業のマーケティング担当者がこの傾向を実感しているところをみると、少なくとも消費者の行動レベルにおける多様化傾向は、ほぼ間違いないと考えてよいであろう。
　そして、消費者行動における多様化傾向の背後には、消費者の判断力の向上があったというのが、われわれの立場である。この多様化傾向は、企業の製品ライン戦略の変更を迫り、さらに、多品種少量生産技術の発展や製品開発スピードの向上が、企業における製品種類の多様化を可能にしたのであった。
　消費論争は、1980年代の中頃に、山崎(1984)の『柔らかい個人主義の誕生』、

5　『季刊消費と流通』編集部(1986)を参照。

あるいは、藤岡(1984)の少衆化論や博報堂生活総合研究所(1985)の分衆論などをきっかけに展開されていった。しかし、消費者の実際の行動における多様化傾向は、先に指摘したように、遅くとも60年代後半には始まり、70年代初めの第一次石油危機後に加速されたとみるべきである。だとすれば、消費者行動の多様化傾向に触発された企業の製品種類の多様化も、同じような傾向をとるはずである。

　図1は、企業が多品種少量生産へ移行した時期を調べたものであるが、これを見ると、消費者多様化の認識に対応した企業の多品種少量生産への動きが、高度経済成長末期に始まり、第一次石油危機後に加速している姿がよく分かる。

表2　1977年から86年までの主力商品における種類増加

	実数	比率
50倍以上	1	2.0
20倍以上50倍未満	2	4.0
10倍以上20倍未満	10	20.0
5倍以上10倍未満	5	10.0
2倍以上5倍未満	26	52.0
2倍未満	6	12.0
総数	50	100.0

出所:『季刊消費と流通』、1986年, 37号、17頁。

　また、表2は、1977年から86年までの10年間の主力商品における種類増加を企業に尋ねた結果であるが、ここでも、当時の製品種類多様化傾向が確かめられる。

　さらに、表3は同じ調査において、多品種少量生産の採算性を尋ねたものであるが、80年代の半ばの段階で、8割近い企業は大部分の品種において採算が

6　また、『季刊消費と流通』編集部(1984)による主要企業の新製品に関する調査は、1981-1983年の間の新製品の増加傾向を示している。

とれていると認識している。もちろん、逆に言えば、2割強の企業が半数近く以上の品種で採算がとれていないわけであるが、それでも、この数字を見る限り、企業による製品種類の多様化は、その多様化が急激なものであったのにもかかわらず、かなりの成果を上げているといえる。

表3　多品種少量生産の採算性

	実数	比率[1)
全品種で採算がとれている	8	15.4
大部分でとれているが一部とれていない	33	63.5
半数でとれている	7	13.5
一部とれているが大部分とれていない	4	7.7
総数	52	100

注：1）四捨五入により比率の合計は100にならない
出所：『季刊消費と流通』、1986年，37号、17頁。

つまり、企業の製品種類多様化のやり方には改善の余地があったかもしれないが、製品種類多様化という方向は、多くの場合、正しいものであったと考えてよいであろう。

5.3.2　製品種類削減への動き

ところが、その後1990年頃になると、わが国の各企業は逆に相次いで製品種類の削減に向かい、バブル経済の崩壊はその傾向に拍車をかけることになった。こうした動きの例を拾ってみると、味の素、キユーピー、カゴメ、メルシャン、サントリー、ライオン、資生堂、コーセー、エステー化学、ワールド、ソニー、ビクター等々、枚挙にいとまがない。また、表4は、日本経済新[7]

7　『日経ビジネス』、1990年9月10日号;『日経ビジネス』、1993年3月22日号;『日経流通新聞』、1991年3月21日;『日経流通新聞』、1991年3月23日;『日経流通新聞』、1990年10月16日;『日経流通新聞』、1993年4月29日;『日経流通新聞』、1991年5月25日;『日経流通新聞』、1995年7月20日;『日本経済新聞朝刊』、1991年5月8日;『日本経済新聞朝刊』、1992年3月11日;『日本経済新聞朝刊』、1992年3月27日;『日経産業新聞』、1991年11月7日;『日経産業新聞』、1991年5月2日。

表4 POSデータに見る「新製品売上げ上位10社の新製品依存度」

新製品順位	売上高金額（万円）	企業名	1989年7月-1990年6月 全売上高に占める新製品の比率（%）	86年7月-87年6月 全売上高に占める新製品の比率（%）
1	4582	花王	10.2	16.7
2	4431	ユニ・チャーム	45.9	42.5
3	2495	伊藤ハム	9.7	18.3
4	2478	雪印乳業	4.4	7.3
5	2225	丸大ハム	21.1	31.8
6	2117	雪印食品	17.9	22.6
7	2060	明治製菓	16.7	24.3
8	1960	味の素	5.3	3.1
9	1889	森永乳業	7.5	10.4
10	1851	ロッテ商事	11.7	20.5

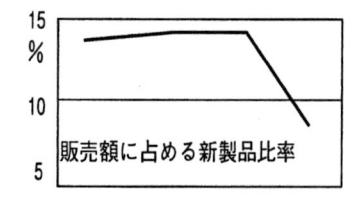

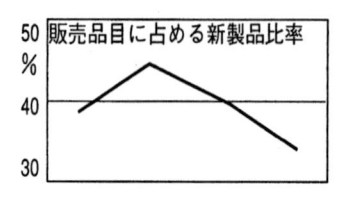

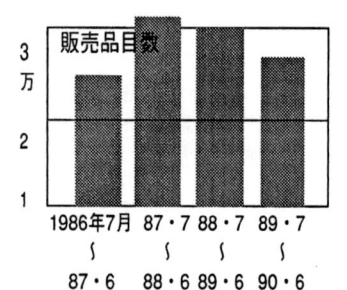

1: データはNEEDS-SCAN（日本経済新聞のPOS情報サービス）より。対象店舗は、首都、中京、近畿の3大都市圏にある5チェーン12店舗。
2: ランキングからはスーパー（総合量販店）のプライベートブランドは除いた。
3: 「売上高に占める新製品率」は対象店舗内の当該メーカーの売り上げに占める新製品の割合。
4: 「新製品品目数」は対象店舗内で販売されたすべての新製品。
5: 「販売品目に占める新製品比率」は対象店舗内で販売したすべての商品品目に占める新製品の割合。
6: 「販売額に占める新製品比率」は対象店舗で販売した総売上高に占める新製品の割合。

出所：『日経ビジネス』1990年9月10日号、13頁。

聞社のPOSデータにおける新製品売り上げ上位10社の売り上げに占める新製品の比率や対象店舗全体での新製品の比率を時系列比較したものであるが、これを見ても、新製品による売り上げ貢献がいかに低下しているかが理解できる。

　この理由は、ひとつには、消費者ニーズの多様化のなかで多くの企業が製品種類の多様化を図った結果、その効果が飽和化したことであろう。また、競合する各メーカーが製品種類を多様化させても、結局どのメーカーも同じような製品種類をもつことになり、細分化されたそれぞれの市場セグメント（部分市場）をめぐる競争が激化したことにもよるだろう。

　逆に、製品種類の多様化に対する抑制要因が顕著になってきたことも指摘できる。例えば、多様化が新製品の質を低下させ、短サイクル化が収益を悪化させるということもある。また、急速な多様化に物流をはじめとする支援体制がついていかなかった、プロモーション努力や営業努力が多くの品目に分散して効果が低下した、小売業者による取り扱い品目の絞り込みの結果潜在市場の小

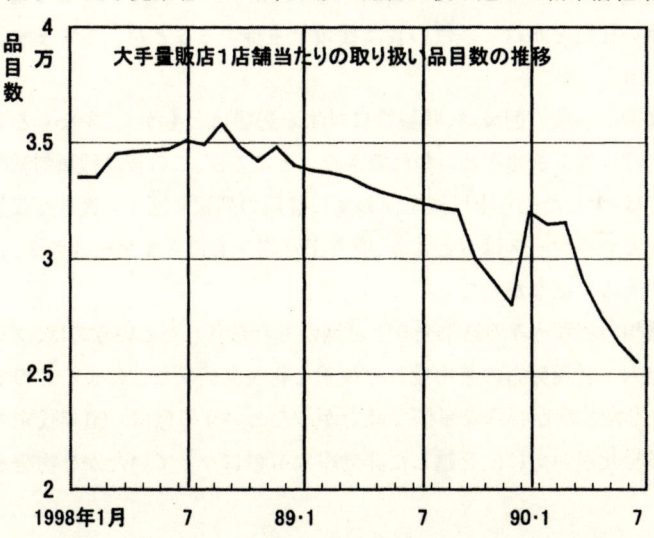

図2　大手量販店1店舗当たりの取り扱い品目数の推移

　　注：データはNEEDS-SCAN（日本経済新聞のPOS情報サービス）より。
　　出所：『日経ビジネス』1990年9月10日号、16頁。

さな製品は不利になった、等々である。

とりわけ、POS データ分析の発展は、小売業者における厳しい売れ筋の管理と死に筋の切り捨てをもたらした。すなわち、この当時、大手の小売業者は、POS データを活用して、売場効率の改善と消費者にとっての買い物のしやすさといった観点から、取り扱い品目数の削減に乗り出し、そのことがメーカー側の製品種類の削減に拍車をかけたといわれている。

図2は、1988年から90年半ばまでの、大手量販店の取り扱い品目数の推移を示したものであるが、これによれば、ピークの88年9月と比べ、2年後の90年7月には品目数が3割程度削減されている。

その結果、90年頃から製品種類の削減に踏み切った企業の多くにおいては、いわゆるABC分析によると、売り上げの大半が一部の品目に集中していたといわれている[8]。

しかも、バブル経済の崩壊後は、景気の悪化のなかで、消費者は一段と選択の目を厳しくするとともに、価格切り下げを期待し、メーカーはその圧力のなかで、高い費用をかけて多数の製品種類を維持することが、ますます困難になっていった。

一般に製品種類の削減は、収益性に対する影響はともかく、少なくとも費用と売り上げは減少させるといわれてきた。ところが、この製品種類削減の動きにおいては、大した売り上げ減を伴わずに費用の削減を図って大きな収益増をもたらすというケースはもとより、売り上げ増をもたらすケースさえ、必ずしも珍しいものではなかった。

製品種類の絞り込みの結果売り上げ増がもたらされたというのは、プロモーション努力・営業努力の集中投入や慎重な新製品開発などによるものであるが、そうした状況が特殊な事例ではなかったという事態は、80年代末の製品種類の多様化がいかに度を越した非効率なものになっていたかを物語っている。

---

8 例えば、味の素においては、1988年の段階で、全製品約4000中、下位800品目を切り捨てても売り上げは0.4%しか低下しないと、また下位2000品目を切り捨てても4%しか低下しないと見積もられていた（懸田(1993)）。

5.3.3 製品種類多様化とバリュー・フォー・マネー

ところで、製品種類多様化の目的は、製品種類の多様化を通じてのバリュー・フォー・マネー（価格と比べた製品の価値）の改善にある。つまり、製品種類の多様化を通して、個々の消費者ニーズにより近い製品を提供し、そのことによって、消費者に平均としてより高いバリュー・フォー・マネーをもたらすことである。

企業が製品種類を多様化させて、各製品の消費者ニーズへの適合度を高めていけば、消費者にとってのそれらの価値は高まっていくであろうが、同時に品目当たり売り上げ数量は低下して、費用は上昇する。逆に、品目数を削減し、品目当たりの売り上げ数量を確保して費用の削減を図ろうとすれば、消費者にとっての平均的な価値は低下する。製品種類の数の決定は、この費用と平均的価値との間のバランスのなかで行われる。

消費者は、いかに判断力を高め、その判断力のもとで自身のニーズに合致した製品をみつけたからといっても、そのために多少余分な費用をかけるかもしれないが、決して金に糸目を付けないわけではない。したがって、製品種類の多様化を図って製品と消費者ニーズの適合を高めても、それによってもたらされる価値の増加を上回る費用上昇があれば、メリットはない。また、費用を抑えての製品種類の多様化に成功しても、各製品が消費者の多様化したニーズにうまく適合していなければ、バリュー・フォー・マネーを改善させることはできない。

判断力を高めた消費者は、企業側が製品種類を増やしたとき、それらがかれらのニーズにどれだけ近いものであるかを見分ける能力を高めている。つまり、こうした消費者は、ニーズにより近い製品とより遠い製品の間の、価値の違いを識別する可能性が高い。したがって、本当にニーズに近い製品を提供できるのであれば、消費者の判断力の向上は、製品種類の多様化を促進するはずである。

しかし、判断力が向上しているなかで、製品種類の多様化が進行すれば、個々の品目が対応するニーズはより限られた範囲のものになるため、ますます正確なニーズの把握が必要になる。

他方、当該製品の購買に対する関心が低下している場合には、消費者の目は

製品とニーズとの適合よりも、価格の安さに向かう傾向にある。つまり、製品とニーズがうまく適合した多様化でないと、多様化による費用増のみが目立つ結果になりかねない。また、関心を低下させた消費者は、そもそも大きな価値の改善でなければ、価値の改善として反応しないという側面もある。

したがって、判断力を高め関心を低下させた消費者に対して製品種類の多様化が進めば、ニーズをますます正確に捉えなければバリューの改善として認識されないとともに、大きなバリュー・フォー・マネーの改善をもたらす製品種類の多様化ならば評価されるが、そうでなければいかに製品種類を増やしても見向きもされない、ということになる。

そのうえ、多様化が進めば、品目当たりの需要は減少するため、標的セグメントでのシェアを増加させないと、品目当たりの売り上げは低下する。ところが、競合する各企業が同じように製品種類を多様化させたとすると、結局は細分化されたより小さなセグメントを分け合うことになり、品目当たりの売り上げは低下し、費用だけが増加してしまう。こうした費用増は、それが価格に転嫁されれば、消費者にとってのバリュー・フォー・マネーを低めるし、企業が吸収すれば、採算の悪化を招く。あるいは、プロモーションなどの費用を多様化した品目間で分散させれば、やはり品目当たりの売り上げを低下させる。

1970年代から80年代にかけての製品種類の多様化は、確かに判断力を向上させた消費者ニーズの多様化傾向に合致したものではあった。ただ、製品種類の多様化を進めていくにつれ、1980年代末になると、バリュー・フォー・マネーの改善を提供できないケースが目立ってきたものと思われる。

そして、この傾向は、バブル経済の崩壊によって、さらに助長されたのであった。

5.3.4 製品ライン戦略の論理

製品種類の多様化は、あくまでも消費者のバリュー・フォー・マネーの改善をもたらすものでなければならない。1980年代末から90年代初頭のわが国においては、製品種類多様化のやり方ゆえに、このバリュー・フォー・マネーの改善に失敗したケースが増大したわけであり、90年頃からの製品種類削減の動きは決して、消費者ニーズが均質化に向かい始めたことを示すものではあ

まい。
　そこで、この間の事情を、メーカーの製品ライン戦略の観点から、整理してみよう。
　消費者ニーズの多様化といったとき、それは、個々の消費者にとってのいわば理想の製品が消費者間でどれだけばらついたものになっているかにかかわる。しかし、消費者ニーズの多様化に対応するための、製品種類の多様化を論じるさいには、それとともに、各消費者が自分の理想の製品により近い製品のために、つまり自分の好みによりよく適合した製品のために、どれだけ割り増し価格を支払おうとするかも考慮に入れる必要がある。
　個々の消費者の理想の製品が多様化していくという、消費者ニーズの多様化は、判断力の向上のなかで、おそらく一貫して進行しているとみるべきであろう。これに対して、消費者が支払おうとする割り増し価格は、判断力向上による増大効果と関心の低下による減少効果、それにバブル経済の崩壊のような経済状況の影響を受けて、揺れ動くことになる。
　これに対応する製品ライン戦略は、図3のように整理することができる。
　図3において、横軸の市場細分化の程度は、市場をどの程度きめ細かく捉えているかを示している。したがって、これは、市場を細分化した結果得られたセグメントの数によって測定されると考えられてよい。

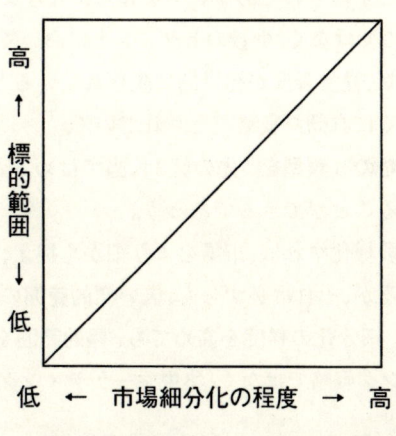

図3　市場細分化の程度と標的範囲

これに対して、縦軸の標的範囲は、市場全体のなかのどれだけの部分を標的とするかを示している。したがって、標的範囲は、市場を細分化した結果得られたセグメントのなかで、どれだけの数のセグメントを標的とするかによって測定される。設定されたセグメント数を上回る数のセグメントを標的とすることはありえないから、45度線の右下のみが意味をもつ。

マーケティングのテキストブックではしばしば、このような市場への対応の仕方を、無差別マーケティング戦略、差別的マーケティング戦略、集中マーケティング戦略という三つの類型に分類している。[9]

まず、無差別マーケティング戦略とは、消費者間の差異をある程度無視し、より少ない種類の製品とマーケティング・ミックスで市場に対応しようとするものである。つまり、市場における異質性よりもむしろ共通部分に注目し、最大多数の消費者に評価される製品とマーケティング・ミックスの設計を意図するものである。

これに対して、差別的マーケティング戦略では、市場全体がいくつかのセグメントに区分されたうえで、複数のセグメントが標的とされ、標的セグメントそれぞれに向けて、別々の製品やマーケティング・ミックスが設計される。

第3の集中マーケティング戦略は、市場を細分化したうえで、ひとつないし少数のセグメントに標的を絞り、それぞれに製品やマーケティング・ミックスを適合させようとするものである。すなわち、大きな市場のなかの小さなシェアに甘んじるのではなく、少数のセグメントにおいて大きなシェアを得ようとするわけであり、経営資源が相対的に限られているときには、それらを集中できるため、とくに有効な戦略だとされている。

この市場対応戦略の3類型を、先の図3に当てはめると、それらは、図4のように、位置付けることができるであろう。

消費者ニーズが多様化すれば、市場をより細かく捉え、細分化の程度を高めることが有効になるが、それは必ずしも、広い標的範囲の維持を意味するものではない。つまり、細分化の程度を高めても、標的範囲を絞り込めば、つまり差別的マーケティング戦略ではなく、集中マーケティング戦略の方向に向かえ

---

9 市場対応戦略について、詳しくは、池尾 (1991) を参照。

ば、製品種類の数を抑えることも可能である。

80年代後半までの製品種類の増大とその後の絞り込みは、実は図5の矢印の方向に代表される圧力のなかでの、動きだとみることができるだろう。

判断力が高い消費者は、製品種類の多様化をより正確に評価し、バリュー・フォー・マネーの水準をより正確に把握できる。しかし、消費者における関心

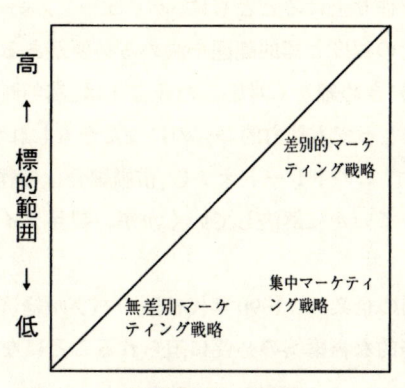

図4 市場対応戦略の3類型

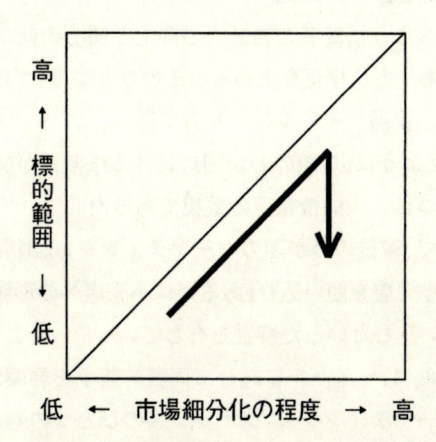

図5 製品種類の増大と絞り込み

の低下は、バリュー・フォー・マネーの水準に価格がより大きな影響を与えることを意味する。また、関心を低下させた消費者は、より大きな価値の改善に対してしか反応しない。

したがって、より高いバリュー・フォー・マネーを提供するためには、多様化したニーズそれぞれを正確に把握し、また、多品種少量生産・物流・マーケティングの仕組みを作り上げるとともに、バリュー・フォー・マネーという観点から、市場細分化の程度と標的範囲を決める必要がある。

すなわち、ニーズにきめ細かく対応した多様化は、高判断力のもとで関心を低下させた消費者にとっても魅力的なものになるかもしれないが、それは同時に費用増をもたらす。このトレードオフを、市場細分化の程度と標的範囲という二つの変数においていかに解決していくかが、製品ライン戦略の課題である。

こうして、わが国の企業は、1990年代初頭のバブル経済の崩壊を経て、製品ライン戦略の本格的な再構築の必要に迫られることになった。

5.4 消費社会の進展と流通チャネルのシフト

5.4.1 プッシュ戦略とプル戦略

市場の成熟にともなう消費者の判断力の向上と関心の低下は、他の面でもマーケティングのあり方に修正を求める。そのひとつは、プロモーションのあり方とも関連した、流通チャネルのあり方である。

池尾(1997)でみたように、戦後のわが国における未熟だが関心が高い消費者の行動特性のひとつは、人的情報源の重視であった。

この特性を受けて、戦後のわが国のマーケティングは、消費者の人的情報源の一部を構成する小売店を囲い込む、あるいは小売店への影響力を確保するために卸売段階を囲い込むといった特質を有していった。そして、この囲い込み流通チャネルを強みに、ライバルに対して同質的競争を展開するというのが、わが国におけるマーケティング・エクセレンスのひとつのパターンであった。また、そこでは、強みである囲い込み流通チャネルを支援し、活用するためにも、あるいはライバルに対する同質的競争を展開するためにも、製品ラインの

フルライン化が志向された。

　ところが、こうした人的情報源の囲い込みを基盤とするマーケティングのやり方も、消費者の判断力の向上と関心の低下のなかでは、有効性を低下させざるを得ない。そうなると、この面でも、マーケティングは変革を迫られる。

　マーケティングの分野では、古くから、プッシュとプルという戦略パターンが識別されてきた。ここで、プッシュ戦略とは、例えば消費財の場合でいえば、メーカーが流通業者に、働きかけ、影響力を行使し、あるいはそれらを囲い込み、説明販売や推奨販売といった流通業者による消費者への販売努力を活用するというやり方を重視するものである。したがって、この場合は、流通チャネルの行動をいかにコントロールしていくかが重要になる。

　これに対して、プル戦略においては、メーカーは自身の製品力と広告による消費者への直接的な働きかけによって指名購買を導き、それをもとに流通チャネルによる取り扱いを確保することに重点が置かれる。

　ただ、もちろん、プッシュ戦略をとる場合には広告は一切行われないとか、プル戦略のときにはチャネル・コントロールは等閑視されるというわけではない。現実には、とくに消費財の場合は、ほとんどの企業がプッシュ型活動とプル型活動の双方を行っており、プッシュ戦略とプル戦略の区別はあくまでも相対的なものだとみるべきであろう。

　そのため、プッシュとプルの戦略パターンは、企業間や製品間あるいは時系列的な比較において、語られることが多い。

　例えば、加工食品と自動車を比べた場合、一般に前者ではよりプル型のマーケティングが行われ、後者ではよりプッシュ型のマーケティングが行われていることは、直感的にも理解できよう。また、戦後のわが国のマーケティングにおいては、アメリカなどと比べると、よりプッシュ型の戦略をとる場合が多かったということができる。メーカーが小売段階まで囲い込みを行った自動車、家電製品、化粧品、大衆薬（一般消費者向け医薬品）といった消費財は、よりプッシュ型の戦略が多くみられた典型的分野であった。

5.4.2　消費者にとってのプッシュの価値

　次に、このプッシュ戦略とプル戦略の違いを、消費者サイドから考えてみよ

う。

　プッシュ型のマーケティングとプル型のマーケティングの、ひとつの大きな違いは、購買時に消費者になにが提供されるかである。例えば、消費財において極端なプル型のマーケティングを想定すれば、全くのセルフサービスのディスカウント・ストアのような小売店で、製品のみが消費者に提供されることになる。

　これに対して、プッシュ型マーケティングにおける小売店頭での対面販売を想定した場合、消費者には、製品のみならず、製品説明や用途提案、あるいは種々のサービスが提供される。つまり、この場合、消費者が小売店頭で支払う価格には、こうした情報提供やサービスの価格も含まれている。

　したがって、小売店によって提供される情報やサービスにそれなりの価値を見出す消費者には、プッシュ型のマーケティングが適切になるであろう。逆に、それらに価値を見出さない消費者には、情報提供やサービスにかかる人件費などの費用の分だけ、プッシュ型マーケティングは割高なものとなる。

　いま、ある消費者が初めてビデオデッキを買うという状況を想定しよう。もちろん、ビデオデッキを買おうとする以上、消費者はビデオデッキに関してなんらかの想定用途はもっているはずである。しかし、最初のビデオデッキの購買であれば、果たしてどのようなデッキが自分の用途によく合っているかが分からないかもしれないし、また、自分にとって魅力のある用途の全てには気が付いていないかもしれない。

　この場合、例えば電器店へ行って、店員の話を聞けば、参考になる製品説明が得られるかもしれない。ましてや、電器店の店員が消費者と顔馴染みで、その暮らしぶりを多少なりとも知っていれば、消費者が認識していない魅力的な用途についてアドバイスできる可能性も大きくなる。こうした説明やアドバイスが可能である場合には、小売店頭で提供される情報は、消費者にとって価値のあるものになるだろう。

　さらに、ビデオデッキを買ってきても、初めての消費者にとっては、それをテレビやアンテナと接続するのが一苦労である。そのとき、もし電器店の店員がこの接続をやってくれるならば、それは有り難い。つまり、この場合、デッキの接続はかなりの価値があるサービスなのである。あるいは、将来の故障な

どの可能性を考えたときには、身近な店で買ったという安心感も見逃せまい。

ところが、その後数年経って、同じ消費者が再びビデオデッキを買おうとする場合には、状況は変わっているかもしれない。つまり、数年間ビデオデッキを使った結果、この消費者はもはや人に聞かなくとも、自分にとって魅力的な用途がなにであるかを把握し、そのためにはどのような特徴の機種がよいかを見分けることができるようになっているかもしれない。

もしこれができるようになっているとしたら、電器店で提供される以前と同様の製品説明や用途提案は、より価値の少ないものになってしまう。あるいは、最初にビデオデッキを買ったときと比べてデッキの購買というものについての関心が低下すると、この価値の低下した説明や提案を聞くこと自体が、煩わしいものになってしまうかもしれない。

また、電器店によるデッキの接続サービスも、それが自分では簡単にできない消費者に対する場合と比べると、自分で簡単にできる消費者に対する場合は、価値が低下するだろう。

さらに、身近な店で買った安心感の価値も、その製品の購買への関心が低下し、また使用経験を積むに従い、低下していくものと思われる。

5.4.3 買い物行動の変化と流通チャネルのシフト

消費者の判断力が向上し、関心が低下するにつれ、プッシュ型のマーケティングによって提供される情報やサービスの価値は低下する。そうなると、プッシュ型の小売店は、価値の少ない情報やサービスの提供に費用をかけている分だけ、割高ということになる。しかも、判断力を高め関心を低めた消費者は、少ない手間で、自らの目によっていくつかの製品を比較したいと考える可能性も高まる。

その結果、典型的には消費財の場合、特定メーカーの製品を中心にプッシュ型の販売を行う小売店よりも、種々のメーカーの製品を低費用のセルフサービスで販売する小売店の方が、相対的には競争力を高める。

例えば、中小小売店の凋落と量販店の成長は、中小小売店がプッシュ型の、また量販店がプル型の販路であることを考えれば、わが国消費者における時系列的な判断力の向上と関心の低下の傾向に対応したものだと推察できる。

このような状況のもとでは、メーカーのマーケティングにおいても、流通チャネルのシフトが求められるであろうし、プッシュ型マーケティングからプル型マーケティングの力点の移行が必要になるであろう。
　わが国においては、1960年代に、大衆消費社会の誕生とともに、総合量販店と呼ばれる近代的な小売業態が台頭してきた。また、その後も、いくつかの近代的な小売業態が成長してきた。これら戦後生まれの業態の多くは、セルフサービス型の販売を特徴するものであっただけに、その成長は、消費者のこうした変化を背景に、メーカーにおけるプッシュ型マーケティングからプル型マーケティングへの流れを加速したとみてよいであろう。
　ただ、戦後生まれの新業態のなかで最初に大きな成長を遂げた総合量販店を取り上げてみても、総合量販店を展開している小売業者が、当初より80年代や90年代のかれらのような幅広い品揃えを有していたわけでは決してない。これらの小売業者の多くは、1950年代後半から60年代前半に、食料品や日用雑貨品などを中心とした比較的狭い品揃えのなかで、低価格、セルフサービス、チェーン経営を特徴に、いわゆるスーパーとして出発し、やがて規模の拡大にともない、徐々に品揃えを広げ、あるいは広い品揃えのなかで売り上げを伸ばし、80年代や90年代におけるような小売業態に至っている。
　この過程は、メーカーの立場からみれば、個々の製品における流通チャネルのシフトを伴うものであり、囲い込みの流通チャネルを中心としたプッシュ型マーケティングから、プル型マーケティングへの力点の移行を伴うものであった。そして、この背後には、総合量販店が品揃えを徐々に拡大していった個々の品目における、消費者の買い物行動の変化があったわけである。さらに、その買い物行動の変化のひとつの原因は、消費者の判断力の向上と関心の低下であった。[10]
　もちろん、こうした買い物行動の変化の理由のすべてが、判断力の向上と関

---

[10] 消費者行動の変化に伴うプッシュ型流通チャネルの衰退も、それが顕在化する程度は、市場の伸びに依存する。つまり、ある流通チャネルが消費者行動に合わなくなり、新たなチャネルが台頭してきても、市場が大きな伸びを示している間は、環境不適合をきたした従来型チャネルの衰退やそれによるチャネルのシフトは、緩和される。田村(1986)はこれをスラック効果と呼んでいる。しかし、市場の伸びが低下するに伴い、従来型チャネルの衰退とチャネルのシフトは加速されることになる。

心の低下によって説明されるわけではない。例えば、牛乳の販路がメーカー系列の宅配店から総合量販店へ、また、女性用生理用品の販路が薬局・薬店から総合量販店へシフトした原因は、消費者の判断力や関心以外による部分が大きい。

しかし、家電製品をはじめ、カメラ、フィルムなど、消費者の判断力の向上と関心の低下によって、消費者の買い物行動の変化、流通チャネルのシフト、メーカーのマーケティングの変化が説明されるケースは、少なくないように思われる。

5.5 むすび

本章では、池尾(1997)による日本型マーケティングの背景と特質に関する検討を受けて、日本型マーケティングを支える「未熟だが関心が高い消費者」なる前提の変化という観点から、日本型マーケティングの展開の過程を検討してきた。

そこから得られた結論は、日本型マーケティングの展開過程のかなりの部分は、「未熟だが関心が高い消費者」なる前提が崩壊に向かっているからだと考えることによって、うまく説明できるということであった。

そうなると、問題は、「未熟だが関心が高い消費者」なる前提の崩壊傾向が、なぜ90年代初頭のバブル経済の崩壊という事態を迎えて、日本型マーケティングの行き詰まりに結果したかである。

というのは、ある製品が市場に導入され、やがて普及が高まり、さらに買い換え需要や買い増し需要が増えてくるにつれ、消費者の判断力が向上して未熟性の解消に向かい、逆に関心が低下していくというのは、かなり一般的に観察できる傾向だからである。

戦後のわが国消費社会の場合は、ライフスタイルの激変により、この未熟性と関心の高さが多少極端な形を取ったわけである。したがって、消費者が、もともとは未熟だが関心が高いという状態からスタートし、市場の成熟化の過程で、判断力の向上により未熟性を解消させるとともに、関心を低下させてきたという現象は、戦後のわが国の場合はかなり以前から多くの業界において広く

存在していたとみなければならない。

　すなわち、日本型マーケティングを成り立たせてきた前提は、90年代を迎えて突然変化し始めたわけでない。その崩壊へと向かう動きは、一般的・長期的傾向としては、日本型マーケティングのスタート時点以来存在してきたと考えるべきであろう。その動きはある製品カテゴリーやある市場では、比較的早い段階でマーケティングの変化を要請するほどに進行し、また、別の製品カテゴリーや別の市場では、マーケティング担当者の関心を引くほどには至らずに、水面下で進行していた、ということである。

　とりわけ、市場全体が拡大している段階では、仮に判断力の向上と購買への関心の低下が進行して、従来の日本型マーケティングが環境に合わないものになっても、そうしたマーケティングと環境の不適合が、業績の悪化としては顕在化しにくい。

　しかし、それでも、変化は水面下では確実に進行していく。そして、このいわば蓄積された環境変化は、市場全体の拡大が望めなくなったときに、業界内地位の激変とか業界内格差の拡大という形で、一気に表面化する。

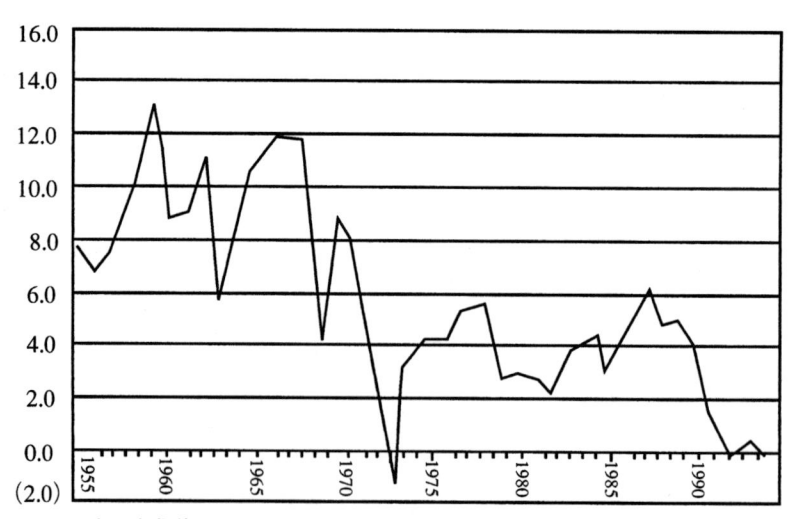

＊：1990年暦年価格
図6　実質国内総生産伸び率の推移＊

出典：経済企画庁、『国民経済計算報告：長期遡及主要系列：平成2年基準』、1996。

第2節で見たように、1970年代前半の第一次石油危機後の不況期に、様々な製品カテゴリーで需要の質的変化が叫ばれたのも、急激な景気の落ち込みによる需要への直接的影響という部分はあるにしても、この蓄積された環境変化が不況によって表面化したという部分が大きいように思われる。
　これに対して、第一次石油危機後の不況が終わってから90年代初頭のバブル経済崩壊までの期間は、図6にあるように、日本経済は、60年代と比べれば低い経済成長率のなかで景気の浮き沈みを経験しながらも、比較的安定した推移を辿った。
　そのため、経済成長率が低下して安定成長経済になったことによる消費の停滞感が続き、環境変化は、60年代の高度経済成長期に比べれば、より多くの製品カテゴリーや市場で、また、個々のケースにおいてはより厳しい形で、表面化した。だが、逆に、4％内外の成長率で比較的安定した経済状況のなか、第一次石油危機直後に比べれば、あるいはその後のバブル経済崩壊後と比べれば、この表面化は限られたものであったとみることができよう。
　本章の第3節や第4節で検討した、製品種類の多様化と削減、あるいはプッシュ戦略からプル戦略への重点のシフトは、そうしたいわば中程度の厳しさの経済状況における、中程度の表面化のなかで、少なくない数の企業がとった対応であった。
　ところが、90年代になってバブル経済崩壊後の景気低迷期を迎えると、この環境変化の表面化は、製品カテゴリーや市場の数においても、個々のケースの深刻度においても、急激に増大したものと考えられる。
　しかも、1990年代にもなると、戦後50年以上の歳月が流れ、わが国で大衆消費社会が成立したといわれる1960年代から数えても、30年が経過している。したがって、判断力の向上と関心の低下という傾向も、一般的にはそれだけ進行したはずである。
　こうして、再び需要の変質が繰り返し指摘されるようになるとともに、時の流れのなかで蓄積され表面化した環境変化に直面して、マーケティングの抜本的な変革がもはや不可避になった製品カテゴリーや市場が、あるいは遠くない将来に不可避になる製品カテゴリーや市場が増大したわけであった。
　「未熟だが関心が高い消費者」なる前提の崩壊傾向が、90年代初頭のバブル

経済の崩壊を迎えて日本型マーケティングの行き詰まりに結果した背景には、このような事情があるものと考えられる。

だとすれば、日本型マーケティングの前提の崩壊傾向に伴う、マーケティングの新たな展開も、長期的・一般的には、この判断力の向上と関心の低下という方向で、考えられなければならない。また、製品をどのような小売業態で流通させるかという流通チャネル選択も、この枠組みに沿って理解できよう。

もちろん、これは、すべての製品カテゴリーのすべての市場において、等しく判断力の向上と関心の低下が生じているといっているのではない。場合によっては、関心の水準は維持されたまま、判断力の向上のみが進んでいるということもあるであろうし、別の場合には、関心の低下のみが生じているということもあるであろう。また、判断力の向上と関心の低下が同時に進んだとしても、それぞれの進行の程度は、個々の状況によってもちろん異なる。

われわれの主張は、戦後のわが国における消費社会の進展が、一般的・長期的傾向としては、判断力の向上による未熟性の解消と関心の低下によって特徴付けられる、ということである。

ただ、この主張に基づけば、わが国のマーケティングも一般的・長期的には、「未熟だが関心が高い消費者」という前提が成り立たない状況に向けて修正されなければならい。つまり、この傾向のなかで求められているのは、消費者の判断力の向上と関心の低下に対応したマーケティングの仕組みを作り上げることである。

これこそが、わが国のマーケティングの今日的課題である。

ところが、この課題の達成は、必ずしも容易ではない。なぜならば、既にわが国の企業の多くにおいては、流通系列化、企業名ブランド、同質的マーケティング、連続的新製品投入といった従来の日本型マーケティングが、意識においてあるいは仕組みとして、定着してしまっているからである。

しかし、従来の日本型マーケティングの前提が崩壊している、あるいは崩壊に向かっている限り、意識や仕組みの抜本的な改革が必要であったとしても、上記の方向での変革はわが国マーケティングにとって不可欠であるように思われる。

参考文献

藤岡和賀夫 (1984)、『さよなら、大衆』、PHP研究所。
博報堂生活総合研究所 (1985)、『分衆の誕生』、日本経済新聞社。
池尾恭一 (1991)、「企業環境とマーケティング戦略」、奥村昭博・池尾恭一、『日経を読むための経営学の基礎知識』、日本経済新聞社。
——— (1997)、「日本型マーケティングの背景と特質」、『マーケティング・ジャーナル』、63号。
懸田豊 (1983)、『味の素:クノール・カップスープ』、慶應義塾大学ビジネススクール。
『季刊消費と流通』編集部 (1984)、「激化する主要企業の新商品戦略」、『季刊消費と流通』、29号、11-13。
——— (1986)、「消費論を発展的に整理する」、『季刊消費と流通』、37号、26-35。
小島健司 (1985)、『成熟型消費市場のマーケティング』、日本経済新聞社。
日本経済新聞社 (1975)、『消費者は変わった』、日本経済新聞社。
小沢雅子 (1985)、『新「階層消費」の時代』、日本経済新聞社。
Rothschild, Michael L. and Michael J. Houston (1977), "The Consumer Involvement Matrix: Some Preliminary Findings," Barnett A. Greenberg and Danny N. Bellenger eds., *Proceedings of the American Marketing Association Educators' Conference*, 41, 95-98.
Sherif Muzafer and C. I. Hovland (1961), *Social Judgment*, New Haven, CT: Yale University Press. 邦訳:柿崎祐一監訳、『社会的判断の法則:コミュニケーションと態度変化』、ミネルヴァ書房。
田村正紀 (1976)、『現代の流通システムと消費者行動』、日本経済新聞社。
——— (1977)、「低成長時代における消費者志向」、『季刊消費と流通』、1号、13-23。
——— (1986)、『日本型流通システム』、千倉書房。
——— (1989)、『現代の市場戦略』、日本経済新聞社。
山崎正和 (1984)、『柔らかい個人主義の誕生』、中央公論社。

第6章
ブランド研究の系譜：その過去、現在、未来

6.1 はじめに：問題の所在

　ここ数年来、米国は元よりわが国においても、ブランド問題に対する実務家・研究者の関心の高まりは著しく、関連する多数の書籍・雑誌・論文の出版・発表に始まり、あるいは、学会・研究会やセミナー・講演会の開催に至るまで、実に様々な形でブランド問題に関する活発な議論が日々展開されている。すなわち、ブランドという言葉を目にしない日はなく、また、耳にしない日もないような状況にあり、正に、ブランド問題は、世紀を越えて議論され続けるマーケティング上の一大テーマとなりつつある。

　ところで、このように、今日、ブランドに関する議論が活発化する1つの契機となったのが、周知の通り、1980年代の米国において登場した「ブランド・エクィティ」(brand equity) の概念と、それに関連する一連の議論であった。特に、1991年に、Aaker教授の著書『Managing Brand Equity』（邦訳『ブランド・エクィティ戦略』）が出版されて以降、ブランドとその資産的価値に関する問題は、広告・マーケティング領域における最も重要かつホットな話題として、理論・実務の両面から大きく取り上げられてきた。

　ブランド・エクィティの概念が米国において登場してきた背景やそれが数多くの実務家・研究者の関心を集めてきた理由、およびマーケティング論におけるブランドの位置づけの変化については、後ほど詳しく触れる予定である。ただ、ここで注意すべきことは、近年のブランド論議における1つの流れとして、初期のような単にブランドの資産的価値の重要性を説くだけの啓蒙的な議論は次第に姿を消しつつあり、代わって、「いかにして強いブランドを構築するか」といった実践論・具体論、あるいは、「ブランド（の機能）とは一体何

なのか」といった本質論へと、議論の焦点が大きく変化してきている点である。

例えば、Aaker 教授の 2 冊目の著書『Building Strong Brands』(邦訳『ブランド優位の戦略』)などは、正に、このようなブランド論における潮目の変化を端的に表すものであり、同書においては、その書名が示す通り、強いブランドを構築するための枠組みや戦略課題についての掘り下げた議論が展開されている。また、前著において整理・体系化されたブランド・エクイティ概念に対して、新たに「ブランド・アイデンティティ」(brand identity)なる概念が提示され、その重要性が強調されるとともに、ブランド体系の構築と維持・管理、あるいはブランド管理の組織といった全社的マネジメント・レベルでの話題も取り上げられるようになってきている。

更に最近の動きとしては、Keller 教授の「顧客ベース・ブランド・エクイティ」(customer-based brand equity)論に代表されるように、様々なブランド問題を消費者知識(ブランド知識)の視点から整理し、従来の消費者行動研究の成果との一層の融合を図ると共に、ヨリ体系的なブランド管理の枠組みを提示しようとする試み(Keller 1998)、Duncan 教授と Moriaty 教授の「統合型マーケティング」(integrated marketing)論に代表されるように、「ブランド・リレーションシップ」(ブランドを通した顧客およびその他のステーク・ホルダーとの関係性)を中核概念に据え、従来からのIMC(統合型マーケティング・コミュニケーション)に関する議論とデータベース・マーケティングや関係性マーケティングに関する議論とを整理・統合しようとする試み(Duncan and Moriaty 1997)、あるいは、Schmitt 教授の「経験的マーケティング」(experiential marketing)論に代表されるように、消費の経験的側面をも加味してブランドのトータルな価値を再規定すると共に、そのマネジメントのあり方を問い直そうとする試み(Schmitt and Simonson 1997; Schmitt 1999)など、今後に向けての新たな議論の方向性も出始めてきている。

以上のように、現在、ブランド問題への関心の高まりには目を見張るものがある。また、ブランド研究それ自体についても、議論の拡がりと深まりを受ける形で、正に新たな局面に入ろうとしている。かかる研究の節目ないし転換期において、今後の議論を真に有用なものとしていくためには、これまでのブラ

ンド研究の流れを一旦整理し、われわれの立つ研究上の現在位置と今後の進むべき方向を確認しておくことも、決して無駄なことではなかろう。

本章の目的は、これまでのブランド研究の流れと最近の潮流変化、そして研究の現状と動向を、その原点（マーケティング実務上および研究上におけるブランドないしブランディングの原点）に立ち戻って整理・検討することにある。このため、以下では、まず最初に、初期のブランド研究についての今日的な再評価を振り出しに、エクイティ論登場以降の議論の展開を中心に、主な研究の流れ（系譜）を整理する。その後、ブランドの知識構造の問題を中心に、ブランド研究の現状と課題について触れた後、最後に、今後の展開方向や研究課題について述べることにしたい。

6.2　初期のブランド研究とその系譜

ハーバード大学のTedlow教授（経営史）によれば、米国のマーケティング史上、全国ブランド（national brand）の登場は、まさに一大画期をなす出来事であったという。すなわち、19世紀末の時期、輸送や通信といったインフラの整備に伴い、それまでの分断された市場が（「分断の時代」）、次第に全国市場へと統一されていく中（「統一の時代」）、標準化された商品を全国市場に対して大量に流通させる上での決め手となったのがブランド（およびブランディング）であったという（Tedlow 1990）。有名なP＆G社のIvory石鹸（1879年の発売）の例でも知られるように、個別包装（packaging）とブランド化（branding）、そして全国広告（advertising）の三位一体化が、マス・マーケットの成立を強く促し、そして、マーケティングが体系化されていく契機となったのである。

このように、今や100年を超えるマーケティングの歴史はブランドと共に始まり、そしてブランドと共に発展してきたと言っても過言ではない。ところが、これに比して、本格的なブランド研究の歴史は意外に浅く、それが集中的に議論されるようになったのは、冒頭でも述べたように、高々、ここ10年ほど位のことなのである。

とは言え、その研究の歴史を過去へと辿れば、旧くは1950年代にマーケティ

ングの各分野において行われ始めた数々の端緒的な研究に行き着く。例えば、主に広告の分野を中心に議論され始めたブランド・イメージ研究や、各種の日記式パネル調査のデータ分析を契機に本格化したブランド・ロイヤルティ研究（後に、ブランド選択モデルの研究へと発展）などは、今日のブランド研究に対して一定の基礎を与えると共に、連綿として現在にまで続く様々な分野における研究の源流ともなっている。

そこで、本節においては、こうした初期のブランド研究の内容とその系譜について、①ブランド・イメージ研究、②ブランド・ロイヤルティ研究、そして、③ブランド態度研究という3つの分野に大別して検討しておくことにしたい。

6.2.1 ブランド・イメージ研究の系譜

今から半世紀ほど前、大衆消費社会の扉が開き始めた米国において、マーケティングの様々な分野で、新たな視点からの研究が幾つも登場し始めていた。その中でも、特にブランド研究に関して言うなら、実は、いち早く製品とブランドの違いを明確に区別し、且つ、長期的な投資によってブランドを育成することの重要性を説いた論文が、既に1955年発行の『Harvard Business Review』誌に掲載されていた。今日的な意味でのブランド研究の先駆けとして良く引用され（田中 1997）、その後のブランド・イメージ研究に対しても少なからぬ影響を与えたとされる Gardner と Levy の論文がそれである（Gardner and Levy 1955）。

当時、SRI（Social Research Inc.）に在籍していた彼らは、消費者の製品に関する購買動機の中に、消費者自身の言明からは明確には見い出し得ないような象徴的な意味性があることを認め、「実体的・機能的存在としての製品」と「感性的・情緒的記号としてのブランド」とを区分することの重要性を説いた。更には、広告によってブランドのパーソナリティづくりを行うこと、また、それが長期的な投資であることも力説したのである。

実際、このような彼らの主張は、広告の実務家達にも実感を持って受け入れたらしく、例えば、米国の有力な広告会社である Ogilvy & Mather 社の創始者 David Ogilvy は、1955年に開催された米国広告業協会の大会において、（この

GardnerとLevyの論文を引用した上で)「私はこの言葉どおり、広告の一つ一つの成果が組み合わされ、積み上げられた象徴の複合体がブランド・イメージで、一つ一つの広告が長期的投資の一部としてブランドの名声づくりに大きな役割を果たしていると信じています」と述べている（森重 1999）。また、彼は、その著書の中で、「広告というものは、すべてブランド・イメージの形成に貢献するものでなければならない」とも述べている（Ogilvy 1983）。

このような経緯もあって、その後、ブランドのイメージに関しては、主に広告の分野を中心として、実務的にも理論的にも、様々な形で検討されていくようになる。

特に、その後の大きな展開方向の1つとしては、Colley(1961)によって提示されたDAGMARモデル、あるいはLavidge and Steiner(1961)のモデルといった所謂「効果階層」(hierarchy of effects)[1]モデルとの関係から、ブランド・イメージを広告効果階層における1つの段階として捉え、理論の精緻化を図ろうとする動きが出てくる。例えば、Aaker and Myers(1975)などは、ブランド・イメージ概念をDAGMARモデルの構成要素の1つである「ブランド理解」[2](brand comprehension)を具体化・拡張したものとして捉え、その本質的特徴や広告戦略上の位置づけを論じている。また、彼らは、同書のなかで、各種の知覚空間構成技法(マッピング技法)を用いてブランドのイメージやポジションを計量的に把握するための具体的方法についても検討している。[3]

ところで、Reynolds and Gutman(1984)は、このような広告におけるイメージ研究の流れを、①全般的な特徴や印象の分析、②MDS等を用いた知覚空間分析、③信念－態度アプローチによる研究、④ブランド・パーソナリティ研究、⑤特性と感情・情動の結合アプローチの5つのタイプに分類・整理している。

---

1 ここで言う効果階層性モデルとは、広告のコミュニケーション効果を階層的に捉えたモデルの総称である。
2 ヨリ正確には、広告目標としての「達成されるべきコミュニケーション課題」としての「ブランド理解」。
3 ブランド・イメージの計量的な把握方法としては、MDS（多次元尺度構成法）をはじめとして様々な多変量解析の手法を用いることができる。これらの手法は、消費者の知覚空間（場合によっては選好空間）内における各ブランドの布置(configuration)を得るための手法であり、知覚空間構成技法（ないし、知覚マッピング技法）と呼ばれている。例えば、Green and Carmon(1970)では、当時既に用いられていた各種の分析技法について詳しく解説されている。

この内、最もナイーブな手法である①のタイプの研究は別にして、②のタイプの知覚空間分析は、主にマーケティング・サイエンスの領域でのイメージ研究の主流として技法論的な発展を遂げ、また、③のタイプは次に述べる態度研究（特に、多属性態度モデル）の一部として包摂されていくことになる。結果的に、残りの2つのタイプのアプローチが、その後、ブランド研究の領域において独自の展開を見せることになる。

すなわち、④のタイプのパーソナリティ研究は、ある意味でブランド・イメージ研究の中核部分を形成するテーマとして位置づけられ、その測定論も含めて継続的に研究されていく[5]。また、⑤のタイプについては、その延長線上で、ReynoldsとGutmanら自身が、手段−目的連鎖（means-end chain）法を用いたイメージ分析法を提案しており、これも後に述べるブランド研究の内部構造アプローチの1つとして発展していくことになるのである[6]。

6.2.2 ブランド・ロイヤルティ研究の系譜

広告の世界においてブランド・イメージの問題が議論され出した時期とほぼ同じ頃、マーケティング・リサーチの分野においても、様々な形でブランド・ロイヤルティに関する問題が検討され始めている。その1つの契機となったのは、当時、米国の新聞社や調査会社を中心に整備されつつあった買物日記を用いた消費者パネル調査の仕組みであり、これに加えて、統計学の分野から分析手法として確率モデルの考え方が導入され、このような新しい調査や分析のための道具立てが揃う中で、幾つかの端緒的な試みが行われ始めたのである[7]。

---

4 これら知覚空間の構成技法に関する議論については青木(1986)を参照のこと。尚、この後、マーケティング・サイエンスの領域における研究の焦点は技法の精緻化の方向へと向かい、ブランドそれ自体は分析上の単位といった位置づけになっていく。

5 その後のブランド・パーソナリティ研究の展開については、その測定論も含めてAaker(1997)を参照のこと。尚、このブランド・パーソナリティ概念は、後に登場するブランド・アイデンティティ論の枠組みの中で、大きな役割を占めることになる。

6 ReynoldsとGutmanは、彼らが開発した「手段−目的連鎖モデル」（Gutman 1982）を用いて各ブランドの属性が消費者の重視する価値観にまで到達する経路をイメージ・ネットワークの形で表す方法を提唱している。この手法は、単にイメージ測定というだけではなく、当該ブランドの（消費者にとっての）内的な価値構造を明かに使用としている点で、後述する内的構造アプローチに分類されると考えられる。

例えば、Brown (1952; 1953) は、Chicago Tribune紙の日記式パネルから得られた100世帯分の購買履歴データを分析し、家計が特定のブランドに対して示すロイヤルティのパターン分類を行った。また、Cunningham(1956)も、同じくChicago Tribune紙のパネル・データを用いた分析に基づき、家庭内でのブランド・シェアをもってブランド・ロイヤルティの測度として用いることを提唱するなど、既にこの時期において今日でも議論される多くの問題提起がなされているのである。

その後、これら初期の研究に刺激される形で、様々なブランド・ロイヤルティ研究が行われるようになるが、中でも、1950年代後半から60年代にかけての時期に急速に台頭してくるのが、確率モデルを用いて消費者の購買行動を定式化しようとする一連の研究である。例えば、前述の買物日記パネルから得られる購買履歴データにマルコフ型の確率過程モデルを適用し、消費者(世帯)のブランド選択行動の記述と予測を試みたLipstein (1959) の研究などを皮切りに、60年代を通して他の確率モデル(ベルヌーイ・モデルや線型学習モデルなど)を用いたモデルの定式化が活発に行われ、やがて、その成果は3M (Massy, Montgomery, and Morrison 1970) の業績などに集大成されていくことになる。[10, 11]

これら一連の研究により、理論的にも実証的にも確認されてきたことは、市場におけるブランドのシェア(占拠率)の動向とその安定性は、ブランド・ロイヤルティの程度(正確には、当該ブランドに対してロイヤルな消費者の数とそのロイヤルさの度合)に強く依存するということであった。そして、このことが、その後、連綿として現在に至るまで続く様々な形でのロイヤルティ研究に対して、一定の存在根拠を与えることになったと考えられる。

---

7 以下で述べるパネル・データ(買物日記パネルおよびスキャナー・パネル)を用いた購買行動分析の歴史については青木 (1993) を参照のこと。
8 ある期間中の製品クラス全体の購買回数に占める当該ブランドの購買回数の割合。
9 これら初期のブランド・ロイヤルティ研究の詳細については、山中 (1968) を参照のこと。
10 これらブランド選択行動の確率モデルの詳細については、阿部 (1978) を参照のこと。
11 その後、新たなデータ収集装置としてスキャナー・パネルが出現し、また、分析手法として多項ロジット・モデルなど新たな道具立てが整う1980年代になると、再び、確率モデルを用いた購買行動データの分析は活発化するが、次第に技法やモデルが精緻化されていく中で、ややもするとブランドは単なる分析の単位といった捉えられ方がされるようになる。

また、ロイヤルティを行動面から捉えるか、それとも認知面で捉えるかと言った議論は別として、この概念がブランドと消費者との間の結びつき（関係性）の程度を、直接的あるいは間接的に反映していることは間違いない。その意味で、ブランド・ロイヤルティの概念は、その後、形を変えながらも常に中核的な概念として捉えられていくことになる。

6.2.3 ブランド態度研究の系譜

上述のブランド・イメージやブランド・ロイヤルティに関する研究と同様に、元々は、社会心理学上の概念である「態度」概念が、消費者行動研究において用いられ出すのは1950年代以降のことであり、特に60年代に入ると消費者行動を説明する上での中核的な構成概念として、その位置づけを確立することになる。

一般的に、態度は「特定対象に対する反応の準備状態」、ないしは「特定対象に対して一貫した反応を生むような、ある学習された先有傾向(predisposition)」として捉えられるが（Lutz 1981）、特に消費者行動の文脈においては、対象としてブランドが、また反応としては購買行動が措定されることが多く、行動の予測指標（因子）として態度が取り上げられることが多かった。このような態度の基本的な位置づけは広告効果研究においても同様であり、先に紹介したAaker and Myers(1975)のテキストの中では、態度がイメージと行動とを繋ぐ媒介変数として捉えられている。

先に取り上げたイメージとの関連から言えば、「イメージが感覚的・認知的側面（記憶内容や連想物）を強調する」概念であるのに対して、「態度は評価的側面を示す」概念である。また、「イメージは次元をいくつかに分割（たとえば、高級感・信頼感など）してそれぞれの次元での状態を指し示す」多次元的構造の概念であるのに対して、「態度は対象に対する好きー嫌いに代表される全体的評価を示す」概念であると言える（田中・丸岡 1991）。

態度とブランド選択との関係性のモデル化を試みたDay(1970)においては、1950年代から60年代へかけての端緒的なブランド態度研究が紹介されている

---

12 認知的ロイヤルティをも含めたブランド・ロイヤルティ全般についての概念的整理については、Jacoby and Chestnut(1978)および和田（1984）を参照。

が（例えば、Brown 1950 や Barclay 1964 などによる態度の測定方法に関する研究）、その後の態度研究の流れとしては、①説得的コミュニケーションとの関連における態度形成・態度変容についての研究や、②多属性態度モデルなどを用いたヨリ精緻なモデル化、あるいは③特に広告コミュニケーションの分野であるが Ab（ブランドに対する態度）と Aad（広告に対する態度）との関係に関する研究などがある。

この内、②の多属性態度モデルは、そのルーツは社会心理学にあるものの、マーケティング（特に消費者行動分析）の分野において独自の発展を遂げてきたものであり、ブランド態度の構造に関する数々の示唆を与えてくれる。[13]

以上、この節においては、初期のブランド研究とその系譜について検討してきたが、この時期における研究の特徴を一言で言うならば、研究対象としてのブランドの理解は個別断片的であり、場合によってはブランドそれ自体に研究上の関心があるというよりは、狙いはモデルや技法の開発等にありブランドを単に分析単位としてのみ捉えているといった嫌いもあった。また、それぞれの領域における概念や手法が互いに交差することもなしに、個々別々に異なった発展を遂げてきたように思われる。

事実、これらの概念が体系化され、ブランドというものがヨリ立体的に捉えられるようになるためには、次に述べるブランド・エクイティ概念の登場を待たなければならなかったのである。

6.3　ブランド・エクイティ論の意味と意義

6.3.1　エクイティ概念の登場とその背景

冒頭でも述べたように、近年のブランド問題への関心の高まりには目を見張るものがあるが、その1つの契機となったのは、1980年代の米国において登場してきたブランド・エクイティの概念であった。すなわち、このエクイティ概念の登場は、多くのマーケター達に対して、個別ブランドごとにその資産的価値を把握し、それを維持・管理することの重要性を再認識するキッカケを与

---

[13] 多属性態度モデルの詳細については、阿部（1978）を参照のこと。

え、以降、様々な形でブランド問題が議論されるようになっていたのである。

ところで、何故、今、ブランドの問題が米国のみならず、わが国においてもクローズ・アップされ、また、学界のみならず実務界においても、様々な形で議論されるようになってきたのであろうか。

この点に関しては、既に何人かの論者によって解説されているが、例えば、法政大学の小川孔輔教授は、わが国におけるブランド問題への関心の高まりの背景として、①ＰＯＳ（販売時点情報管理）システムをはじめとする情報技術（ＩＴ）の発達により、ブランド資産を経済的・合理的に評価できる環境が整った、②価格志向の高まりの中で、消費者がブランドの価値を厳しく評価するようになった、③変革期にある流通システム、特に、多様化する業態に対応するために、メーカーがブランドの個別管理の徹底を余儀なくされつつある、といった3つの動きを挙げている（小川 1997）。

また、同じく法政大学の田中洋教授は、ブランド・エクイティ概念が登場した80年代後半の米国が不況期にあったことと、この概念への関心が高まりだした90年代に日本も不況期に入ったという両国間での時代背景の共通性に着目し、景気後退に伴う消費者意識の変化がブランドの重要性を再認識させる契機となった点を指摘している[14]。

いずれにせよ、市場（消費者）や流通環境が大きく変化する中、多くの企業が自社ブランドの存立基盤やその資産的価値に注目し始めてきたことは事実であり、そのキッカケないし検討の枠組みを与えたのが、80年代の米国において登場し、90年代前半までの間に整理・体系化されていったブランド・エクイティ概念だったのである。

ところで、元来は財務・会計上の用語である「エクイティ」（equity）とは、資産額からそれを取得するのに要した負債額を差し引いた「正味資産」ないし「持分」のことであり、このような意味から「ブランド・エクイティ」は「ブランド資産」ないし「ブランド資産価値」と訳されることが多い[15]。

因に、冒頭で紹介したAaker教授の著書の中での定義によれば、ブランド・エクイティとは「あるブランド名やロゴから連想されるプラスの要素とマイナ

---

14 田中教授との個人的な会話による。

スの要素との総和（差し引いて残る正味の価値）」であり、いわば「同種の製品であっても、そのブランド名が付いていることによって生じる価値の差」であるという。

Barwaise (1993) らによれば、このようなブランド・エクイティ概念が米国においてクローズ・アップされ出した背景には、①80年代に盛んに行われたM&Aの結果、売買の対象としての「ブランド」の資産価値評価の問題が重要になった（ブランドが簿価の数倍から十数倍で売買される中で、その資産的価値への素朴な疑問・関心が生まれた）、②短期的成果を主眼においた価格プロモーションやコスト節約的な安易なブランド拡張 (brand extension) が結果的にブランド・イメージを傷つけ、そのことに対する危機感が高まった（反対に、ブランド・イメージの維持・管理を適切に行った企業が業績を伸ばした）、等の流れがあったことを指摘している（この内、後者の要因は、いわゆる「米国式経営における業績評価の短期主義」(short termism) への反省とも結びつき、長期的視点に立ったマーケティングの必要性を認識する動きや広告の長期的効果を再評価する動きへと繋がっていくことになる）。

ともあれ、このような当時の米国における経済・経営の状況を1つの時代背景として、ブランド・エクイティの概念は、多くの実務家・研究者の注目・関心を集め、ホットなトピックスの1つになっていったのである。

6.3.2 概念体系化の試みとその意義

前述のように、1980年代の後半以降、多くの研究者を動員しつつ、ブランド・エクイティに関する理論的ないし実証的研究が進められていくことになるが、中でも、この時期のエクイティ研究の進展において大きな役割を果たしたのがMSI (Marketing Science Institute) の存在である。

研究助成等を中心にして、常に、米国におけるマーケティング研究をリードしてきたこの研究所は、ブランド・エクイティを1988～90年の最重要課題として指定すると共に、これをテーマにして88年と90年の2度にわたって研究

---

15 例えば、神戸大学経営学部会計学研究室編『会計辞典（第四版）』によれば、「持分」「企業 資産に対する利害者集団の請求権」「資産の使途に対して加えられる拘束」と規定されている。

コンファレンスを開催している（Leuthesser 1989; Maltz 1991）。

例えば、この2回のコンファレンスを通して、主要な研究課題として提起されたトピックスとしては、①ブランド・エクイティ（以下、BEと省略）とブランド・ロイヤルティとの関連性、②BEと持続的競争優位性との関連性、③BEの財務的価値評価、④BE構築における広告の役割、⑤ブランド拡張の成功条件、⑥BEに対するチャネルの影響力、⑦企業エクイティとBEとの関連性、⑧グローバル市場におけるBEの移転問題、などが挙げられる。[16]

そして、この2回のコンファレンスを契機に、ブランド・エクイティとその管理問題についての関心は一気に高まり、様々な角度から幾多の研究が行われることになったが、ある意味で、それらの議論を整理・体系化する形で登場してきたのが、冒頭で紹介したAaker教授による91年の著作であったと言える。

ところで、前節において検討したように、ブランドに関する学問的研究は、既に、1950年代の頃よりブランド・ロイヤルティ研究やブランド・イメージ研究といった形で行われてきた。また、実務的にみても、例えば、ブランド・マネジャー制に関する議論に代表されるように、ブランドは常にマーケティング管理上の基本的単位として、注目され続けてきたという経緯がある。

しかしながら、1980年代にエクイティ論が登場する以前は、たとえブランドの重要性が十分に認識されていたとしても、その捉え方は、ややもすると断片的なものであり、また、マーケティング上の位置づけも単なるネーミングの域を出ない「手段としてのブランド」という認識が一般的であったように思われる。

これに対して、いわゆるエクイティ論の意義は、それまで別個に議論されることの多かったブランドに対する認知やロイヤルティ、あるいは連想イメージなどの諸概念を、ブランド・エクイティ概念の構成次元として包括的に取り扱った点にある。

例えば、周知のように、Aaker教授の1991年の著作においては、ブランド・エクイティの構成次元として、①ブランド・ロイヤルティ、②ブランド認知、③知覚品質、④ブランド連想、⑤その他のブランド資産（特許、商標、流通

---

16 これらは現在に至るまで、多くの研究者達によって探求され続けているテーマでもある。

チャネル、等)の5つが挙げられている。元より、これらの構成次元1つ1つは個別的に見れば何ら目新しいものではない。だが、それらの諸概念をブランド・エクイティの名の下に整理・体系化し、且つ、それらが一体となって相互に連関し、顧客や企業に様々な価値をもたらすことを例示したことが、当時、極めて斬新な考え方として多くの研究者に受け止められたポイントなのである[17]（図1参照）。

　すなわち、このようなブランドに関連する諸概念の整理と、それらを関係づける枠組みの提示は、様々なブランド問題に対するヨリ体系的な理解を促すとともに、各構成次元に関わるこれまでの消費者行動研究上の知見を、戦略的な視点から整理し直す際の拠り所となった。更に言うなら、エクイティ論の登場は、それまで様々な視点より個々別々に語られてきたブランド論議に一つのまとまりを与え、また、これまで互いに交差することの少なかった戦略論や消費

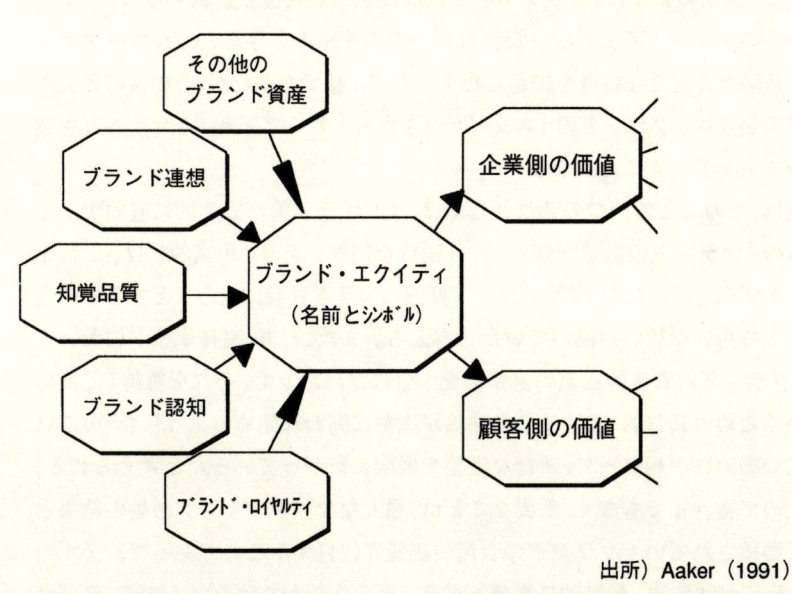

図1　ブランド・エクイティの構成次元とその効果

出所）Aaker（1991）

---

[17] この点に関しては、青木他（1997）の巻末に収録された編者たちによる座談会での発言を参照のこと。

者行動論、あるいは広告論やリサーチ技法研究に対して、各々が共有し得る一定の枠組みないしは対話の場を与えたのである（青木1996）。

また、この議論のユニークさは、様々なマーケティング活動の結果として、ブランドという「器」の中に蓄積されていく無形資産的な価値に着目し、その維持・強化と活用の仕方を提案した点にある（資産である以上、適正な管理をしないとその価値が目減りするし、また、管理の仕方によっては価値が増大しもする）。すなわち、ブランド・エクイティ論は、ブランドをヨリ全体的な視点から捉えることの重要性を強調すると共に、(マーケティング活動の)「結果としてのブランド」という新たな視点を提示したと言える。

6.4 アイデンティティ論の登場と内的構造アプローチ

6.4.1 ブランド価値評価の困難性とアイデンティティ論

さて、前述のように、ブランドの資産的価値の重要性を強調することで、従来からのブランド研究の様々な流れに一定の枠組みを与え、また、マーケティング戦略上の新たな視点を提起したエクイティ論であったが、その後の研究や議論の焦点は、ブランドの「エクイティ」から「アイデンティティ」へと急速にシフトしていくことになる。

実は、このことの一つの背景としては、エクイティ論が必然的に直面するところの「ブランドの価値評価」という困難な問題があり、現実的には、これをひとまず棚上げにした上で、ブランド問題のヨリ本質論に迫ろうとする研究者サイドの狙いや思いが働いていたと言える。また、一方、実務サイドにおいても、ブランドの資産的価値の重要性を十分に認めた上で、それを維持し、高めていくための具体的・実践的な方法論が次第に問われ始めるようになり、これら二つの流れが相まって、新たな議論の展開に繋がっていったと考えられる。

改めて言うまでもなく、重要なことは、様々なマーケティング活動の結果として蓄積されていくブランドの資産的価値に注目することであって、必ずしも、それが財務的・会計的に評価・測定できるか否かではない（勿論、価値評価が可能であれば、それに越したことはないが）。その意味では、ブランドそれ自体やブランド・マネジメントの本質論にヨリ迫る形で「アイデンティ

ティ」概念が登場したこと。そして、その概念に多くの実務家・研究者の関心が移り、また、「いかにして強いブランドを構築するか」という実践的な命題が強く意識され出したこと。これらは、それ自体ごく当然なことであったと言える。

その意味で、Aaker教授の二冊目の著書『Building Strong Brands』などは、正に、このようなブランド論における潮目の変化を端的に示すものであり、同書では、その書名が示す通り、強いブランドを構築するための枠組みや戦略課題についての掘り下げた議論が展開されている。また、議論の中心がエクイティからアイデンティティへと移ると共に、ブランド体系の構築と維持・強化、あるいはブランド管理の組織といった話題も取り上げられるなど、前著には無かったヨリ全社的なブランド・マネジメントの重要性が強調されている点も大きな特徴である。

ところで、エクイティに代わって新たに登場したアイデンティティとは、一体いかなる概念なのであろうか。上述のAaker教授の著書の中では、アイデンティティとは、当該ブランドが「どのように知覚されているか」という結果論としてのイメージとは異なり、むしろ、戦略立案者が当該ブランドを「どのように知覚されたい（されるべき）」と考えるかという、当該ブランドの目標ないし理想像として捉えられており、それを明確化することの重要性が、繰り返し強調されている。

すなわち、彼の考え方によれば、このような「ブランドはどうあるべきか」という信念や哲学が、常にブランド構築のベースにあるべきであり、アイデンティティの明確化こそが、強いブランドを構築する上での必須条件だということになる。

その意味では、ブランドは単にマーケティングの結果としてのみ捉えられる

表1　ブランド概念の変遷

時代区分	〜1985年 (手段としてのブランド)	1985〜95年 (結果としてのブランド)	1996年〜 (起点としてのブランド)
主たる ブランド	ブランド・ロイヤルティ ブランド・イメージ	ブランド・エクイティ	ブランド・アイデンティティ
ブランド認識	断片的認識 マーケティングの手段	統合的認識 マーケティングの結果	統合的認識 マーケティングの起点

べきものではなく、むしろ、その起点として捉えられるべきだとするのが、Aaker流のアイデンティティ論における基本的主張であり、われわれは、ここにブランドに関する新たな認識、ないしは視点（マーケティングの「起点としてのブランド」）を認めることができる。

　尚、以上のようなマーケティングにおけるブランドの位置づけ、ないしは、ブランドについての基本的認識の変遷を要約的に示すと、表1のようになる。

6.4.2　強いブランドとは何か：その内的構造の理解

　これまで繰り返し述べてきたように、近年のブランド問題に関する議論の動向としては、ブランドに資産的な価値があることを十分に認めた上で、その価値を維持・強化するための具体的な方法論や枠組みづくりへと議論の焦点が移ってきており、また、それに伴って、理論・実務の両面においても、「いかにして強いブランドを構築するか」という実践的命題、あるいは、「強いブランド（ないし、ブランドの強さ）とは何か」といった本質的命題が強く意識され始めてきている。

　ところで、一口に強いブランド、あるいはブランドの強さと言っても、その捉え方は視点や立場によって多種多様である。例えば、売上高や市場シェアなどの市場成果を問題とする立場、あるいは、ブランドの知名率やロイヤルティの程度といった消費者の反応を重視する視点、更には、イメージの強さや拡がり、あるいはブランドの寿命を問題とする立場、等々である。

　それ故に、ブランドの資産的価値の評価と同様に、ブランドの強さを直接的に規定・測定する試みにはかなりの困難が予想され、そこから議論を出発させることは、必ずしも得策とは言えない。むしろ、一見迂遠なようにも見えるが、ブランドを1つの構造物として捉え、その構造条件と市場成果（あるいは、その間の媒介項としての消費者の知識構造や購買行動）との関係を丹念に調べ上げていくアプローチの方が、実は正攻法と言えるのかも知れない。

　事実、最近のブランド・アイデンティティ論では、正に、このようなブランドの構造自体のあり方が問われており、アイデンティティを明確化する上でのコア・バリュー（ベネフィット）とコア・カスタマーの設定、あるいは顧客－ブランド間の関係性（絆）の維持・強化、といった事柄の重要性が繰り返し強

調されている。

　例えば、Aaker教授の2冊目の著書の中では、ブランドの価値構造を機能的便益、情緒的便益、自己表現的便益という3つの側面から整理し、それらと相対価格との組み合わせによって構成される価値提案（value proposition）という観点からブランドのアイデンティティが論じられているのである（Aaker 1996）。

　また、次節において詳しく検討するように、Keller教授が近年提唱している「顧客ベース・ブランド・エクイティ」論（Keller 1998）においては、消費者の知識構造をベースとした新たなブランド論が展開されており、これまでの消費者行動研究における知見に基づく理論的整理と、それを踏まえ上での戦略論との架橋が意図されている（例えば、ブランド・イメージについても、単に「強度」や「好意度」だけで捉えるのではなく、「ユニーク性」や「発展性」といった次元も加えて、ヨリ構造的で多面的な検討がなされている）。

　更に、従来よりブランド資産の活用法として重視されてきた「ブランド拡張」（brand extension）の研究においても、常に、その成功条件としてブランドの内的構造が問題とされるようになってきている（例えば、カテゴリー拡張の成功条件として、拡張元カテゴリーと拡張先カテゴリーとの間の「適合性」が問題とされ、また、その構成次元として「補完性」「代替性」「移転性」の3つが指摘されている）。[18]

　今、仮に、このような個別ブランドの構造条件を重視する視点を、ブランド研究における「内的構造」（intra-brand structure）アプローチと呼ぶことにするなら、関連分野における研究上の知見を総動員した理論的研究や数多くの事例を踏まえた実証研究の成果に基づき、このような視点からそれらを整理・統合していくことこそが、ブランド構築における基本的枠組みづくりにおいて必要不可欠な作業であり、また、このような作業の結果として、単に強いブランドの条件のみならず、ブランドそれ自体の本質論に迫る知見が得られると考えられる。

　そこで、以下節を改め、このような内的構造アプローチの本流とも言えるブ

---

[18] ここでは紙幅の関係から詳しくは述べないが、ブランド拡張の条件については、小川・金澤・田中（1997）を参照のこと。

ランド知識構造論に焦点を当て、ブランド研究の現状と課題に関して検討しておくことにしたい。

6.5 ブランド知識構造に関する理論的整理

6.5.1 顧客ベース・ブランド・エクイティの概念

既に前節において検討したように、ブランド・エクイティ概念の登場は、ブランドには過去におけるマーケティング努力の結果として蓄積された資産的価値があるという事実、および、その価値を更に高めるための体系だったマーケティング上の取り組みの重要性を、多くの実務家・研究者に再認識させる契機となった。だが、一方では、ブランド価値評価の実際上の困難性から本来的な意味でのエクイティ概念は議論の主流からははずれ、代わってヨリ実践的性格の色濃いブランド・アイデンティティの概念が主役の座につくこととなった。しかし、これは、ブランド・エクイティという考え方自体に問題があるためではなく、あくまでも現時点でのブランド価値評価（特に、貨幣的・金銭的評価）の困難性を回避するための便法であったとも言える。

この点、近年、Keller教授が提唱している「顧客ベース・ブランド・エクイティ」という考え方は、消費者の知識構造をベースに、ブランドの資産的な価値を捉え直そうとする試みであり、従来からの貨幣（金銭）的ブランド価値評価の問題を回避するとともに、消費者行動研究の分野との架橋を積極的に行い、同分野における研究上の知見や蓄積を積極的に活用しようとしている点において評価できる。

ここでKeller教授の言う「顧客ベース・ブランド・エクイティ」とは、「消費者が有するところのブランド知識が当該ブランドのマーケティング活動への彼／彼女の反応に対して及ぼす差異的な効果」として定義される。

この定義には、①「差異的効果」（differential effect）、②「ブランド知識」、および③「マーケティング活動に対する消費者の反応」という3つの重要概念が含まれているが、この内、差異的効果とは、消費者がある特定のブランドのマーケティング活動に対して示すところの反応と、それと同等の製品・サービスであっても架空ないし無名のブランドが行う同等のマーケティング活動に対

して示す反応とを比較することによって規定される概念である。一方、ブランド知識とは、(次節で詳しく述べるように) ブランド認知およびブランド連想という2つの次元によって構成され、内容的には、ブランド連想に関する諸特性とその関連性によって規定される概念である。そして、3番目のマーケティング活動に対する消費者反応とは、マーケティング・ミックスの各要素によって生起される消費者の知覚、選好、および行動(例えば、ブランド選択、広告コピーについての理解、あるいはブランド拡張への評価)といった観点から規定されるものである。

　従って、上述の定義に基づいて考えるなら、もし、あるブランドのマーケティング・ミックス要素 (製品、価格、プロモーション、流通) に対する消費者の反応が、同一の製品 (サービス) カテゴリーに属する架空ないしは無名のブランドが実施する同等のマーケティング・ミックスに対する反応より好ましい (あるいは、好ましくない) 場合には、当該ブランドは正 (または、負) の顧客ベース・ブランド・エクイティを有することになる。

　また、この定義においては、ブランド知識という概念が中心的な位置を占めており、特に、ブランド連想の好ましさ、強さ、およびユニークさといった諸特性は、消費者の差異的な反応を引き起こす際に重要な役割を果たすものとして捉えられている。

　以上の議論を総合するに、顧客ベース・ブランド・エクイティとは、消費者が当該ブランドについて既に良く理解しており (すなわち、既にブランド知識やブランド連想が形成されており)、そのような彼／彼女の記憶内のブランド連想が、好意的且つ強固であってり更にユニークな場合に生じる当該ブランドのマーケティング・ミックスへの特異的・差異的な反応と、それに基づく差別的優位性を指す概念であると考えられる。

6.5.2　ブランド知識構造の次元と内容

　上述のように、顧客ベース・ブランド・エクイティの考え方は、消費者が有するブランド知識に焦点を当て、その違いから生じる消費者の差異的な反応に差別的優位性の源泉を求めるものであり、財務的価値評価の視点からではなく、あくまでも顧客ベースでブランド・エクイティを捉えようとする点が特徴

的である。従って、そこでの基本的問題は、そのような差別的優位性の源泉となる消費者のブランド知識の構造と内容をどのような形で捉えるかであり、ここに過去の消費者行動研究の成果を十分に踏まえつつ、且つ独自の視点から体系化を試みたKeller教授のブランド知識構造論の意義がある。

紙幅の関係から掘り下げた形での議論はできないが、以下で、彼のブランド知識構造論の概要を紹介しておくことにする。

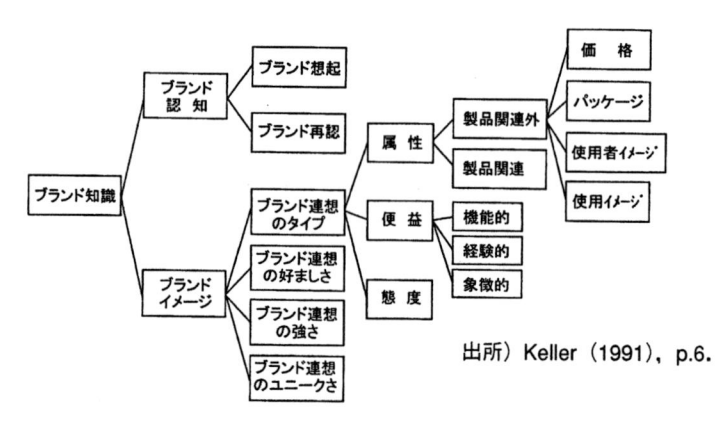

出所）Keller（1991），p.6.

図2　ブランド知識の諸次元

図2はKeller教授が考えるブランド知識構造を図示したものであるが、同図に示されているように、彼は、記憶の連想ネットワーク・モデルに依拠する形で、ブランド知識の構成次元を「ブランド認知」（brand awareness）と「ブランド・イメージ」（brand image）に大別し、その構造と内容とを検討している。

まず第1の構成次元であるブランド認知とは、彼の定義によれば、「様々な状況下において当該ブランドを識別する消費者の能力を反映したもの」であり、更に、「記憶内における当該ブランドに関するノード（node）や痕跡（trace）の強度」に基づき、ブランド名等の手掛かりが与えられた場合に、過去に当該ブランドに露出したことを確認できるか否かという能力レベルを指す「ブランド再認」（brand recognition）と、ある製品カテゴリーが手掛かりとして与えられた場合に、当該ブランドを検索することが出来るか否かといった能力レベルを指す「ブランド想起」（brand recall）とに区分される（前者のブランド再認

においては、当該ブランドが以前に見たり聞いたりしたものと同一であるか否かを正確に区別することが要求されるのに対して、後者のブランド想起においては、記憶内から当該ブランド名を正確に再生することが要求される）。

一方、第2の構成次元であるブランド・イメージとは、「あるブランドについての消費者の知覚」であり、「消費者の記憶内に保持されたブランド連想に反映されたもの」のことを指す（ここで言うブランド連想とは「記憶内において当該ブランドのノードとリンクした他の情報ノード群」のことであり、「消費者にとっての当該ブランドの意味内容を反映したもの」として捉えられている）。また、そのようなブランド連想には、抽象化のレベルに応じて、属性(attributes)[19]、便益(benefits)[20]、および態度(attitudes)といった3つのタイプが存在し、更に、それらは「強さ」(strength)、「好ましさ」(favorability)、おおび「ユニークさ」(uniqueness)といった次元において各々異なっているという。

そして、Keller教授の考え方によれば、消費者の（望ましい）差異的な反応を生み出すという意味でヨリ高いブランド・エクイティをもたらすブランド知識の構造とは、①ヨリ強いレベルでのブランド認知、および②強く、好ましく、且つユニークなブランド連想の2つを内容とするものであるという。

このように、Keller教授のブランド知識構造論は、単にブランド認知やブランド連想をエクイティの構成次元として列挙するといった段階から一歩進んで、その構造の体系化や構造的特徴についての戦略的な意味づけに取り組んだものであり、ここに消費者行動研究の成果と戦略論との架橋が積極的に行われることになったのである。

---

19 属性とは、製品・サービスを性格づけるところの記述的特性のことであり、消費者が当該製品・サービスをどのように捉えているか、また、その購買や消費に何が含まれているかに関連している。尚、更に、属性は、消費者が求める製品・サービスの機能を発揮する上で必要になる成分等の製品関連属性（product-related attribute）と、購買や消費と関連した製品・サービスの外在的な側面としての製品関連外属性（non-product-related attribute）とに区分される。

20 便益とは、消費者が製品・サービスの属性に付与するところの個人的価値のことであり、消費者が当該製品・サービスは自分達にとって何をしてくれるものであると考えているかに関連している。更に、便益は、機能的便益（functional benefits）、経験的便益（experiential benefits）、象徴的便益（symbolic benefits）という3つのカテゴリーに区分される。

21 態度とは、あるブランドに関する消費者の全体的評価であり、多属性態度理論においては、ブランド態度は当該ブランドにとっての顕著な関連属性および便益の関数として定式化される。

6.5.3 ブランド知識研究の新たな展開

以上、Keller教授の顧客ベース・ブランド・エクイティの考え方を中心に、消費者のブランド知識を構造的に理解することの意味や意義、およびその現状について整理したが、この他にもブランド問題を消費者の知識ないし記憶との関連で研究しようとする幾つかの動きがある。

そこで、以下では、そのようなブランド知識研究における新たな方向性の中から、カテゴリー化理論、自己知識理論、超長期記憶研究、という3つの流れを取り上げ、その各々の内容と可能性について簡単に触れておくことにしたい。

① カテゴリー化理論

周知の通り、近年の消費者行動研究における主流の部分は、消費者情報処理理論に代表されるように、認知心理学の影響を色濃く受ける形で展開してきた。そして、最近では、特にカテゴリー化理論への関心の高まりを反映して、カテゴリー知識やカテゴリー化といった概念を中核に据えた枠組みが提示され(Hoyer and MacInnis 1997)、このような消費者行動研究における新たな流れに対応する形で、ブランド問題をカテゴリー化やカテゴリー知識との関連において捉えようとする動きも出てきている。

例えば、その先駆的な研究として、Boush(1993)は、カテゴリー知識の特性に関する検討を踏まえた上で、異なるカテゴリーの製品であっても、同一のブランド名が付けられることによって、それらが1つのまとまりを持ったカテゴリー知識(すなわち、「ブランドというカテゴリー」)になることを指摘した。

また、わが国においても、新倉(1998)は、「ブランドとしてのカテゴリー」が成立するための条件として、「それが1つのカテゴリーとして識別された上に、更にそこに意味が見いだされ、消費者の個人内だけでなく個人間においてもその意味が共有される必要があり、そのためには、継続的な意味発信によるカテゴリー育成が不可欠である」としている。更に、小林(1999)は、ブランドの同化作用(同じブランドが付与されていることにより、異なる製品カテゴリーの製品であっても同じものとして認識される)と異化作用(異なるブランドが付与されていることにより同じ製品でも異なるものとして認識される)と

いう概念を提示した上で、ブランドが複数の製品を括るカテゴリーとしての性格を有することを指摘している。

残念ながら、これらのカテゴリー化理論に基づくブランド研究は、未だに概念的整理の段階を出るものではないが、新倉（1998）が主張するように、「ブランドとしてのカテゴリー」という視点からの分析は、市場創造といったマーケティング動態を捉える上での可能性を秘めており、今後の展開が期待される研究分野ではある。

② 自己知識理論

いわゆる「自己知識」(self knowledge)に関しては、従来より、自己概念(self concept)や自己イメージ(self image)といった形で、主にブランド・イメージとの関連性を中心に、繰り返し議論がされてきている。

例えば、竹濱（1997）によれば、製品ないしブランド・イメージと自己イメージとの適合性理論に関する研究は、90年代に入ると、ブランド・エクイティ論の影響を受ける形で、明確にブランド・イメージに焦点を当てるようになり、具体的には、ブランド・イメージと自己イメージとの適合性が消費者の当該ブランドに対する態度や評価にどのような影響を与えるかを検討するため、数多くの研究が行われてきたと言う。

一方、このようなイメージ適合理論とは流れを異にするが、Peter and Olson (1996)などは、、手段－目的連鎖 (means-end chain) 的な価値構造論の枠組みを用いて、製品知識（含む、ブランド知識）と自己知識の結び付きに関して議論している。

すなわち、彼らの枠組みによれば、製品知識（製品・ブランドの「属性」と、その「機能的結果」についての知識）と自己知識（製品・ブランドに対して求める「心理・社会的結果」と、それらが導かれるところの「価値」についての知識）との結び付きの強さが、製品やブランドに対する「関与」(involvement)の源泉であると考えられている。そして、このような消費者知識に関する価値構造論的な整理は、ラダリング法を用いた内部構造アプローチに一定の理論的根拠を与えるものである。

この他、自己知識に関する最近の議論として注目されるものにWalker and

Olson（1997）が提示した「活性化された自己」(activated self) の考え方がある。すなわち、彼らの考え方によれば、消費者は状況に応じて様々な役割を演じる社会的な存在であり、その各々の状況においては異なる自己概念が活性化される可能性がある。従って、それら各状況において活性化された自己概念の相違によって、消費・購買行動のシナリオも、また、選択されるブランドも異なってくると考えられる。

このように彼らの枠組みでは、従来、ややもすると固定的に考えられてきた自己概念とブランド・イメージとの関係の把握において、ダイナミズムを取り入れた分析に発展する可能性があり、今後の展開が期待される研究分野である。

③ 超長期記憶研究

前述のように、Keller教授によって提唱された顧客ベース・ブランド・エクイティの考え方は、基本的に消費者の記憶内に貯蔵されたブランド知識（すなわち、長期記憶）に焦点を当てたものであるが、これに対して、岸ら（1999）は、もっと長期的な記憶（すなわち、超長期記憶）の存在を仮定し、その影響について多面的に検討している。

すなわち、市場に長期に存在している成熟ブランドを考察する時、広告がそこで大きな役割を果たしていることは間違いないが、広告それ自体の超長期記憶については、これまで余り議論されてこなかった。だが、ある種の広告が長期的に記憶され、それがロングセラー・ブランドにとって何某かの役割を果たしているのは間違いないことであり、その影響のメカニズムを明らかにすることが彼女らの研究の目的である。

例えば、初期の広告記憶やブランド記憶が、その後のブランド・イメージ形成の基盤として機能するとして、それを「ブランド・スキーマ」と名付けるなど、いくつかの興味深い視点を提示している。だが、これもまた端緒的な研究の段階にあり、今後の展開が期待される。

6.6 結びに代えて：ブランド研究の新たな展開

　以上、本章においては、これまでのブランド研究の大きな流れを振り返り、関連する過去の研究に今日のブランド論の源流（ルーツ）を求めるとともに、マーケティングにおけるブランドの位置づけの変化を、各時代の背景や当時の研究上の関心などとの関連において整理してきた。また、近年におけるブランド研究の現状について、主にKeller教授が提唱する顧客ベース・ブランド・エクイティ論（すなわち、ブランド知識構造研究）に焦点を当てつつ、幾つかの視点から検討してきた。

　ある意味で、これまでの本章における作業は、ブランド研究の過去と現在（換言すれば、われわれが「どこから来たのか」、そして「どこまで来たのか」）を明らかにするためのものであったが、最後に、本節においては、最近のブランド研究における2つの新たな展開に触れつつ、今後に望まれる研究の方向性について検討することにしたい。

6.6.1 ブランドにおける「価値」と「関係性」

　本章の冒頭でも述べたように、最近のブランド研究における新たな動きとして、関係性マーケティング（relationship marketing）や統合的マーケティング・コミュニケーション（integrated marketing communication: IMC）に関する議論の影響を受け、ブランドを通した顧客と企業との関係性（ブランド・リレーションシップ：brand relationship）の構築と維持・強化に焦点を当てたものが出てきている。例えば、Duncan and Moriaty(1997)による「統合型マーケティング」論はその代表例であり、ブランド・リレーションシップを中核概念に据え、従来からのIMC論とデータベース・マーケティングや関係性マーケティングとを統合するための枠組みを提示している。

　ところで、わが国でも既に何人かの論者によって指摘されていることであるが、これからのブランド戦略を考える上での重要なテーマとして、ブランド問題を「価値」と「関係性」という2つの軸で捉えるといった考え方が存在する。

　例えば、田中（1997）によれば、本来、ブランドには、企業が起こした何らかの「革新」を維持、保持、発展させる上での役割があり、その「革新」を

「価値」と「関係」の2つに転化することが、マーケティング管理上の課題であると言う。そして、「関係」とは、「価値」が購入や情報接触の過程を経て「絆」に転化した結果であり、このようにして形成されたブランドと顧客との「関係」をベースにしてこそ、長期間にわたる持続的な（一度きりのものではない）交換関係が成立する、というのが彼の主張である。[22,23]

また、和田（1997;99）は、ブランドに焦点を当てた独自の関係性マーケティング論を展開する中で、彼が「製品の属性ピラミッド」と呼ぶところの階層構造的な枠組みを用いて、製品の品質・機能を超えたブランド価値を構築することの意味と意義を強調している。

すなわち、彼によれば、製品の価値は、基本価値（当該製品が製品として存在しうるための基本的な品質や機能）、便宜価値（その製品の使用や消費に当たっての便宜性）、感覚価値（製品を消費するに当たっての感覚的な楽しさや形態的な魅力）、観念価値（製品のコンセプトそのものが生み出す価値）という4層構造の形で捉えることができ、製品の品質や機能を表現する基本価値や便宜価値とブランド価値を表す感覚価値や観念価値とを明確に区分することが重要であると言う（前者は効用を生み出し、後者は感動を生み出す、と彼は言う）。[24]

つまり、所謂「商品力」と「ブランド価値」とを峻別することが重要であり、製品（企業）と消費者との間の関係性の構築は、ブランド価値の形成を通

---

22 田中（1997）によれば、ブランドの「価値」とは、顧客にとって、そのブランドが相対的に有意な意味をもっていると感じられる程度のことであり、一方、「関係」とは、そのブランドが顧客にとって自分に関係があると感じられる程度のことである、と言う。
23 また、田中（1997）は、Aaker（1991）におけるブランド・エクイティの構成次元との関連において、知覚品質と連想は「価値」に当たり、知名とロイヤルティは「関係」に相当するという考えを示している。
24 ブランド価値を構成する感覚価値と観念価値との異同については、前者の感覚価値が製品の美的価値（aesthetic value）を形態として表現するものに対して、後者の観念価値は製品の美的価値を心理的・心象的に表現するものであると言う（和田1999, 211頁）。
25 彼によれば、たとえ効用を生み出す「商品力」に基づくブランド・エクイティがあっても、ひとたび強力な品質・機能面での差別化製品が誕生したり、消費・購買におけるルーティン化状態に陥ったりすれば、そのブランドのエクイティは危険に晒されることになり、ここに製品の品質や機能を超えたブランド価値を築き上げることの必要性、ひいては製品と消費者を「融合」に導く関係性マーケティングの必要性が認められるとしている（和田1999, 212-213頁）。

して行われるというのが和田（1999）の主張である。[25]

このように、「価値」と「関係性」という2つの基軸によってブランド問題を捉える接近法は、ある意味でブランドそれ自体の本質に迫る基本的且つ重要な問題提起でもあるが、言うまでもなく、そこで必要とされるのは、消費者にとってのブランドの「価値」それ自体や、消費者とブランドとの間の「関係性」それ自体についての更に掘り下げた議論である。この点、Holbrook（1999）らによる「消費者価値」（consumer value）に関する一連の議論[26]やFornier（1998）による顧客－ブランド間の関係性の質に関する検討[27]などが参考になるが、いずれも概念的な整理や予備的な検討の域を出るものではなく、今後の更なる研究、特に実証的研究の蓄積が強く望まれる。

6.6.2　経験的消費とブランド

われわれは、ブランド問題を考える時に、往々にしてモノとしての製品を念頭において考えることが多い。また、ブランド要素としても、ブランド名といった言語的な要素に焦点を当てることが多く、これまで、シンボル、ロゴ、パッケージ・デザインといった視覚的な要素は、ややもすると2次的なものとしての取り扱いを受けてきた嫌いがある。

この点、冒頭でも述べたように、ブランド構築におけるエスセテックス（審美的側面）の重要性を主張したSimonson and Schmitt（1997）や、消費の経験的側面をも加味してブランドのトータルな価値を再規定することの必要性を説くSchmitt（1999）の研究などは、従来のブランド研究の問題点を指摘すると共に今後の研究における新たな方向性を示唆するものとして注目される。

ところで、これも既に多くの論者によって指摘されているが、製品の物的側

---

[26] Holbrook(1998)の中では、消費者価値に関する様々な検討が行われており、ブランド価値の問題を考える上での参考になる。特に、同書の中でのRichinsによる消費者価値の源泉に関する検討（外在的－内在的、自己志向－他者志向、能動的－受動的の3つの次元によって、効率性、長所、娯楽、審美、ステータス、自己尊重、倫理、精神性の8類型を提示）などは、今後のブランド価値研究の基本的枠組みを提示するものである。

[27] Fornier(1998)のディテールド・インタビューを用いた研究では、消費者とブランドとの関係性の質を規定する7つの次元（自発的－強制的、フォーマル－インフォーマル、濃密－表層的、持続的－短期的、公的－私的、対称的－非対称的）と6つの断面（愛情／熱情、自己関連、コミットメント、相互依存、親密性、ブランド・パートナーの質）が提示されている。

面における差別化の困難性や企業の提供物のソフト化(サービス的要素、情報的要素の増大)は、物的製品を超えた存在としてのブランドという捉え方の重要性を再認識する一つの契機となった。実は、このようなブランド認識の再評価の動きと、近年、消費者行動研究の分野において台頭してきた消費の経験的側面を重視するポストモダン・アプローチの考え方が相まって、上述のようなブランド構築におけるエスセティクスや経験的側面を重視した議論が出てきたと考えられる。[28]

例えば、Simonson and Schmitt（1997）において、エスセティクスの戦略的管理を核とした感覚的経験のマーケティングといった考え方が提示され、そのブランド構築における重要性が数多くの事例を通して論じられているのは、このような一連の流れを反映してのことと考えられる。[29]また、Schmitt(1999)においては、製品（ブランド）の機能的特徴や便益に焦点を当てた伝統的マーケティングに対して、消費者の経験に焦点を当てた経験的マーケティングの重要性が更に強調され、従来型のブランドを識別子（identifier）ないし解決策の提供者（solution provider）として捉える考え方に代えて、ブランドを経験の提供者（experience provider）として捉えることを提唱している。[30]

勿論、これらブランド構築における消費の経験的側面を重視するアプローチも、未だに概念的整理の段階を出るものではない。しかしながら、今後、ネット・ビジネスやEコマースの急速な進展に伴いマーケティング環境の大きな変化が確実視されるだけに、ヨリ多くの関心と研究努力が注がれるべき分野であることは間違いない。

前述のように、今や100年を超えるマーケティングの歴史はブランドと共に始まり、そして、ブランドと共に発展してきたとも言える。これに比して、ブ

---

[28] 消費者行動研究におけるポストモダン・アプローチの位置づけやその特徴については、桑原他（1999）を参照のこと。
[29] ここで言う「エスセティクス」(aesthetics)とは、「感覚的経験」(sensory experience)を与える企業やブランドの外観、雰囲気、ないしは全体的な感じのことであり、また、「感覚的経験」とは五感（視覚・触覚・嗅覚・聴覚・味覚）の刺激につながるような経験のことであると言う（翻訳書の訳注による）。
[30] Schmitt(1999)においては、消費者のブランド経験を、sense（五感的経験）、feel（感覚的経験）、think（思考的経験）、act（行動的経験）、relate（関係的経験）というようにヨリ多面的に捉えている。

ランド研究の歴史は浅く、それが集中的に議論されるようになったのは、高々、ここ10年位のことである。確かに、1950年代以降、ブランド研究は様々な形で連綿として続いてきたが、それらがどれだけブランドの本質に迫るものであったかは疑わしい。一部の研究を除けば、ややもすると単にブランドをマーケティングの単位、あるいは分析の単位としてしか捉えてこなかった嫌いもある（その意味では、エクイティ論の登場は、ブランド研究における一大画期をなすものであったと言える）。

　よく言われるように、ブランディングという行為には、単なるネーミングを超えた意味と意義がある。

　確かに、ブランドの第一義的な機能は、識別や品質保証のための出所表示といった役割に求められよう。だが一方では、ブランドは技術革新に裏打ちされた品質改良、あるいは広告による意味づけといった企業努力の結果を保持・蓄積するための受け皿であり、それらを顧客の維持・獲得といった市場成果へと結び付ける連結装置でもある。

　言うまでもなく、前者の立場に立てば、ブランドとは、単に製品に事後的に付けられた名前やロゴに過ぎない。だが、後者の視点からすれば、戦略策定の前提ないし、その核として事前に設計・構築されるべき仕組み・仕掛けなのである。

　そして、もし、この装置の設計と構築、そして維持と運用の巧拙が、マーケティング上、決定的に重要な意味を持つとするならば、われわれは今一度、ブランドの本質について見直す必要がある。そのためには、表層的なブランド論議だけではなく、更なる議論の深化が必要とされ、これまでの研究の歴史と現状、そして今後の方向性についての明確な認識が不可欠なものと考えられる。

　その意味では、今まさに、現在のブランド研究が「どこから来たのか」、また、「どこまで来たのか」、更に「どこへ行くべきか」が問われる時期にあると言えよう。

参考文献

Aaker, D.A. (1996), *Building Strong Brands*, Free Press（陶山計介・小林哲・梅本春夫・石垣智徳訳、『ブランド優位の戦略』、ダイヤモンド社）.

Aaker, D.A. (1991), *Managing Brand Equity*, Free Press（陶山計介・中田善啓・尾崎久仁博・小林哲訳、『ブランド・エクイティ戦略』、ダイヤモンド社）.

Aaker, J.L. (1997), "Dimensions of Brand Personality," *Journal of Marketing Research*, Vo.34 (August), 347-356.

Aaker, D.A. and A.L. Biel (eds.) (1993), Brand Equity & *Advertising: Advertising's Role in Building Strong Brands*, Lawrence Erlbaum Associates, Inc.

Aaker, D.A. and E. Joachimsthaler (2000), *Brand Leadership*, The Free Press.

Aaker, D.A. and J.G. Myers (1975), *Advertising Management*, Prentice-Hall, Inc.（野中郁次郎、池上久訳、『アドバタイジング・マネジメント』、東洋経済新報社、1977年）。

Arnold, D. (1992), *The Handbook of Brand Management*, The Economist Books.

Barclay, W.D. (1964), "The Semantic Differential as an Index of Brand Attitude, " *Journal of Advertising Research*, Vol.4, March, 30-33.

Barwise,P.(1993),"Brand Equity: Snark or Boojum?", *International Journal of Research in Marketing*,Vol.10 No.1, 93-104.

Blackett, T. and B. Boad (eds.) (1999), Co-Branding: The *Science of Alliance*, The Macmillan Press.

Boush, D.M. (1993), "Brands as Categories," in D.A. Aaker and A.L. Biel (eds.), *Brand Equity & Advertising: Advertising's Role in Building Strong Brands*, Lawrence Erlbaum Associates, Inc 299-312.

Brown, G.H. (1950), "Measuring Consumer Attitudes Toward Products," *Journal of Marketing*, Vol.14, April, 691-698.

Brown, G.H. (1952), "Brand Loyalty: Fact or Fiction?," *Advertising Age*, June 19, 53-55; June 30, 45-47; June 14, 54-56; June 28, 46-48; August 11, 56-58;September 1, 80-82; October 6, 82-86; December 1, 76-79.

Brown, G.H. (1953), "Brand Loyalty: Fact or Fiction?," *Advertising Age*, January 26, pp.75-76.

Colley, R.H. (1961), *Defining Advertising Goals for Measured Advertising Results*, Association of National Advertiser（八巻俊雄訳、『目標による広告管理』、ダイヤモンド社、1966年）

Cunningham, R.U. (1956), "Brand Loyalty: What, Where, How Much?," *Harvard Business Review*, Vol.34 No.1, 116-128.

Cowley, D. (ed.) (1991), *Understanding Brands: By 10 People Who Do*, Kogan Page.

Day, G.S. (1970), *Buyer Attitudes and Brand Choice Behavior*, Free Press.

de Chernatony, L. (ed.) (1998), *Brand Management*, Dartmouth Publishing.

de Chernatony, L. and M.H.B. McDonald (1992),*Creating Powerful Brands : The Strategic Route to Success in Consumer, Industrial and Service Markets*, Butter-Worth Heinemann.

Duncan, T. and S. Moriaty (1997), *Driving Brand Value : Using Integrated Marketing to Man-*

age Profitable Stakeholder Relationship, The McGraw-Hill (有賀勝訳、『ブランド価値を高める統合型マーケティング戦略』、ダイヤモンド社)

Fournier, S. (1998), "Consumers and Their Brands: Developing Relationship Theory in Consumer Research," *Journal of Consumer Research*, Vol.24 No.4, 343-373.

Gardner, B.B. and S.J. Levy (1955), "The Product and the Brand," *Harvard Business Review*, March-April, 33-39.

Green, P.E. and F. Carmone (1970), *Multidimensional Scaling and Related Techniques in Marketing Analysis*, Allyn and Bacon.

Gutman, J. (1982), "A Means-end Chain Model based on Consumer Categorization Processes," *Journal of Marketing*, Vol.46 (Spring), pp.60-71.

Haigh, D. (1998), *Brand Valuation: Understanding, Exploiting and Communicating Brand Values*, Financial Times Business.

Holbrook, M.B. (ed.) (1999), *Consumer Value: A Framework for Analysis and Research*, Routledge.

Hoyer, W.D. and D.J. MacInnis (1997), *Consumer Behavior*, Houghton Mifflin Company.

Ind, N. (1997), *The Corporate Brand*, The Macmillan Press.

Jacoby, J. and R.V. Chestnut (1978), *Brand Loyalty: Measurement and Management*, John Wikey & Sons.

Kapferer, J.N. (1997), *Strategic Brand Management (2nd ed.)*, Kogan Page.

Keller, K.L. (1998), *Strategic Brand Management*, Prentice-Hall. (恩蔵直人、亀井明宏訳、『戦略的ブランドマネジメント』、東急エージェンシー)

Kochan, N. (ed.) (1996), *The World's Greatest Brands*, Macmillan Business.

Kotler, P. (1999), *Kotler on Marketing: How to Create, Win, and Dominate Markets*, The Free Press.

Lavidge, R. L. and G. A. Steiner (1961), "A Model for Predictive Measurements of Advertising Effectiveness," *Journal of Marketing*, Vol.25, October, 59-62.

Leuthesser, L. (ed.) (1989), *Defining, Measuring and Managing Brand Equity*, Conference Summary, Marketing Science Institute.

Lipstein, B. (1959), "The Dynamics of Brand Loyalty and Brand Switching," reprinted in S. H. Britt and H. W. Boyd (ed.), *Marketing Management and Administrative Action*, 276-289.

Loden, D.J. (1992), *Megabrands: How to Build Them, How to Beat Them*, Business One Irwin.

Lutz, R.J. (1981), The Role of Attitude Theory in Marketing, in H. H. Kassarjian and T.S. Robetson (eds.), *Perspectives in Consumer Behavior (3rd ed.)*, Scott, Foresman and Company, 233-250.

Macrae, C. (1996), *The Brand Chartering Handbook: How Brand Organizations Learn 'Living Scripts'*, Addison-Wesley.

Macrae, C. (1991), *World Class Brands*, Addison-Wesley Publishing.

Maltz,E.(ed.) (1991) , *Managing Brand Equity*, Conference Summary, Marketing Science Institute.

Massy, W.F.,D.B.Montgomery, and D.G.Morrison (1970), *Stochastic Models of Buying Behav-*

ior, MIT Press.
Morgan, A. (1999), *Eating the Big Fish: How Challenger Brands Can Compete against Brand Leaders*, John Wiley & Sons.
Murphy, J. (1991), *Brand Valuation (2nd ed.)*, Business Books.
Murphy, J. (1990), *Brand Strategy*, Prentice-Hall.
Murphy, J. (ed.) (1987), *Branding: A Key Marketing Tool*, McGraw-Hill.
Nilson, T.H. (1998), *Competitive Branding: Winning in the Market Place with Value-added Brands*, John Wiley & Sons.
Ogilvy, D. (1963), *Confessions of Advertisin Man*, Atheneum（西尾忠久・松尾茂雄訳『ある広告人の告白』、ダヴィット社）.
Ogilvy, D. (1983), *Reality in Advertising*, Crown（松岡茂雄訳、『「売る」広告』、誠文堂新光社、1985年）
Peter, J.P. and J.C. Olson (1996), *Consumer Behavior and Marketing Strategy(4th ed.)* Richard D. Irwin.
Pettis, C. (1995), *TechnoBrands: How to Create & Use "Brand Identity" to Market, Advertise & Sell Technology Products*, American Management Association.
Reynolds, T.J. and J. Gutman (1984), "Advertising is Image Management," *Journal of Advertising Research*, Vol.24 No.1, 27-37.
Rise, A. and L. Rise (1998), *The 22 Immutable Laws of Branding: How to Build a Product or Service into a World-Class Brand*, Harper Business（片平秀貴訳、『ブランディング22の法則』、東急エージェンシー）.
Schmitt, B. (1999), *Experiential Marketing: How to Get Customers to Sense・Feel・Think・Act・Relate to Your Company and Brands*, The Free Press.
Schmitt, B.and A. Simonson (1997), *Marketing Aesthetics: The Strategic Management of Brands, Identity, and Image*, The Free Press（河野龍太訳、『「エスセティクス」のマーケティング戦略』、トッパン・プレンティスホール出版）.
Sood, S. (ed.) (1995), *Brand Equity and the Marketing Mix: Creating Customer Value*, Conference Summary, Marketing Science Institute.
Southgate, P. (1994), *Total Branding by Design: How to Make Your Brand's Packaging More Effective*, Kogan Page.
Stobart, P. (ed.) (1994), *Brand Power*, The Macmillan Press（岡田依里訳、『ブランド・パワー：最強の国際商標』、日本評論社）
Srivastava, R.K. and A.D. Shocker (1991), "Brand Equity: A Perspective on Its Meaning and Measurement," *Working Paper*, No.91-124, Marketing Science Institute.
Tedlow, R.S.(1990), *New and Improved: The Story of Mass Marketing in America*, Basic Books, Inc(近藤文男監訳、『マス・マーケティング史』、ミネルヴァ書房、1993年)
Upshaw, L.B. (1995), *Building Brand Identity: A Strategy for Success in a Hostile Marketplace*, John Wiley & Sons.
Walker, B.A. and J.C. Olson (1997), "The Activated Self in Consumer Behavior: A Cognitive Structure Perspective," *Research in Consumer Behavior*, Vol.8, 135-171.

阿部周造 (1978)、『消費者行動：計量モデル』、千倉書房。
青木幸弘 (1986)、「消費者知覚空間の構成に関する諸問題：構成技法の理論的基礎」、『商学論究』（関西学院大学商学研究会）、第33巻第4号、155-186頁。
青木幸弘 (1993)、「スキャナー・パネル・データと消費者行動分析」、法政大学産業情報センター・小川孔輔編、『POSとマーケティング戦略』、有斐閣、182-210頁。
青木幸弘 (1996)、「ブランド・エクイティ研究の現状と課題」、青木幸弘・陶山計介・中田善啓編著、『戦略的ブランド管理の展開』、中央経済社、1-33頁。
青木幸弘編 (1999)、『ブランドを巡る今日的議論』（座談会録）、流通経済研究所。
青木幸弘・小川孔輔・亀井昭宏・田中洋編著 (1997)、『最新ブランド・マネジメント体系』、日経広告研究所。
青木幸弘・陶山計介・中田善啓編著 (1996)、『戦略的ブランド管理の展開』、中央経済社。
青木幸弘・電通ブランドプロジェクトチーム (1999)、『ブランド・ビルディングの時代：事例に学ぶブランド構築の知恵』、電通。
池尾恭一 (1999)、『日本型マーケティングの革新』、有斐閣。
石井淳蔵 (1999)、『ブランド：価値の創造』、岩波新書。
石井淳蔵・石原武政編著 (1999)、『マーケティング・ダイアログ：意味の場としての市場』、白桃書房。
石井淳蔵・石原武政編著 (1996)、『マーケティング・ダイナミズム：生産と欲望の相克』、白桃書房。
石原武政 (1982)、『マーケティング競争の構造』、千倉書房。
上原征彦 (1999)、『マーケティング戦略論：実践パラダイムの再構築』、有斐閣。
小川孔輔 (1994)、『ブランド戦略の実際』、日経文庫。
小川孔輔 (1997)、「なぜ、いま「ブランド」なのか？」、青木幸弘・小川孔輔・亀井昭宏・田中洋編著、『最新ブランド・マネジメント体系』、日経広告研究所、3-11頁。
小川孔輔・金澤良昭・田中洋 (1997)、「ブランド拡張の成功条件」、青木幸弘・小川孔輔・亀井昭宏・田中洋編著、『最新ブランド・マネジメント体系』、日経広告研究所、174-193頁。
恩蔵直人 (1995)、『競争優位のブランド戦略』、日本経済新聞社。
片平秀貴 (1999)、『新版パワー・ブランドの本質』、ダイヤモンド社。
岸志津江、田中洋、水野由多加、丸岡吉人 (1999)、『広告とブランドの超長期記憶』、第32次吉田秀雄記念事業財団助成研究報告書、（吉田秀雄記念事業財団蔵）。
桑原武夫・日経産業消費研究所編 (1999)、『ポストモダン手法による消費者心理の解読』、日本経済新聞社。
小林哲 (1999)、「ブランド・ベース・マーケティング：隠れたマーケティング・システムの効果」、『経営研究』（大阪市立大学経営学会）、第49巻第4号、113-133頁。
嶋口充輝・竹内弘高・片平秀貴・石井淳蔵編 (1999)、『ブランド構築：マーケティング革新の時代3』、有斐閣。
竹濱朝美 (1997)、「ブランド・イメージ管理における自己概念の意義：消費者の自己概念がブランド評価に与える影響」、『立命館産業社会論集』、第33巻第1号、115-131

頁。

田中洋（1997）、「ブランド主導型マーケティング・マネジメント論」、青木幸弘・小川孔輔・亀井昭宏・田中洋編著、『ブランド・マネジメント体系』、日経広告研究所、115-132頁。

田中洋・丸岡吉人（1991）、『新広告心理』、電通。

中西正雄編著（1984）、『消費者行動分析のニュー・フロンティア』、誠文堂新光社。

新倉貴士（1998）、『カテゴリー化概念の可能性を求めて』、博士論文、慶應義塾大学。

森重利直（1999）、「ブランド・スチュワードシップ：オグルヴィ・アンド・メイザー社」、嶋口充輝、竹内弘高、片平秀貴、石井淳蔵編、『ブランド構築』（マーケティング革新の時代3）、有斐閣、256-279頁。

山中均之（1968）、『マーケティング・ロイヤルティ：消費者行動論』、千倉書房。

和田充夫（1984）、『ブランド・ロイヤルティー・マネジメント』、同文館。

和田充夫（1997）、「顧客インターフェイスとしてのブランド」、青木幸弘・小川孔輔・亀井昭宏・田中洋編著、『ブランド・マネジメント体系』、日経広告研究所、158-72頁。

和田充夫（1999）、『関係性マーケティングの構図：マーケティング・アズ・コミュニケーション』、有斐閣。

索　引

E
EBAモデル ……………………… 44
ELM ……………… 49,50,51,52,53
　　　　　　　　　　66,67,69,72

I
IDB ………… 37,46,49,54,55,56,57
　　　　　　　58,59,63,64,65,66,67
　　　　　　　68,69,70,71,72,73,74

ア
アドホック・カテゴリー 97,98,101,97
アメリカ型生活様式…149,149,153,154

イ
異質性 …109,110,111,112,113,120,166

エ
エグゼンプラー 95,101

カ
解釈アプローチ … 7,8,9,14,15,29,30
外的妥当性 ………… 16,17,18,19,30
科学的実在論 ……………… 7,28,29,31
確証 …………… 6,11,19,20,21,22,23
　　　　　　　　　24,25,28,30,31
確証的テスト … 19,20,22,24,25,28,31
家族的類似性 ………… 92,93,94,95,96
価値観 ……… 132,133,134,135,137,138
　　　　　　　140,141,144,156,185
カットオフ基準 …… 61,44,46,61,118
カテゴリー化 …… 69,85,88,89,90,91
　　　　　　　92,96,99,100,101,108,109
　　　　　　　110,120,146,200,201,212
カテゴリー化理論 ……………… 200,201
カテゴリー認知 ……………………… 128

キ
記憶の多貯蔵庫モデル ………… 128
帰納の問題 …………………………… 6
客体的自覚状態 ………………… 143
共約不可能性 ……… 12,13,26,28,30
「拒否・回避」概念 ……………… 135

ク
グレード化されたカテゴリー 95,96,10
1

ケ
経験主義 ………… 5,6,7,8,9,10,11,13
　　　　　　　　　14,15,16,19,22,25
　　　　　　　　　28,29,30,31,36
経験的消費 ……………………… 205
結合ルール ………… 43,44,53,59,70
検証 ………………………… 6,11,67
験証 …………………………… 7,11

コ
コーディング ……………………… 55
構成的モデル … 38,39,41,43,44,54,68
　　　　　　　　　　　　　69,71
公的自己意識 …………………… 144
行動修正アプローチ …… 2,3,4,9,25
考慮集合 ……… 100,101,102,105,110
　　　　　　　111,113,118,120,126
コンティンジェンシー・アプローチ
　　　　　　　　…………… 102,130

サ
差別的マーケティング戦略 …… 166

シ
自我関与 …………… 127,133,141,142
自己
――概念…… 127,131,139,140,141,142
　　　　　　143,144,147,201,202,211
――スキーマ ……………… 139,144
――知識理論 ……………… 200,201

市場細分化の程度 …… 165,167,168
辞書編纂型ルール ………… 44
私的自己意識 …………… 144
社会的同一性 …………… 140
集中マーケティング戦略 … 167,166
手段－目的連鎖 ……… 184,185,201
「受容・接近」概念 ………… 135
消費論争 …………… 156,157

ス
スキーマとの不適合 … 111,111,120

セ
性格 … 26,49,61,133,134,196,199,201
成熟市場 …………… 150,151,152
正則性仮説 ……………… 106
成長市場 …………… 150,151,152
製品種類の
　——削減 ……………… 159,162
　——多様化 ………… 156,157,158
　　　　　　　　　159,161,162,163
　　　　　　　　　　164,165,167,175

ソ
相対主義 ……… 1,8,9,10,11,12,13
　　　　　　　14,15,28,29,30,35,36

タ
態度 ……… 7,22,23,26,27,28,49,50
　　　　　　51,127,128,131,133,134
　　　　　　135,136,137,138,139,140
　　　　　　141,142,143,144,147,178
　　　　　　183,184,186,187,199,201
態度アクセシビリティ ………… 137
妥協効果 …………… 103,104,119,126
多品種少量生産　156,157,158,159,168
短期記憶 ………… 45,46,48,71,129
　　　　　　　　　130,131,134,135
　　　　　　　　　137,140,142,143,144

チ
長期記憶 … 5,57,130,131,133,134,135
　　　　　　140,141,142,143,144,202
　——のネットワーク構造 … 131,132
超長期記憶 …………… 200,202,211

テ
典型性 …………… 90,91,92,94,95,96

ト
努力－正確性パラダイム　59,67,68,71

ナ
内的妥当性 …………… 16,18,19,30

ニ
日本型マーケティング …149,154,173
　　　　　　　　　174,176,178,211
認知的不協和 … 37,139,140,141,142

ハ
バリュー・フォー・マネー
　………………… 163,164,167,168,163
反証 ……… 5,7,9,11,15,17,19
　　　　　　24,25,28,29,31,35
判断力 ……… 152,153,154,155,156
　　　　　　157,163,164,165,167,168
　　　　　169,171,172,173,174,175,176

ヒ
比較可能性 …………… 111,112,120
比較テスト ……… 16,19,20,22,23,24
　　　　　　　　　25,26,27,28,29,31
批判的合理主義
　………………… 5,6,8,9,11,19,25,28,29
批判的多元主義 …… 13,14,15,29,30
非補償型 ……… 40,43,44,46,47,48
　　　　　　　　　49,58,62,63,64,65
標的範囲 …………… 165,166,167,168

フ
プッシュの価値 ……………… 170
プッシュ戦略 ……168,169,170,175

ブランド
　——・アイデンティティ
　　………………… 180,185,194,196
　——・イメージ …… 182,183,184,186
　　　　　　　　　　 189,190,195,198
　　　　　　　　　　 199,201,202,211
　——・エクイティ ………… 179,180
　——・ロイヤルティ …182,184,185,186
　　　　　　　　　　 187,190,191,212
　——拡張 ……………………………… 189
　——認知 ……………………………… 191
　——連想 ……………………………… 191
　——拡張 …… 189,190,194,195,197,211
　——態度 ……………… 182,186,187,199
　——知識 ……………… 180,196,197,198
　　　　　　　　　 199,200,201,202,203
　——認知 …………… 191,197,198,199
　——連想 ………………… 191,197,199
プル戦略 ……… 168,168,169,170,175
プロトコル法 ……… 49,38,45,46,49
　　　　　　　　　　 55,63,65,66,71,72
プロトタイプ …87,95,101,118,119,120
文化 …………………………… 8,140
文脈効果 …… 85,99,102,103,104,105
　　　　　　　 106,107,108,109,110,112
　　　　　　　 113,119,120,126,130,131
分類としてのカテゴリー …… 92,101
ホ
補償型 …………… 40,43,44,62,64,67
ミ
未熟だが関心が高い消費者
　………………… 149,150,168,173,176
魅力効果 ……… 103,104,106,107,126
ム
無差別マーケティング戦略 …… 166
モ
目的に導かれるカテゴリー …………
　　　　　　　　　 96,97,98,101,110,111
リ
流通チャネルのシフト
　………………… 150,168,171,172,173
理論負荷性 ……………… 11,13,14,30
リンケージ・モデル
　……… 134,136,137,138,142,147,134
ル
類似性 ………… 45,90,91,96,98,101
　　　　　　　 103,108,109,110,120
類似性仮説 …………………… 106
ロ
論理経験主義 ……… 5,6,7,8,9,11,15
　　　　　　　　　　 19,22,25,29,36
論理実証主義 ………… 4,6,8,9,11,29

消費者行動研究のニュー・ディレクションズ

2001年5月30日初版第一刷発行
2003年9月10日オンデマンド版発行

編著者	阿部　周造
発行者	山本　栄一
発行所	関西学院大学出版会
	〒662-0891　兵庫県西宮市上ヶ原1-1-155
電　話	0798-53-5233
印刷・製本	㈱デジタルパブリッシングサービス
	http://www.d-pub.co.jp

©Shuzo Abe
2001 printed in Japan by Kwansei Gakuin University Press
ISBN：4-907654-53-7
落丁・乱丁はお取り替えいたします。
http://www.kwansei.ac.jp/press

好評姉妹書

消費者選択行動のニュー・ディレクションズ

中西正雄　編著、
井上哲浩、小川孔輔、木戸茂、
片平秀貴、古川一郎、濱岡豊、
Lee G.Cooper、中島望　著

A5判並製、187頁、4200円 ISBN：4-907654-04-9　（98.5）

マーケティングの専門家による、消費者選択行動理論の最先端。新しい研究動向を示唆する論文6編を収録。

目　次

第1章　新たな離散選択モデル：競争市場構造ね消費者選択構造、
　　　　マーケティング・ミックス効果の統合　［井上哲浩］
第2章　ブランド自由連想の分析　［小川孔輔、木戸茂］
第3章　ロジット分析を用いた満足化モデル　［片平秀貴、古川一郎、濱岡豊］
Chapter4　Comprehensve Esimation of Market Response：
　　　　Using the Potential of Single-Source Data　［Lee G.Cooper］
第5章　製品満足効果を考慮したブランド・スイッチ・モデル　［中島望］
第6章　小売引力法の現状とその潜在性　［中西正雄］